Sommaire

Au cœur de l'Europe

De par sa position géographique, à une trentaine de kilomètres à l'Est de Paris, sur le territoire de Marne-la-Vallée, l'une des cinq « villes nouvelles » de la région parisienne, Euro Disney Resort occupe une place privilégiée sur le continent européen (le mot **resort** sous-entend lieu de séjour, destination de vacances).
La carte ci-dessous indique les grandes routes d'accès depuis les principales villes d'Europe. A côté des kilométrages, les temps mentionnés sont des temps totaux, c'est-à-dire depuis le centre des différentes villes jusqu'au site même d'Euro Disney Resort. Les temps totaux indiqués en avion ou en train ont été calculés suivant cette règle, et incluent les temps de trajet entre les gares ou aéroports jusqu'à Euro Disney Resort.

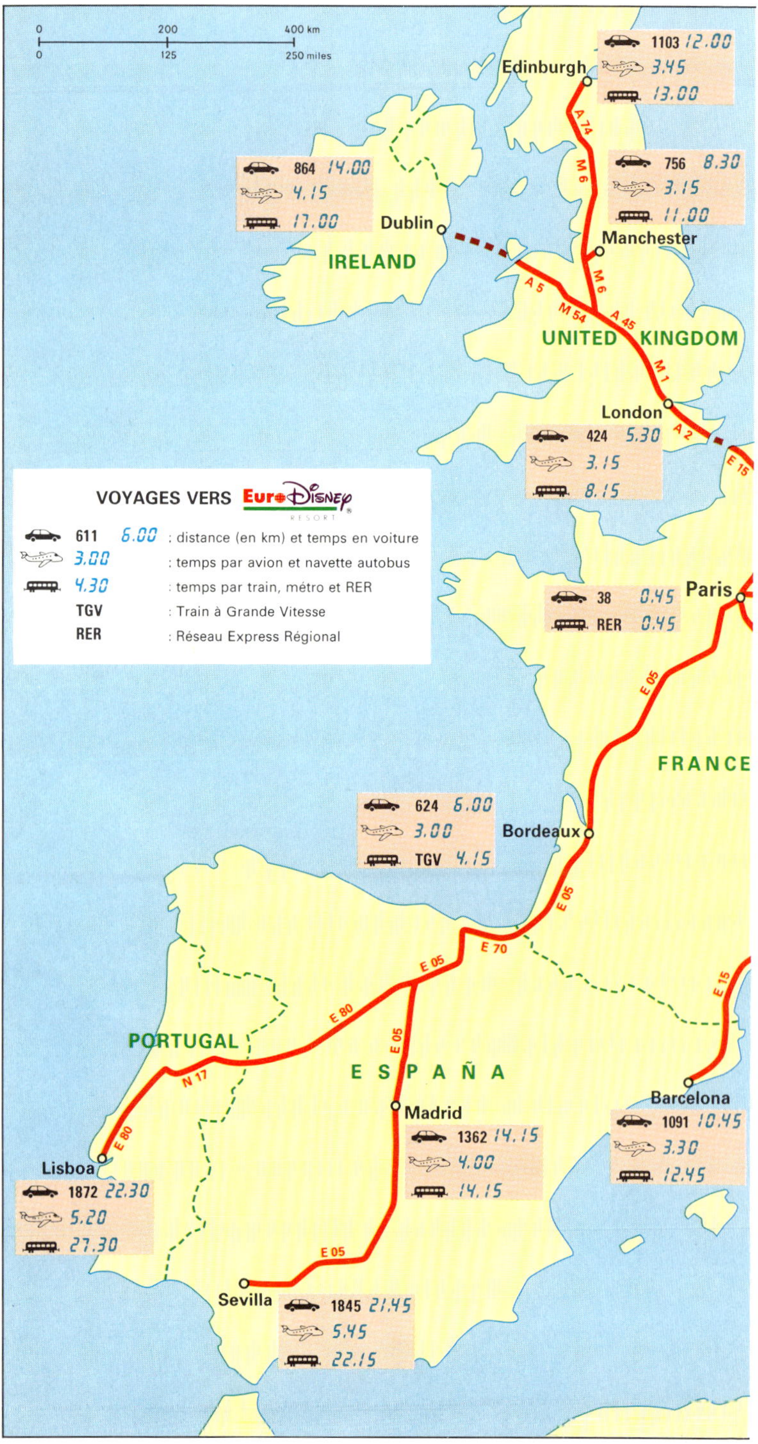

En **avion** l'atterrissage se fait aux aéroports d'Orly (au Sud de Paris) ou de Roissy-Charles-De-Gaulle (au Nord de Paris). De là, des cars conduisent à Euro Disney Resort.

En **train,** l'arrivée à Paris se fait aux gares du Nord, de l'Est, d'Austerlitz, de Lyon, de Montparnasse ou de St-Lazare. De ces gares et en utilisant les transports en commun, rejoindre en métro la ligne A du **RER** aux stations Auber ou Châtelet-Les Halles.

De la gare du Nord, rejoindre la station Châtelet-Les Halles en empruntant les lignes B (direction Robinson ou St-Rémy-lès-Chevreuse) ou D du RER. De la gare de Lyon, prendre directement la ligne A du RER jusqu'à Euro Disney Resort (station Marne-la-Vallée - Chessy).

En 1994, le **TGV** arrivera aux portes mêmes du parc, reliant plusieurs grandes villes européennes à Euro Disney Resort.

A deux pas de Paris

La carte ci-dessous indique les grands itinéraires routiers qui conduisent à Euro Disney Resort.
Situé dans la plaine briarde, ce nouvel ensemble de distractions et de vacances (un parc à thèmes Euro Disneyland, six hôtels, un terrain de camping-caravaning, Camp Davy Crockett, un golf et un centre de divertissements, Festival Disney) est très facilement accessible par l'autoroute de l'Est (A 4).
En venant de Paris prendre la direction Metz Nancy. La sortie se fait à environ 30 km de la capitale, en suivant la signalisation. Une longue route en ligne droite, à chaussées séparées, mène au site. En région Ile-de-France, la Francilienne (A 104, N 104), assure les liaisons rapides entre les autoroutes du Nord

(A 1) et du Soleil (A 6). De l'autoroute A 10 (l'Aquitaine), la Francilienne (N 104) assure la liaison avec l'autoroute A 4, en contournant la capitale au Sud.
De l'immense parking (péage) du parc à thèmes, les visiteurs peuvent se rendre jusqu'à l'entrée d'Euro Disneyland en empruntant un trottoir roulant, composé de cinq sections de 70 m de long et d'une section de 80 m.
Le terrain de camping ainsi que tous les hôtels disposent de parkings réservés à leurs résidents.
Des bus sont mis gratuitement à leur disposition pour les conduire à Euro Disneyland et Festival Disney.
Par les transports en commun : la ligne A du RER relie Paris (stations Charles-de-Gaulle-Etoile, Auber, Châtelet-Les Halles, Gare de Lyon, Nation) à Marne-la-Vallée et à Euro Disney Resort (station Marne-la-Vallée - Chessy). L'arrivée en car se fait à la gare routière, près de la gare RER/SNCF.

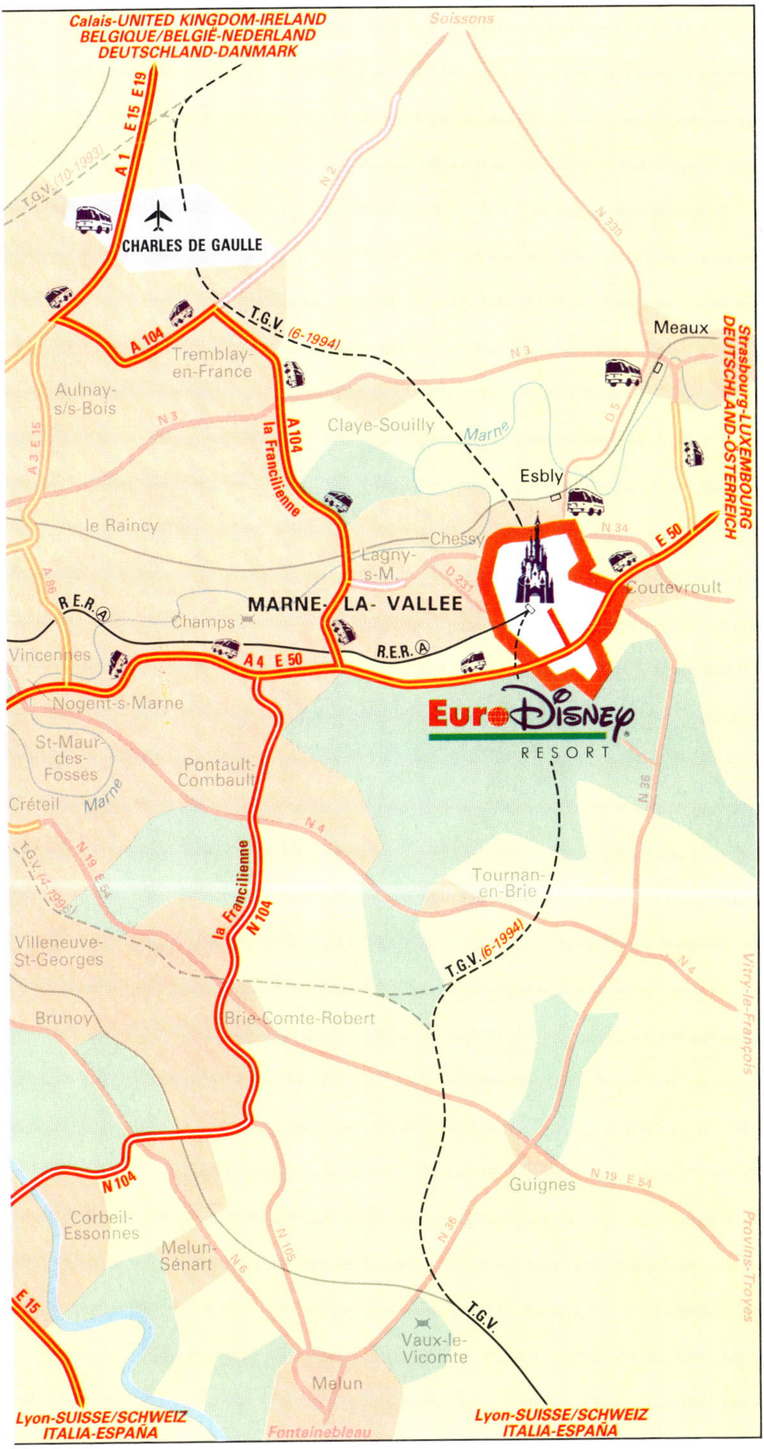

Euro Disney Resort

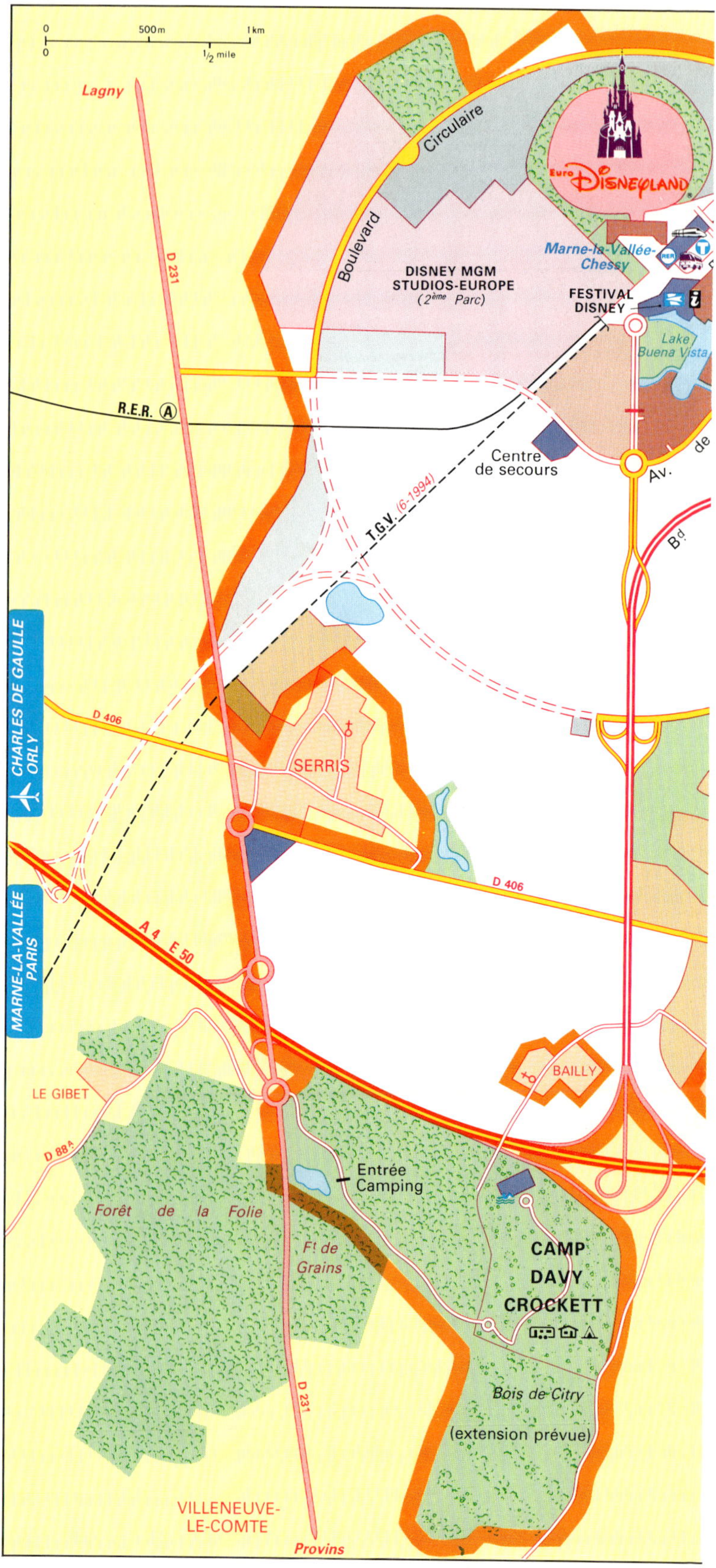

En 1992 : une superficie de 600 hectares.

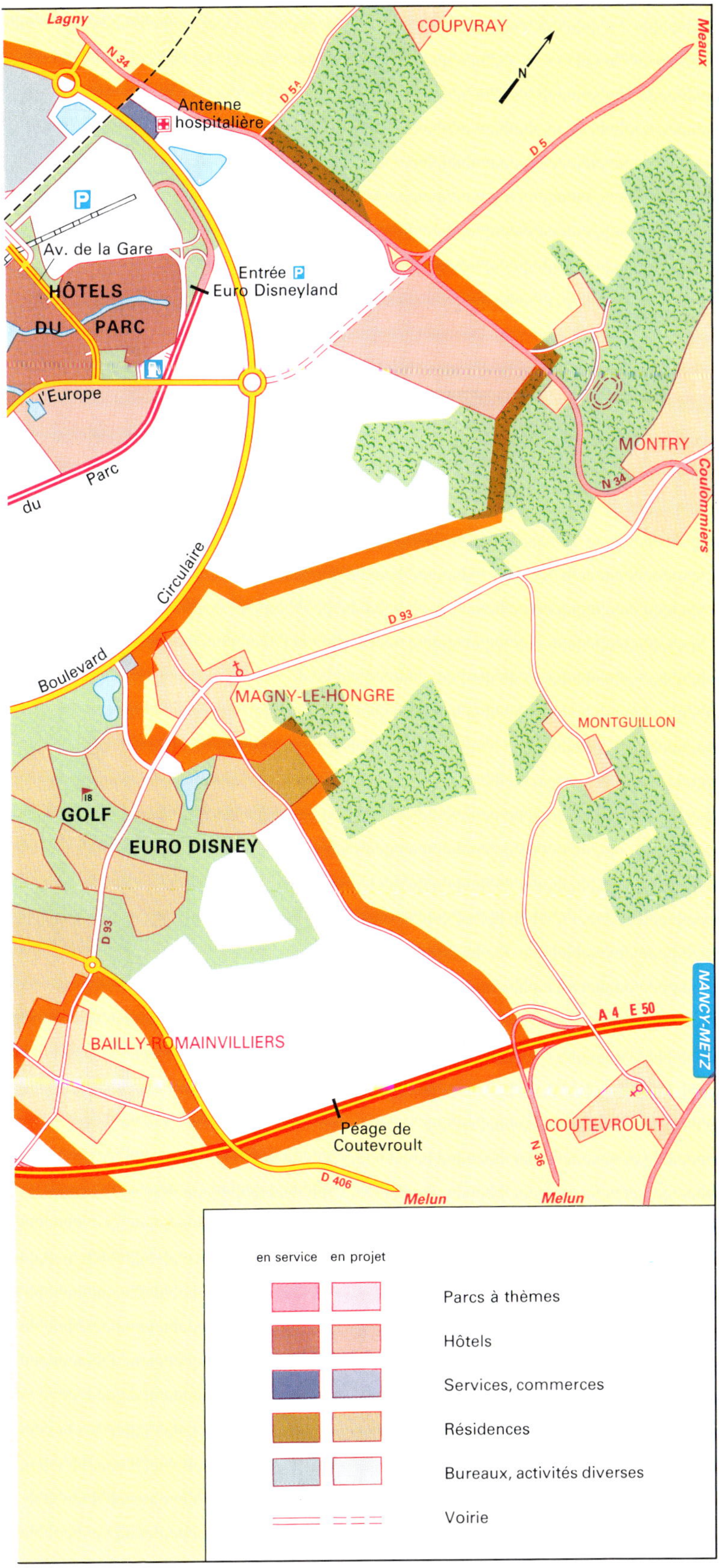

En 2017 : une superficie de 1 943 hectares.

Parcs à thèmes Disney dans le monde

En Amérique du Nord : Etats-Unis

Disneyland (Californie). – Au cours des années 50, la région d'Anaheim située au Sud de la Californie a vu sa campagne se transformer en un domaine de loisirs. Inauguré le 17 juillet 1955, Disneyland, le premier des parcs à thèmes s'étend sur 30 ha et comprend sept pays : Main Street, U.S.A. ; Adventureland ; New Orleans Square ; Critter Country ; Frontierland ; Fantasyland et Tomorrowland. Au parc et accessible par le Disneyland Monorail, s'ajoute le Disneyland Hotel composé de trois tours (Sierra Tower et Marina Tower : 11 étages ; Bonita Tower : 14 étages).

Walt Disney World Resort (Floride). – Devant le succès remporté par Disneyland, Walt Disney eut l'idée de construire un autre parc au Sud-Est des Etats-Unis, région favorisée par son climat. Près d'Orlando, la compagnie fit l'acquisition de plus de 11 000 ha de terrains marécageux qui furent transformés en une véritable destination de vacances. Le 1er octobre 1971, **Walt Disney World Resort** voit le jour avec le **Magic Kingdom,** nouveau parc à thèmes de 43 ha.

En 1982, **EPCOT Center** ouvre ses portes. Tourné vers le futur (Future World) et expliquant les progrès de la technologie, ce parc inclut également la vitrine du monde (World Showcase) qui illustre plusieurs nations. Sa superficie équivaut à deux fois celle du Magic Kingdom.

En 1989, le cinéma reçoit une place de choix grâce à l'ouverture de **Disney-MGM Studios.** Outre un voyage dans les productions Walt Disney, le visiteur peut assister à de spectaculaires trucages et découvrir la technique du dessin animé depuis la planche à dessin jusqu'au film achevé et sonorisé. La même année, **Pleasure Island** (restaurants, boutiques et discothèques) et **Typhoon Lagoon** (parc aquatique) viennent compléter le site.

Walt Disney World Resort, c'est aussi un immense complexe d'hébergement et de loisirs qui, toute l'année, accueille des foules entières. On y compte plusieurs hôtels à thèmes, un terrain de camping (Fort Wilderness), trois terrains de golf, des villas (Disney's Village Resort), un ensemble commercial avec magasins et restaurants (Walt Disney World Village).

Les différents éléments constituant Walt Disney World Resort sont reliés entre eux par des bus, des bateaux et deux monorails (l'un d'eux traverse le gigantesque hall de l'hôtel Contemporary Resort).

En Asie : Japon

Tokyo Disneyland. – Inauguré le 15 avril 1983 à environ 10 km de la capitale près d'Urayasu, ce parc de forme pentagonale (46 ha) regroupe plusieurs pays comme ses prédécesseurs : World Bazaar, Adventureland, Westernland, Fantasyland et Tomorrowland. Compte tenu des conditions climatiques, World Bazaar a été spécialement conçu pour faire face aux intempéries. C'est ainsi qu'une immense verrière recouvre l'ensemble des magasins, permettant aux visiteurs de déambuler à l'abri.

En Europe : France

Euro Disney Resort. – Inauguration de la première tranche le 12 avril 1992 à Marne-la-Vallée.

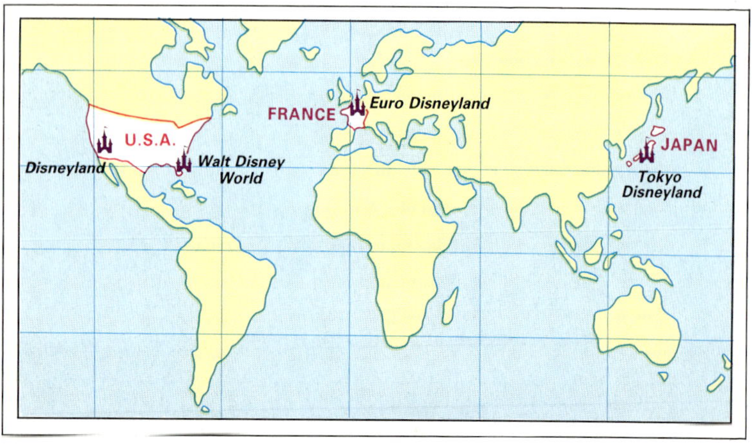

Introduction au Parc

Disneyland Hotel

L'hébergement, les loisirs

Euro Disney Resort dispose d'une gamme étendue de logements et d'activités permettant un séjour prolongé. L'esprit dans lequel sont conçus l'accueil, la décoration et l'animation des établissements font de cet ensemble un centre de villégiature unique en Europe.

Sur le plan hébergement, Euro Disney Resort comprend six hôtels (trois en bordure du Lake Buena Vista, deux le long du Rio Grande et le Disneyland Hotel à l'entrée du parc à thèmes) offrant quelque 5 200 chambres ainsi qu'un terrain de camping-caravaning avec 181 emplacements et 414 bungalows.

Chaque hôtel par son architecture, sa végétation environnante et ses spécialités culinaires, illustre une région particulière des Etats-Unis, tandis que les costumes du personnel transportent les résidents à différentes époques de l'histoire de ce pays (1900, conquête de l'Ouest...).

Les chambres, qui peuvent accueillir jusqu'à quatre personnes, sont toutes équipées d'une salle de bains, d'un téléviseur couleur et d'un mini-bar.

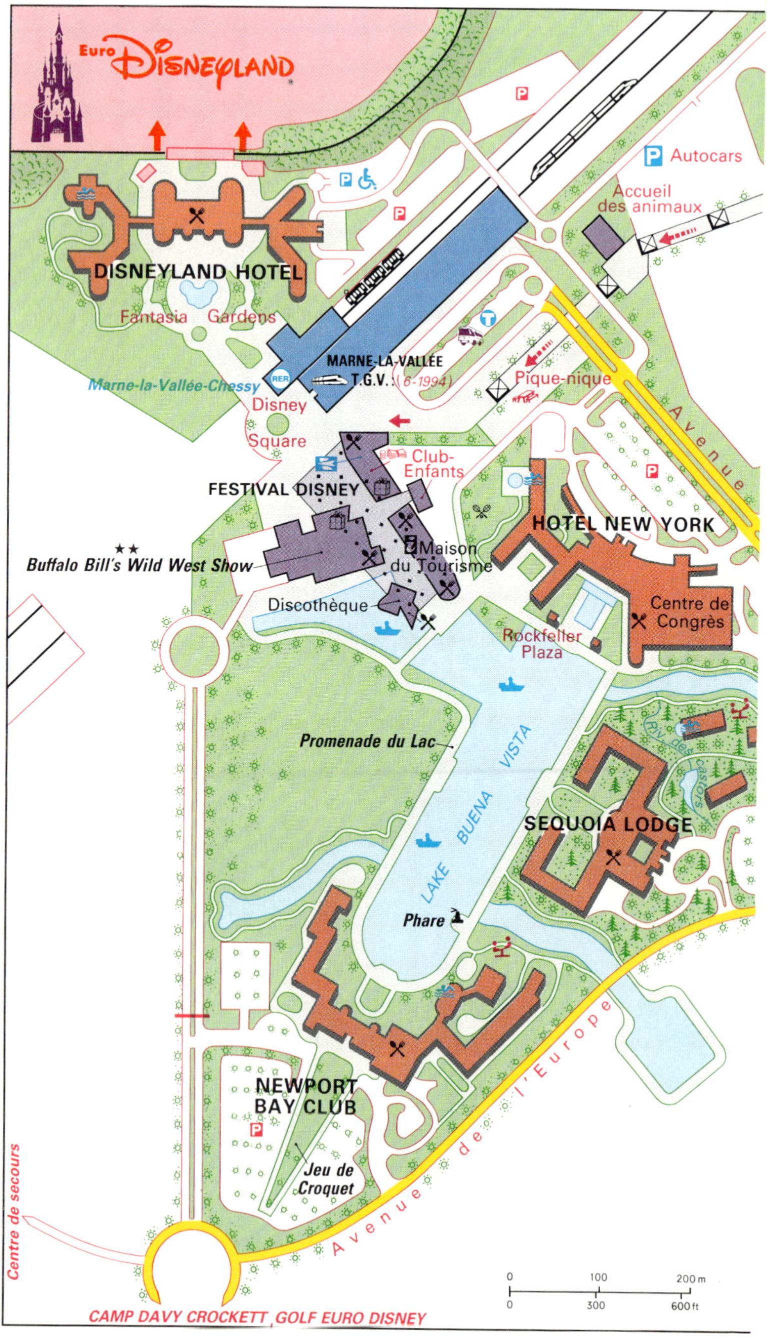

Plusieurs hôtels possèdent des salles prévues pour des réceptions, banquets, conférences, bals.

Le **Lake Buena Vista** s'étend sur environ 4 ha et offre la possibilité de faire du bateau *(location à Festival Disney, de Toobies, petits bateaux fonctionnant sur batterie)*. De ce plan d'eau partent trois « rivières », dont le Rio Grande (1) qui sépare l'*Hotel Santa Fe* et l'*Hotel Cheyenne*. Autour du lac, une promenade a été aménagée, reliant les différents hôtels dans un environnement paysager composé d'espèces propres à chaque thème évoqué.

Un centre de divertissements *(Festival Disney)* ainsi qu'un parcours de golf s'ajoutent à l'ensemble hôtelier et au camping.

L'accès aux restaurants et aux bars des différents hôtels n'est pas réservé aux seuls résidents.

---

(1) Ce fleuve d'Amérique du Nord, qui prend sa source dans l'état du Colorado (monts San Juan), traverse le Nouveau-Mexique et sa ville principale Albuquerque, avant de former la frontière entre les Etats-Unis (Texas) et le Mexique. Il se jette dans le golfe du Mexique après un parcours de quelque 2 900 km.

Vue générale de la zone hôtelière

Disneyland Hotel

Catégorie Luxury, 500 chambres

Cet hôtel de luxe de cinq étages évoque par son architecture et son atmosphère un palace du début du siècle, comme il en existait dans les grandes stations balnéaires américaines. Les bains de mer connaissaient alors un engouement sans précédent, une clientèle huppée fréquentait des établissements somptueux dans lesquels un personnel attentif veillait sur le moindre détail. Des suites et des chambres magnifiquement aménagées, des salons feutrés, une table prestigieuse laissaient aux résidents un souvenir impérissable. Le *Disneyland Hotel* construit dans le style victorien fait revivre cette époque.
L'hôtel présente un corps central dont la façade est rythmée de pavillons en forme de rotondes à pans coupés, et de deux ailes accessibles par des passerelles en verre. Les murs extérieurs habillés de bois rose contrastent harmonieusement avec la toiture foncée.
Les résidents du *Castle Club* bénéficient d'un accès privé et de prestations personnalisées.
Parmi les activités offertes à tous les résidents de l'hôtel : club de remise en forme, piscine couverte, sauna, bain à remous, salle de jeux vidéo.

Bars et restaurants

– **California Grill :** menu différent à chaque saison. Les convives peuvent voir la préparation des mets.
– **Inventions :** buffet offrant des spécialités d'outre-Atlantique. Petits déjeuners spectacle, avec les personnages Disney.
– **Café Fantasia :** décor inspiré du dessin animé *Fantasia*.
– **Main Street Lounge :** bar à cocktails, piano-bar.

Boutique

– **Galerie Mickey :** souvenirs Disney et sur le thème de l'hôtel.

Hotel New York

Catégorie Luxury Convention, 574 chambres

Plusieurs quartiers de Manhattan sont représentés par cet hôtel : Rockefeller Center avec cinq tours de huit étages, Gramercy Park et les brownstones (habitations en pierres brunes élevées dans la seconde moitié du 19e s.) de l'East Side sous la forme de deux ailes plus basses flanquant les tours.
En hiver la pièce d'eau qui précède l'entrée et dans laquelle coule une fontaine se transforme en patinoire.
L'hôtel dispose de deux piscines dont une couverte, de deux courts de tennis, d'un club de remise en forme, d'un sauna, d'un bain à remous et d'une salle de jeux vidéo.

© Disney

Chaque chambre, d'une surface de 31 m², est décorée dans le style 1930. Les résidents du *Castle Club* (130 chambres situées dans les étages supérieurs, avec accès réservé) bénéficient de prestations personnalisées.

Bars et restaurants

- **Rainbow Lounge :** on y vient prendre un verre avant ou après le dîner.
- **Rainbow Room :** tous les soirs, dîners dansants, avec orchestre dans la tradition du Cotton Club de Harlem.
- **57th Street Bar :** bar à cocktails offrant une vue sur le Lake Buena Vista.
- **Parkside Diner :** repas avec ambiance musicale (piano).

© Disney

Boutique

- **Stock Exchange** : souvenirs Disney et sur la « Big Apple », surnom donné à New York.

Service de bus gratuit pour *Euro Disneyland* et *Festival Disney*.

Un centre de congrès, **New York Coliseum Convention Center**, d'une superficie de 2 000 m² jouxte l'hôtel. Il comprend une salle de 1 600 m², *Grand Ballroom*, modulable de 2 à 12 salles indépendantes ; une salle de 450 m², *Radio City Ballroom*, aménageable en trois salles de 150 m² ; quatre salons de réunions : *Wall Street, Columbus Avenue, Madison Avenue, Park Avenue*.

Newport Bay Club

Catégorie First Class, 1 098 chambres

La Nouvelle-Angleterre au début du siècle (région située au Nord-Est des Etats-Unis, regroupant six États) est ici évoquée par un hôtel de Newport, grande station balnéaire de l'État de Rhode Island. Sur la rive Sud du Lake Buena Vista, ce somptueux hôtel déploie ses bâtiments recouverts de bardeaux de couleur crème et coiffés d'une toiture vert pâle, autour d'une baie éclairée par un phare. Une majestueuse façade à colonnade, longue de 70 m, s'ouvre sur de splendides pelouses.
L'hôtel dispose de deux piscines dont une couverte, d'un club de remise en forme, d'un sauna, d'un bain à remous, d'une salle de jeux vidéo.
Chaque chambre, d'une surface de 27 m², est décorée sur le thème de la mer.

© Disney

Bars et restaurants

– **Cape Cod :** spécialités de la Nouvelle-Angleterre, poissons et produits de la ferme.
– **Yacht Club :** spécialisé en produits de la mer.
– **Fisherman's Wharf :** décor d'un salon 1900, cheminée. Bar à cocktails avec vue sur le Lake Buena Vista. Petits déjeuners.

Boutique

– **Bay Boutique :** souvenirs Disney et sur le thème de la mer.

Service de bus gratuit pour *Euro Disneyland* et *Festival Disney.*

Sequoia Lodge

Catégorie First Class, 1 011 chambres

Les constructions aux solides façades de pierre et de bois répartis dans un domaine boisé et au bord du Lake Buena Vista évoquent les grands parcs nationaux américains *(1)*, comme le Sequoia National Park situé en Californie. Plusieurs de ces parcs, immenses étendues de forêts, sont couverts d'espèces variées dont les plus impressionnantes sont les immenses séquoias qui peuvent vivre plusieurs millénaires.
Parmi les activités offertes : deux piscines dont une couverte, club de remise en forme, sauna, bain à remous, salle de jeux vidéo.
Chaque chambre, d'une surface de 27 m^2, possède un décor rustique.

Bars et restaurants

– **Hunter's Grill :** viandes rôties à la broche. Petit déjeuner servi de 7 h à 10 h.
– **Beaver Creek Tavern :** volailles, bœuf et travers de porc cuits au barbecue. Petit déjeuner.
– **Redwood Bar and Lounge :** un cocktail auprès de la cheminée et au son d'un piano. Petit déjeuner.

Boutique

– **Northwest Passage :** souvenirs Disney et sur le thème des parcs nationaux américains.

– Service de bus gratuit pour *Euro Disneyland* et *Festival Disney.*

© Disney

---

(1) Quelques parcs nationaux américains
Acadia National Park (Maine)
Grand Canyon National Park (Arizona)
Mammoth Cave National Park (Kentucky)
Redwood National Park (Californie)
Rocky Mountain National Park (Colorado)
Sequoia National Park (Californie)
Theodore Roosevelt National Park (Dakota du Nord)
Voyageurs National Park (Minnesota)
Yellowstone National Park (Wyoming)
Yosemite National Park (Californie)

Hotel Santa Fe

Catégorie Moderate, 1000 chambres

L'écran d'un cinéma en plein air *(drive-in)* précède l'entrée. Le Sud-Ouest américain et plus spécialement le Nouveau-Mexique avec son climat aride et son sol désertique est évoqué ici par une quarantaine de « pueblos » habillés de pisé aux teintes différentes, et répartis en quatre secteurs. Dans l'un de ces secteurs, un volcan se réveille périodiquement. Une aire de jeux, le *Totem Circle* et une salle de jeux, *Pow Wow*, ont été aménagées à l'intention des enfants. Chaque chambre, d'une surface de 21 m², rappelle par son décor le Sud-Ouest américain.

© Disney

Bars et restaurants

– **La Cantina** : spécialités mexicaines dans une ambiance marché du Nouveau-Mexique.

– **Rio Grande Bar** : bar typique avec ambiance musicale.

Boutique

– **Trading Post** : souvenirs Disney et sur le thème du Nouveau-Mexique.

Service de bus gratuit pour *Euro Disneyland* et *Festival Disney.*

Hotel Cheyenne

Catégorie Moderate, 1000 chambres

Séparé de l'*Hotel Santa Fe* par le Rio Grande, enjambé par deux passerelles en bois, l'*Hotel Cheyenne* symbolise une petite ville du Far West avec ses constructions en bois aux couleurs vives et aux noms évocateurs, et ses habitants vêtus façon western. Au détour d'une rue, il se peut même que l'on rencontre des individus à la gâchette facile... Un fort en rondins, des chariots bâchés, des tentes indiennes, font la joie des enfants.
La rue principale qui traverse la ville porte un nom révélateur Desperado Street. Chaque chambre, d'une surface de 21 m², est décorée dans le style Far West.

Bars et restaurants

– **Chuckwagon Cafe** : barbecue.

– **Red Garter Saloon** : une musique country accompagne les consommateurs.

Boutique

– **General Store** : souvenirs Disney et western.

Service de bus gratuit pour *Euro Disneyland* et *Festival Disney.*

© Disney

Camp Davy Crockett *(1)*

414 bungalows, 181 emplacements de camping-caravaning

Installé dans le bois de Citry à environ 4,5 km du parc à thèmes Euro Disneyland, ce terrain de camping-caravaning de 56 ha rappelle le pays des trappeurs, chercheurs d'or et pionniers. Il comprend deux zones distinctes : l'une réservée au caravaning et camping, l'autre disposant de mobile homes ou bungalows entièrement équipés pouvant loger jusqu'à 6 personnes.

Les bungalows. – Ils se répartissent sur plusieurs zones ou loops et sont construits dans un style rustique, revêtus de lattes de bois. Chacun possède une superficie de 34 m^2. Comme dans les hôtels l'entretien y est assuré quotidiennement.

© Disney

L'équipement comprend : four à micro-ondes, réfrigérateur congélateur, plaque électrique, vaisselle, lave-vaisselle, TV câblée, téléphone, salle de bains complète. Certains meubles ont été réalisés à partir des arbres du site, abattus pour l'aménagement du terrain.
A l'extérieur, chaque bungalow dispose d'une table, de chaises et d'un barbecue.

Les emplacements. – Chaque emplacement est équipé d'un branchement d'eau, d'un branchement électrique et d'une table de pique-nique.

« La ville ». – Plusieurs bâtiments en bois de pin s'ordonnent autour d'une place centrale. On y trouve de nombreuses activités comme : piscine couverte (toboggans, jacuzzi, bassin pour enfants, solarium), courts de tennis, terrains de sport (football, basket-ball, volley-ball, pétanque), location de bicyclettes et de voitures électriques, promenades à dos de poney.

© Disney

Un magasin, **Alamo Trading Post,** permet aux résidents de s'approvisionner en produits alimentaires et en souvenirs. Une salle de jeux lui est contiguë.
Une ferme avec de petits animaux, **Davy's Farm,** fait la joie des enfants qui viennent leur donner à manger.
Près de la piscine, **Crockett's Tavern** offre des plats américains.

Service de bus gratuit pour *Euro Disneyland* et *Festival Disney.*

Golf Euro Disney

Parcours de 18 trous, vallonné et agrémenté de cascades. Putting green représentant les oreilles de Mickey, restaurant à la toiture en forme de balle de golf. En 1993, le parcours s'agrandira de neuf trous supplémentaires. Un second parcours de golf doit voir le jour dans les années à venir.

Service de bus gratuit pour les hôtels et *Camp Davy Crockett.*

---

(1) Davy Crockett (1786-1836), trappeur américain né dans le Tennessee, a été à plusieurs reprises membre du Congrès. Il participa à la guerre contre les Creeks et trouva la mort en 1836 dans la bataille de Fort Alamo (Texas) contre les Mexicains. Ses exploits sont restés légendaires.

Festival Disney

(Centre de divertissements)

S'étendant sur environ 18 000 m², il se remarque de loin par sa façade métallique couleur argent et ses hautes colonnes en acier poli qui s'élèvent vers le ciel. Le soir venu, l'ensemble se couvre d'un filet de lumières. Boutiques, restaurants et discothèque recréent une ambiance diurne et nocturne de la vie américaine.

Boutiques

- **The Disney Store** : grand choix de souvenirs et de peluches Disney. Décor sur le thème des transports. Un train miniature fait le tour de la boutique.
- **Hollywood Pictures** : le cinéma est à l'honneur.
- **Team Mickey** : articles de sport.
- **Surf Shop** : la mer et ses activités.
- **Streets of America Shop** : un clin d'œil à de grandes villes américaines : New York, La Nouvelle-Orléans, San Francisco.
- **Buffalo Trading Company** : rappelle le Far West et les « general stores ». Vêtements, épicerie.

Restaurants

- **Key West Seafood** : poissons et fruits de mer.
- **Los Angeles Bar & Grill** : nourriture et décor californiens. Vue sur le lake Buena Vista.
- **Annette's Diner** : restaurant décoré sur le thème de l'automobile comme en témoignent ces trois véhicules des années 50. Service en patins à roulettes.
- **The Steakhouse** : un entrepôt de Chicago transformé en établissement pour les amateurs de viande.
- **Champions Sports Bar** : restauration rapide, grand choix de bières.
- **Carnegies** : sandwiches.

Bars et discothèques

- **Billy Bob's Country Western Saloon** : bar et musique country.
- **Hurricane's** : discothèque d'une capacité de 350 places.

Buffalo Bill's Wild West Show★★

Buffalo Bill, un héros légendaire ? – William Frederick Cody (1846-1917), pionnier américain, participa à de nombreuses aventures comme la conquête de l'Ouest, la guerre de Sécession, la guerre contre les Cheyennes et les Sioux. Lors de la construction de la voie ferrée Kansas Pacific Railroad, William Cody, tireur hors pair, s'illustra dans la chasse aux bisons, dont la viande servait à nourrir les ouvriers. En 1869 il fit la connaissance d'un journaliste, Ned Buntline. Sous la plume de ce dernier, il devint Buffalo Bill, buffalo signifiant bison et Bill, diminutif de William. Ses aventures romancées remportèrent ensuite un immense succès parmi les lecteurs de journaux. Buntline convainc alors Buffalo Bill de se lancer dans le spectacle. D'où la naissance en 1883 du Buffalo Bill's Wild West Show, dans lequel Buffalo Bill interprète sa propre vie et met en scène cow-boys, Indiens, chevaux, bisons, etc. Après les Etats-Unis, la troupe, en tournée en Europe, reçoit un accueil chaleureux.

© Disney

Le dîner-spectacle. – Chaque spectateur se voit remettre à l'entrée un chapeau de cow-boy et pénètre dans un décor rustique rappelant un ranch de l'Ouest. Là sont exposés des souvenirs de Buffalo Bill en provenance du musée de Cody, petite ville de montagne située dans l'Etat du Wyoming et fondée par William Cody en 1901. Dans des boxes, des chevaux complètent le décor.
Le dîner-spectacle se déroule dans une arène rectangulaire (40 m sur 20 m), d'une capacité de 1 063 places et aux murs décorés de rubans.
Environ 25 acteurs et 50 animaux font revivre l'épopée du Far West dans un spectacle équestre sur fond musical, riche en rebondissements et en effets spéciaux. Chevaux, bisons, vaches à longues cornes (longhorn), cow-boys et indiens sont les interprètes de scènes dignes des meilleurs westerns : combats, coups de feu, ricochets de balles, chevauchées.

Euro Disney Resort... en Brie

Euro Disney Resort dont la superficie totale s'étendra sur 1 943 ha (1/5e de la ville de Paris), s'inscrit dans la Brie française, partie d'une vaste région dite « Bassin parisien », qui communique par la Flandre avec la plaine du Nord de l'Europe, par le seuil de Bourgogne avec le bassin du Rhône et, au-delà de la vallée de la Loire, par le seuil du Poitou avec le Bassin aquitain.

Un peu de géographie

La Brie française. – Euro Disney Resort occupe la partie Nord de cette région du Bassin parisien qui s'étend à l'Ouest du Grand Morin.
La Brie française se présente comme un plateau calcaire d'origine lacustre qui s'élève légèrement d'Ouest en Est. Plus à l'Est, vers Reims, ce plateau devenu la Brie champenoise forme une falaise dite « côte d'Ile-de-France ».
Transformé en meulière, le calcaire très dur de la Brie française a été recouvert d'une épaisse couche, le limon, faisant de cette région une riche terre agricole.
Une immense forêt couvrait jadis ces plateaux. Aujourd'hui après les défrichements continus du Moyen Age, il ne reste que des bois, boqueteaux ou forêts de faibles étendues comme à quelques kilomètres d'Euro Disney Resort, les forêts de Grains, Crécy ou Ferrières.

Une activité industrielle variée. – La Brie française a une vocation d'abord agricole : la terre est divisée en importantes exploitations de 250 à 400 ha. Ces grosses fermes fortement mécanisées se consacrent à la culture intensive du blé et de la betterave à sucre. Les hauts et massifs silos à grains situés aux portes de certaines villes témoignent de cette importante activité, comme les sucreries rappellent le rôle industriel de la betterave à sucre.
Les fermes ont ici souvent l'allure de petites forteresses et sont isolées au milieu d'un paysage de champs ouverts.
La région est aussi connue pour son fromage : le brie. Exclusivement fabriqué à partir de lait de vache, il est reconnaissable à sa forme cylindrique. Le diamètre de ces fromages peut atteindre 40 cm. Le connaisseur et gourmet distingue le brie de Meaux, le plus affiné, le brie de Coulommiers, plus blanc et le brie de Melun.
L'activité économique de la Brie française est aussi industrielle. Le voyageur attentif remarquera par endroits, des pompes à balancier, indiquant la présence de puits de pétrole en activité. Ces puits fournissent environ 2 millions de tonnes de brut par an. La raffinerie de Grandpuits située au Nord-Est de Melun entre Mormant et Nangis, alimentée également par oléoduc (venant du Havre), traite 4 millions de tonnes de brut par an.
L'industrie du papier dans la vallée du Grand Morin et de nombreuses industries alimentaires contribuent également à l'activité économique.

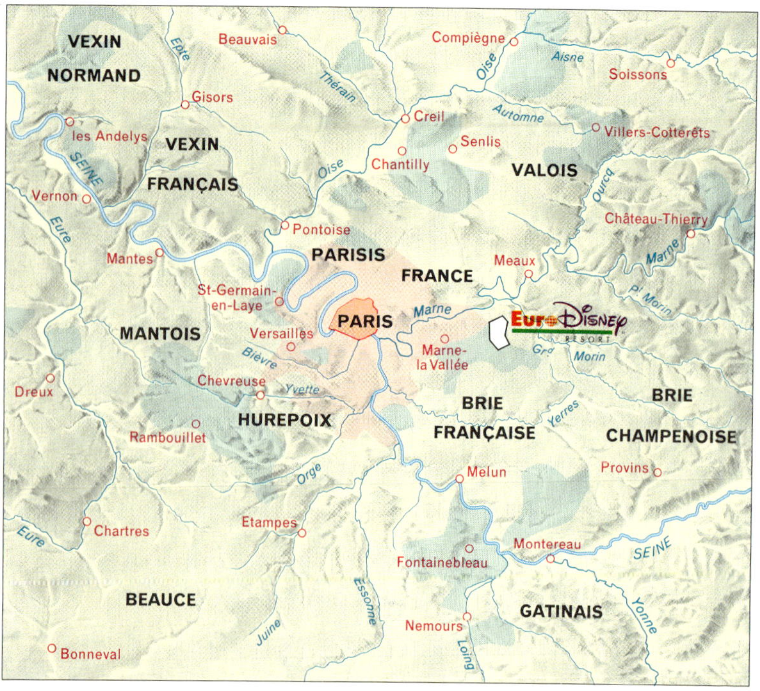

Un peu d'histoire

Les villes situées à la périphérie de la Brie française ont toujours joué un grand rôle : Meaux, Coulommiers, Lagny au Moyen Age, Marne-la-Vallée de nos jours.

Les foires de Champagne. – Dès le haut Moyen Age, la Brie est le théâtre d'une grande activité. Des abbayes s'implantent et contribuent à la mise en valeur du terroir : Faremoutiers, Jouarre. Les villes se développent et animent un commerce local actif : Meaux, Coulommiers.
Cependant, la région va se trouver au centre d'un commerce international qui fera sa renommée et sa richesse : les foires de Champagne. Ces échanges entre le Nord et le Sud de l'Europe s'opéraient selon un calendrier très précis. Durant l'année, deux foires se tenaient à Troyes, deux à Provins, une à Bar-sur-Aube. L'année débutait par la foire de Lagny, à 3 km à l'Ouest de la plaine où s'élève aujourd'hui Euro Disney Resort.
Draps, soieries, épices orientales, vins étaient échangés sur ces foires qui drainaient vers cette partie de la Brie tout un monde d'affaires : agents de change et commerçants italiens, allemands et la bourgeoisie commerçante de Champagne.
Ces lieux d'échanges restèrent prospères jusqu'au début du 14e s. au moment où le poids politique et économique de Paris éclipsa la Champagne.

Marne-la-Vallée. – C'est l'une des cinq villes nouvelles de la région parisienne (les autres sont Cergy-Pontoise, Evry, St-Quentin-en-Yvelines et Melun-Sénart). Les premiers chantiers se sont ouverts en 1972. Forte de 210 000 habitants, la ville s'articule aujourd'hui le long de la Marne et de voies de communication comme l'autoroute A 4 et la ligne A du RER.
Au fil des ans, ce vaste ensemble composé d'anciens noyaux urbains et de constructions modernes parmi lesquelles le Palacio d'Abraxas de Ricardo Bofill et les Arènes de Picasso de Manuel Núñez prend vie. Bureaux, habitations, équipements culturels et sportifs en font, malgré la proximité de Paris, une ville à part entière.
Avec le Val d'Europe, Marne-la-Vallée intègre désormais Euro Disney Resort.

Un projet titanesque

En 1984 les dirigeants de la société Disney envisagent sérieusement la création d'un parc à thèmes en Europe (après les Etats-Unis et le Japon). Plusieurs pays sont évoqués : l'Angleterre, l'Allemagne, la France, l'Italie et l'Espagne. Après visite sur le terrain et étude des différents sites possibles, seules la France et l'Espagne sont retenues.
En 1987 le contrat entre The Walt Disney Company et les Pouvoirs publics français est signé, pour une durée de 30 ans.

Un nouveau relief. – Cette partie de Marne-la-Vallée qui empiète sur les communes de Bailly-Romainvilliers, Magny-le-Hongre, Coupvray, Chessy et Serris, se présentait comme une région plate, couverte de champs de blé et de betteraves. En août 1988 les premiers coups de pioche sont donnés sur le futur domaine d'Euro Disney. Des moyens gigantesques sont mis en œuvre pour faire de ce coin d'Ile-de-France une destination de vacances unique en Europe : pelleteuses, camions, bennes, grues commencent alors leur ballet quotidien, qui s'est achevé moins de trois ans plus tard.
Des millions de mètres cubes de terre ont été remués, déplacés, apportés, un lac (Lake Buena Vista) et des plans d'eau ont vu le jour, des travées ont été creusées pour la pose des voies ferrées du RER, du TGV et la construction de la gare, des routes ont été construites dont une longue voie d'accès à chaussées séparées, quelque 150 000 arbres et arbustes ont été plantés dont une grande partie sur les merlons qui ont été formés tout autour du parc à thèmes. Pour l'hébergement et les loisirs, six hôtels, un terrain de camping, un golf et un centre de divertissements sont nés sur le site.

De 1992 à 2017. – Le contrat signé entre The Walt Disney Company et les Pouvoirs publics prévoit le développement du site jusqu'en 2017. Outre la construction de 13 000 chambres d'hôtels supplémentaires, d'un centre de congrès, de maisons individuelles, d'un second parcours de golf, d'un parc aquatique, le projet prévoit en :

1993 L'agrandissement du parcours de golf (9 trous supplémentaires).
1994 La connexion avec le réseau européen du TGV.
L'ouverture de studios de production cinématographique et audiovisuelle.
1995 L'extension du terrain de camping.
L'ouverture d'un second parc à thèmes : Disney MGM Studios-Europe.

Un reboisement original

La Brie était jadis recouverte de forêts. L'exploitation intensive de ses riches terres a fait reculer cette couverture forestière.
Aujourd'hui on assiste à un reboisement original. Si des espèces locales ont pu être utilisées, des arbres en provenance de pays européens ou d'Amérique du Nord ont été plantés afin de répondre le mieux possible aux différents thèmes développés sur Euro Disney Resort, que ce soit sur le parc Euro Disneyland ou sur le secteur hôtelier.

Thuya géant

Épicéa de Serbie

Épicéa du Colorado

Les arbres

Ils se répartissent en deux catégories, les arbres à feuilles caduques (chêne, châtaignier, mélèze) qui perdent leurs feuilles en hiver, et les arbres à feuilles persistantes (chêne vert, pin, sapin) qui conservent toute l'année leurs feuilles ou leurs aiguilles.
Ainsi trouve-t-on parmi les différentes espèces d'arbres :

Hêtre pourpre

Le thuya géant. – Sa taille peut atteindre 60 m. Originaire de Californie et d'Alaska, il supporte bien un climat humide.

L'épicéa de Serbie. – De forme conique, de croissance moyenne, cet arbre robuste atteint 30 m de haut.

L'épicéa du Colorado. – Vit à l'état sauvage dans les montagnes Rocheuses. Son écorce à grosses écailles est d'un brun violacé.

Le hêtre pourpre. – Cet arbre au tronc puissant, possède un feuillage rouge foncé.

Le sapin concolore. – Originaire de l'Est des montagnes Rocheuses, ce conifère possède une écorce noirâtre, légèrement ridée. Ses aiguilles se dressent verticalement sur leur rameau.

Le févier. – Originaire de l'Est des Etats-Unis, cet arbre à longues gousses plates peut atteindre 30 m de haut.

Le tsuga du Canada. – Arbre à la cime large, aux lourdes branches, à l'écorce noirâtre et rugueuse.

Le tilleul argenté. – Originaire du Caucase, cet arbre d'ornement à écorce grisâtre, aux feuilles vertes sur le dessus et blanchâtres au-dessous, peut atteindre une hauteur de 30 m.

L'arbre de Judée. – Originaire du bassin méditerranéen, il orne souvent les parcs et les jardins. Ses branches presque verticales s'affaissent avec l'âge.

Le marronnier à fleurs rouges. – Cet arbre au feuillage sombre est un hybride de marronnier et de pavia (nom usuel : pavier, arbre aux fleurs rouges, originaire d'Amérique du Nord.

L'araucaria du Chili. – Ce conifère à croissance lente, à la cime large et arrondie possède des feuilles persistantes écailleuses entourant les rameaux. Sa hauteur varie de 10 à 20 m.

Marronnier à fleurs rouges

Arbre de Judée

Le chêne vert. – Egalement appelé yeuse, le chêne vert est un arbre à tronc trapu, à la cime arrondie et dense. Il résiste à la sécheresse et vit sur des sols calcaires pauvres à moins de 1 000 m d'altitude. Son feuillage persistant reste constamment d'un beau vert sombre.

Le pin sylvestre. – Les nombreuses espèces de pin ont pour caractéristique commune la présentation de leurs aiguilles, réunies par une gaine écailleuse en bouquets de 2 à 5. Leurs cônes sont à écailles dures et coriaces.

L'if commun. – Cet arbre aux aiguilles persistantes possède une écorce d'un brun violacé qui se détache en écailles. Son bois très dur lui donne une grande longévité.

Le séquoia géant. – De la famille des taxodiacées, ces conifères peuvent dépasser 100 m de hauteur, et vivre plus de 2 000 ans. C'est dans la forêt de Muir Woods en Californie que l'on a découvert un séquoia haut de 112 m (l'équivalent d'un immeuble de 30 étages).
Le séquoia géant possède une épaisse écorce spongieuse.

Le cèdre du Liban. – Ce conifère originaire d'Afrique et d'Asie se caractérise par une croissance rapide.

Cèdre du Liban

Séquoia géant

Walt Disney
ou la magie d'une œuvre

1901 Le 5 décembre, naissance à Chicago de Walter Elias Disney, quatrième enfant de Flora et Elias Disney.

1906 La famille s'installe dans une ferme près de Marceline (Missouri).

1910 La famille quitte Marceline pour Kansas City. Très tôt Walt manifeste d'étonnantes dispositions pour le dessin.

1918 Pendant la Première Guerre mondiale, il veut s'engager dans l'armée. Son jeune âge l'en empêche, aussi s'enrôle-t-il dans la Croix-Rouge et comme conducteur d'ambulance participe à des missions en France.

1919-1922 En octobre 1919 il revient à Kansas City, et réalise des dessins pour le compte d'un petit studio de publicité. C'est là qu'il rencontre un jeune homme d'origine hollandaise, **Ub Iwerks,** passionné comme lui par le dessin. Une grande amitié naît de cette rencontre et tous deux décident de mettre leurs talents en commun.

1923 Walt part pour Hollywood avec 40 dollars en poche. Au prix de maints efforts, Walt et Ub, qui l'avait rejoint, réussissent une série de petits films, **Alice Comedies,** qui combinent le dessin animé et le réel. En compagnie de son frère Roy, Walt fonde une société, The Disney Brothers Cartoon Studio, qui va changer de nom et devenir selon la suggestion de Roy, The Walt Disney Studio.

1925 Le 13 juillet, mariage de Walt avec Lillian Bounds.

1927 Après Alice, Disney cherche un nouveau personnage pour retrouver le dessin animé pur. Ainsi naît Oswald le Lapin Chanceux.

1928 Mickey et Minnie font leurs débuts dans le film **Steamboat Willie,** le 18 novembre. Ce film, le premier dessin animé sonorisé, marque aussi pour Disney une étape importante dans sa technique de l'animation et dans sa fabuleuse carrière.
Walt Disney ayant besoin d'une voix pour le personnage de Mickey prête lui-même sa voix.

1929 *The Skeleton Dance* marque la naissance de la série des **symphonies folâtres** (Silly Symphonies), courts métrages dans lesquels animaux, insectes, plantes s'animent. Cette série est projetée parallèlement à celle des Mickey.

1932 Première récompense, un Oscar (Academy Award) pour *Flowers and Trees*, symphonie fôlatre en couleur.

1933 Le film *The Three Little Pigs (Les Trois Petits Cochons)* est couronné de succès et remporte un Oscar. La chanson du film *Who's Afraid of the Big Bad Wolf ?* (« Qui a peur du Grand Méchant Loup ? ») est toujours d'actualité plus d'un demi-siècle après.

1934 Créé par Paul Winkler, *le Journal de Mickey* paraît en France.

1935 *The Band Concert :* premier dessin animé en couleur avec Mickey.

1937 Le 21 décembre, sortie d'un long métrage au Carthay Circle Theater de Los Angeles, **Blanche-Neige et les Sept Nains.** Le succès est total.

1938 Disney se voit remettre par la jeune Shirley Temple un Oscar spécial sous la forme d'une statuette et de sept statuettes miniatures.

1940 Sorties de *Pinocchio* et de *Fantasia.*
Les Studios Disney se développent et comptent plus de 1 000 personnes.

1941 *Dumbo* obtient l'Oscar du film musical.

1942 Sortie du dessin animé *Bambi.*

Walt Disney, des ancêtres normands ?

1066, une date capitale : la conquête de l'Angleterre par Guillaume de Normandie, si magnifiquement représentée sur la tapisserie de Bayeux *(voir guides Verts Michelin Normandie Cotentin et Normandie Vallée de la Seine).*
Deux soldats normands Hughes d'Isigny et son fils Robert, natifs d'Isigny-sur-Mer, petit village situé près de l'embouchure de la Vire, décidèrent de rester sur le sol anglais après la conquête. Au fil des ans le nom d'Isigny se transforma progressivement en Disney, patronyme de consonance plus anglaise. Au 17e s. une branche de la famille Disney émigra en Irlande. En 1834, Arundel Elias Disney et son frère Robert s'embarquèrent avec leurs familles à destination de l'Amérique du Nord. Partis de Liverpool, ils atteignirent New York le 3 octobre, après un mois de voyage. L'aventure américaine commençait.

1943 Sortie de *Der Fuehrer's Face* avec Donald comme interprète. Ce film qui dresse sans complaisance le portrait de l'Allemagne nazie connaît une grande popularité et se voit remettre un Oscar pour son sujet.

1944 Mickey Mouse est un mot de code utilisé pendant les opérations du Débarquement en Normandie.

1950 Première émission télévisée à l'occasion des fêtes de Noël.
Succès pour *l'Ile au Trésor* (film avec des personnages réels) et *Cendrillon* (dessin animé).

1954 A la télévision américaine, Disneyland et le Mickey Mouse Club font la joie des enfants. Sortie de l'étonnant *20 000 Lieues sous les mers*, film dont les effets spéciaux se voient récompenser par un Oscar.

1955 Disneyland, premier parc à thèmes ouvre ses portes le 17 juillet, près d'Anaheim en Californie. Walt qui voulait créer « un petit parc enchanté où enfants et adultes pourraient se distraire ensemble » voit ainsi son rêve se réaliser.
Sortie de la *Belle et le Clochard (Lady and the Tramp).*

1961 Sortie du dessin animé *Les 101 Dalmatiens.*

1964 Le 29 août, sortie de *Mary Poppins* au Grauman's Chinese Theater d'Hollywood. Le film, mélange d'animation et de réel, emporte six Oscars. Julie Andrews, son inoubliable interprète, reçoit celui de la meilleure actrice.

1966 Le 15 décembre, s'éteint celui qui a tout fait pour que le rêve devienne réalité, plongeant selon un journal parisien tous les enfants du monde dans le deuil. Fidèles à ses idées, les Studios Walt Disney continuent son œuvre.

1970 Sortie du film *Les Aristochats.*

1971 Le 1er octobre : ouverture de **Walt Disney World Resort** près d'Orlando en Floride, avec le **Magic Kingdom** nouveau parc à thèmes.

1978 Mickey a 50 ans : un train sillonne les Etats-Unis, à son bord le toujours jeune souriceau.

1982 Ouverture d'**EPCOT Center** à Walt Disney World Resort (EPCOT : Experimental Prototype Community of Tomorrow).

1983 Le 15 avril : nouveau parc à thèmes au Japon, **Tokyo Disneyland.**

1988 A l'occasion des 60 ans de Mickey, The Walt Disney Company organise des fêtes grandioses.
Le film *Who Framed Roger Rabbit ?* (« Qui veut la peau de Roger Rabbit ? ») mêlant animation et réel, se voit attribuer quatre Oscars.

1989 Ouverture à Walt Disney World Resort de **Disney-MGM Studios**, de **Pleasure Island** (restaurants, boutiques et discothèques), de **Typhoon Lagoon** (parc aquatique).

1990 Sortie du dessin animé *La Petite Sirène*, deux Oscars : celui de la meilleure musique et celui de la meilleure chanson.

1991 En présence de George Bush, président des États-Unis, Walt Disney World Resort fête ses 20 ans.

1992 Le 12 avril : inauguration d'**Euro Disney Resort** à l'Est de Paris.

L'art et Disney

La magie de l'animation

Le principe sur lequel se fonde le dessin animé est la **persistance rétinienne.** Comme dans le cas du cinéma de prise de vue réelle, le film est composé de plusieurs images, qui, une fois projetées, donnent l'illusion de la continuité. L'œil retient en effet une fraction de seconde chaque image et la relie à la suivante sans percevoir d'interruption. L'illusion parfaite s'obtient si le rythme de projection atteint 24 images par secondes !

Les fondements de la création. – Avant de pouvoir dessiner les innombrables images qui composent un film, de nombreuses phases préparatoires ont lieu.
Dans un premier temps, il faut disposer d'une **bible** où sont exposés les éléments sur lesquels reposent l'histoire : le lieu, l'époque, les personnages avec le descriptif de leur physique, de leur caractère, de leurs manies, etc.
Ensuite vient le **scénario** qui expose en détail tout le déroulement de l'action et donne le texte précis de tous les dialogues.
On dessine alors pour chaque personnage une planche de référence (le model sheet) le présentant sous différents angles (de face, de profil, de dos...), dans différentes positions (debout, assis, accroupi, courant, dormant...) et dans différents états d'esprit (amusé, en colère, saisi de peur, fier de soi ou tout autre attitude en fonction de son caractère). Il en va de même pour les décors qui composent le cadre de chaque scène : des planches présentent ces décors sous différents angles avec si besoin des gros plans selon le déplacement des personnages prévu dans le scénario.
La touche finale est apportée par le coloriste qui met en couleur ces différentes planches à partir desquelles toute une équipe travaillera.

Le story-board. – A partir du scénario on découpe l'histoire, sur petit format, en plans successifs tel que se déroulera le film : mouvements de caméra (gros plans, plans panoramiques...), mouvements des personnages, effets spéciaux...
Ce découpage minutieux de l'action, qui donne tous les gestes clefs, s'appelle le **story-board.** Face à chaque image figurent, quand il y a lieu, des indications de mouvement, les dialogues et les éventuels bruitages désirés, ainsi que le chronométrage en secondes et fractions de seconde de tous les plans et dialogues.

Le lay-out et l'animation. – La mise au format définitif du dessin constitue le lay-out. Il comprend à la fois le décor et l'action. Le lay-out demeure cependant une épreuve de travail à partir de laquelle les **décorateurs** d'une part et les **animateurs** d'autre part réalisent le dessin définitif qui sera filmé. Les décorateurs travaillent sur papier, tandis que les animateurs dessinent les personnages et objets utiles à l'action sur celluloïdes de manière à voir apparaître le décor par transparence. Ils sont aidés dans leur tâche par de nombreux intervallistes pour faire bouger les personnages.
Des gouacheurs, enfin, mettent en couleur l'ensemble des dessins.

Réalisation du film. – Chaque image, composée d'un décor de fond et d'un celluloïde, est alors photographiée. Le film prend forme selon les indications de minutage du story-board.
Après enregistrement des dialogues, de la musique, du bruitage et des effets sonores, il ne reste plus qu'à mixer le son et à le monter sur le film.
Les studios ont fini leur travail, à vous à présent d'aller au cinéma et « Bon spectacle ! ».

Fantasia ou la musique en images

Aux dires de Walt Disney, Fantasia fut « la plus excitante aventure » des créations Disney, puisqu'elle partait de l'idée de mettre en images toute l'expressivité de certaines grandes pièces musicales classiques, sans jamais avoir à recourir à la parole pour les illustrer : la musique, la peinture, l'art dramatique et la danse savamment combinés devaient faire naître une forme entièrement nouvelle d'art cinématographique. Le projet date des années trente, la sortie du film sur les écrans de 1940 !

Pour parvenir à ses fins, Walt Disney s'entoura de dessinateurs particulièrement créatifs et surtout établit une étroite collaboration avec Leopold Stokowski, chef d'orchestre du Philadelphia Orchestra, qui contribua au choix de la plupart des morceaux. C'est à la tête de son orchestre qu'on le voit diriger dans le film la *Toccata et fugue* en ré mineur de Bach, le ballet de *Casse-Noisette* de Tchaïkowsky, *L'Apprenti Sorcier* de Paul Dukas, *Le Sacre du Printemps* de Stravinsky, *La Symphonie Pastorale* de Beethoven, *La Danse des Heures* de Ponchielli, *Une Nuit sur le Mont Chauve* de Moussorgsky et *l'Ave Maria* de Schubert.

Entre chaque morceau une voix présente l'œuvre qui suit. Au milieu du film, on fait également connaissance avec la « Piste sonore » cette ligne verticale, d'un tempérament particulièrement sensible, vibre, s'étoffe et se colore de manière symétrique dès qu'un instrument joue, revêtant une forme très suggestive en fonction du son émis.

Architecture

Les « imagineers ». – Sous ce terme exclusivement Disney, se cachent de véritables artistes qui ont fait jaillir du sol américain, japonais et maintenant français un monde merveilleux.

Edifier une montagne de Monument Valley aux parois patinées par le temps, y creuser une mine où scintillent des pépites d'or, construire un château féérique inspiré par une enluminure du Moyen Age, un arbre gigantesque comptant quelque 19 000 branches ou bâtir la grande rue d'une ville américaine au début du siècle, le tout dans la plaine briarde, relèvent de la magie et nécessitent des talents et des techniques dignes des meilleurs experts.

La tâche des imagineers, assimilable à un travail de fourmis, peut se résumer en trois mots : imaginer, concevoir et réaliser. Dès qu'une idée est retenue, la phase de conception commence et inclut notamment l'élaboration du scénario, la réalisation des dessins et des maquettes qui va permettre de visualiser le projet.

Le travail sur maquettes est primordial, le moindre détail extérieur ou intérieur y est étudié (implantations, perspectives, paysages, etc.) aussi bien par l'œil humain que par des micro-caméras.

Les imagineers vont également rechercher les meilleurs matériaux pour donner l'impression du « vrai » : tel ciment et telle peinture pour évoquer telle pierre ou tel rocher, tel bois pour une façade, sans parler des feuilles et des branches de l'arbre des Robinson... Tous ces ingrédients sont bien évidemment minutieusement testés en tenant compte du climat et du temps. Tous les éléments ayant été réunis et approuvés, la construction commence.

Et c'est ainsi que, grâce à l'action conjuguée de tous ces concepteurs, le rêve devient réalité.

Des architectes de renom. – Depuis longtemps, Disney fait appel, pour la partie externe de ses parcs (zones hôtelières, golf, camping...) ou encore pour ses propres bureaux à des architectes reconnus : en Californie, le siège social a été dessiné par **Michael Graves**, en Floride, le centre de casting et le centre administratif sont l'œuvre respectivement de **Robert Stern** et du Japonais **Arata Isozaky**, dont la volonté est de toujours innover.

A Euro Disney Resort, on retrouve Michael Graves (Hotel New York) et Robert Stern (Hotel Cheyenne et Newport Bay Club), post-modernistes tout comme **Antoine Grumbach** (Sequoia Lodge), c'est-à-dire en réaction contre les excès de l'angle droit et de la pureté des lignes que l'architecture moderne a pu connaître depuis les années 20.

Antoine Predock, avec l'Hotel Santa Fe, reste fidèle à sa préoccupation constante de glorifier le Sud-Ouest américain, le désert et la mystique indienne, la rencontre du ciel et de la terre : les restes d'un OVNI en sont ici la preuve.

Enfin **Frank Gehry** affirme avec Festival Disney, le centre de divertissements, son adhésion au déconstructivisme. Sculpteur autant qu'architecte, il travaille toujours ses volumes avant d'aborder leur fonctionnalité architecturale, aime les formes disloquées, heurtées, exclut volontairement les droites, privilégie les matériaux bruts (le fer, le bois, le ciment) et utilise largement la couleur. Il est également l'auteur du futur Centre américain de Bercy.

Renseignements pratiques

Accès

voir également p. 6 à 9

Navettes depuis les aéroports de Roissy ou d'Orly

De Roissy : en haute saison, toutes les 1/2 h entre 8 h et 20 h ; d'Orly : en haute saison, tous les 3/4 h entre 9 h et 19 h. Prix : 65 F.

RER

De Paris, prix du billet AR : 62 F, métro inclus. En vente dans toutes les stations métro et gares RER.
Par la ligne A du RER, Euro Disney Resort (gare de Marne-la-Vallée - Chessy) se trouve à environ 35 mn du centre de Paris.
Le premier train dans le sens Paris-Euro Disney Resort, passe à Charles-de-Gaulle-Etoile, à 5 h 20. Un train circule en moyenne toutes les 10 mn ou 30 mn, selon les périodes de la journée.
Pour le retour, les horaires sont affichés dans la gare de Marne-la-Vallée-Chessy. A titre indicatif, le dernier train part à 0 h 23.

Euro Disney Resort

Hôtels

Le prix des chambres *(4 personnes)*, varie selon la catégorie de l'hôtel, en basse saison de 550 F à 1 300 F, en haute saison de 750 F à 1 950 F.

Camp Davy Crockett

Bungalows *(6 personnes)* : 575 F en basse saison, 875 F en haute saison.

Emplacement *(camping-caravaning)* : 270 F en basse et haute saison.

Réservations

Pour les séjours, il est possible de réserver une chambre dans les différents hôtels d'Euro Disney Resort ainsi qu'un bungalow ou un emplacement de camping-caravaning au Camp Davy Crockett *(voir p. 14 à 21 : L'hébergement, les loisirs)*.

– **Par correspondance** : s'adresser à Réservation centrale Euro Disney, BP 105, 77777 Marne-la-Vallée Cedex 4.

– **Par téléphone** :
de France (16) (1) 49 41 49 41,
de Belgique 00 33 1 49 41 49 35,
du Luxembourg 00 33 1 49 41 49 05,
de Suisse 00 33 1 49 41 49 25.

Des séjours de 2 ou 3 nuits dans les hôtels ou au Camp Davy Crockett, sont possibles par l'intermédiaire d'Euro Disney Vacances. ☎ (16) (1) 49 41 49 94. Se renseigner également dans les agences de voyages.

Buffalo Bill's Wild West Show

Dîner-spectacle *(boisson comprise)* : 300 F adultes et enfants au-dessus de 12 ans, 200 F enfants de 3 à 11 ans.

Golf Euro Disney

Ouverture prévue le 1er septembre 1992.

Baby sitting

Dans Festival Disney, **Neverland Club Children's Theater**, ouvert de 17 h à 24 h, minimum de 120 F jusqu'à trois heures, puis 40 F par heure supplémentaire.

Bureau de poste, change et maison du tourisme

Dans Festival Disney.

Maison du tourisme d'Ile-de-France - Seine & Marne : système audio-visuel, effets lasers, maquettes présentent de façon spectaculaire les richesses artistiques et naturelles de la région. Des excursions sont organisées, notamment à destination de Paris, Fontainebleau, Reims et la Champagne, Vaux-le-Vicomte, Versailles. Ouverte de 10 h à 22 h (1 h week-ends, jours fériés et vacances scolaires. ☎ (16) (1) 60 43 33 33.

Animaux

Ils ne sont pas admis sur Euro Disney Resort, sauf les chiens-guides d'aveugles. Un accueil animaux (Animal Care Center) leur est réservé près du parking à proximité de l'entrée principale. Prix par jour : 45 F ; par nuit : 65 F.

Parc Euro Disneyland

Horaires

Ouverture toute l'année. En juillet et août de 9 h à 24 h. En dehors de cette période, le parc reste généralement ouvert jusqu'à 21 h, 22 h ou 24 h, pendant les vacances scolaires et les week ends, 18 h ou 19 h les autres jours. Pour tout renseignement ☎ (16) (1) 64 74 30 00.

Parking

Voitures : 30 F, caravanes : 50 F, motos : 20 F.

Passeports Euro Disneyland

Une journée : 225 F pour les adultes et enfants au-dessus de 12 ans, 150 F pour les enfants de 3 à 11 ans. Le billet d'entrée ou passeport inclut, pendant la journée complète, la participation illimitée à toutes les attractions, à l'exception du stand de tir, *Rustler Roundup Shootin' Gallery*. Les enfants de moins de 7 ans doivent être accompagnés d'un adulte. Il est possible, sans payer un nouveau droit d'entrée, de quitter le parc et d'y revenir dans la même journée. Dans ce cas, il faut se faire tamponner une contremarque sur la main avant de sortir et ne pas se démunir de son passeport Euro Disneyland.

Deux jours *(consécutifs ou non)* : 425 F et 285 F.

Trois jours *(consécutifs ou non)* : 565 F et 375 F.

Des **visites guidées** sont possibles : s'adresser au City Hall sur Town Square dans Main Street, U.S.A.

Attractions

Certaines attractions comme Big Thunder Mountain, Star Tours et Autopia nécessitent une bonne forme physique et sont interdites aux enfants âgés de moins de 3 ans. D'autres attractions comme Blanche-Neige et les Sept Nains ou CinéMagique peuvent effrayer de jeunes enfants.

The Lucky Nugget Revue : 220 F repas compris, 150 F enfants de 3 à 11 ans.

Services

- **Information :** City Hall (Main Street, U.S.A.), Main Street Station, Frontierland Depot, Adventureland et Fantasyland.
- **Consigne et Consignes automatiques :** près de l'entrée principale et au sous-sol de Main Street Station. 10 F.
- **Argent :** distributeurs automatiques dans Main Street, U.S.A.

La plupart des boutiques et restaurants acceptent le paiement par cartes de crédit, chèques de voyages en francs français, Eurochèques et chèques bancaires français.

- **Change :** entrée principale, Main Street Station, Frontierland Depot, Adventureland et Fantasyland.
- **Objets trouvés :** s'adresser au City Hall (Main Street, U.S.A.).
- **Photos :** location d'appareils photos et de caméras vidéo à Town Square Photography (Main Street, U.S.A.).
- **Premiers soins :** Main Street, U.S.A. et Adventureland.

Enfants

- **Location de poussettes :** Town Square Terrace. 30 F, plus 20 F de dépôt.
- **Relais bébés avec tables à langer, chauffe-biberons :** Main Street, U.S.A., près du Plaza Gardens Restaurant.
- **Enfants perdus :** s'adresser dans Main Street, U.S.A. au City Hall ou près du Plaza Gardens Restaurant.

Visiteurs handicapés

Le *Guide des Services Spéciaux d'Euro Disneyland* a été réalisé à leur intention *(disponible au City Hall)*.

- **Parking spécial** près du Disneyland Hotel.
- **Location de fauteuils roulants :** Town Square Terrace. 30 F, plus 20 F de dépôt.
- **Visiteurs aveugles ou mal-voyants :** des magnétophones portatifs et des cassettes enregistrées sont à leur disposition au City Hall.
- **Visiteurs sourds ou mal-entendants :** un système de communication est à leur disposition au City Hall.

Restauration

Outre des « chariots gourmands », Euro Disneyland propose plusieurs restaurants en libre-service ou avec service en salle, offrant un grand choix de cuisine de divers pays. Ces restaurants n'ont pas de licence d'alcool.

Pique-nique

L'introduction de boissons et nourriture personnelles n'étant pas admise dans l'enceinte d'Euro Disneyland, une aire de pique-nique est prévue à l'extérieur du parc, entre le parking visiteurs et l'esplanade.

Légende

★★★ **Très vivement recommandé**
★★ **Recommandé**
★ **Intéressant**

Euro Disney Resort

Périmètre du site

Domaine piétonnier	Information
Boutique	Change
Restaurant	Téléphone
Rafraîchissements	Bureau de poste
Toilettes	Station-service

Tourisme dans la région

Eglise ou bâtiment décrit	Château
Autre bâtiment : intéressant - repère	Ruines
	Bassin - Fontaine
Remparts - Tour	Panorama - Vue
Porte de ville	Statue ou monument
Jardin, parc, bois	Curiosités diverses

Transports

Aéroport	Navette Euro Disney
Gare - Gare TGV	Autobus : 71 71 arrêt-terminus
Station RER	Station de taxi
Station de métro	Parking

Autoroute et voie express
Grand axe de circulation
Autre route

Euro Disneyland

© Disney

Euro Disneyland

Ceinturé de collines boisées, le parc à thèmes Euro Disneyland qui trouve son inspiration dans l'œuvre de Walt Disney s'étend sur plus de 55 ha et comprend cinq « pays ». Chacun d'eux illustre un thème particulier :

- **Main Street, U.S.A.**, la grande rue d'une ville américaine au début du siècle ;
- **Frontierland**, le Far West ;
- **Adventureland**, l'aventure, les terres lointaines, les pirates ;
- **Fantasyland**, le monde des contes de fées ;
- **Discoveryland**, le monde de la découverte, du futur.

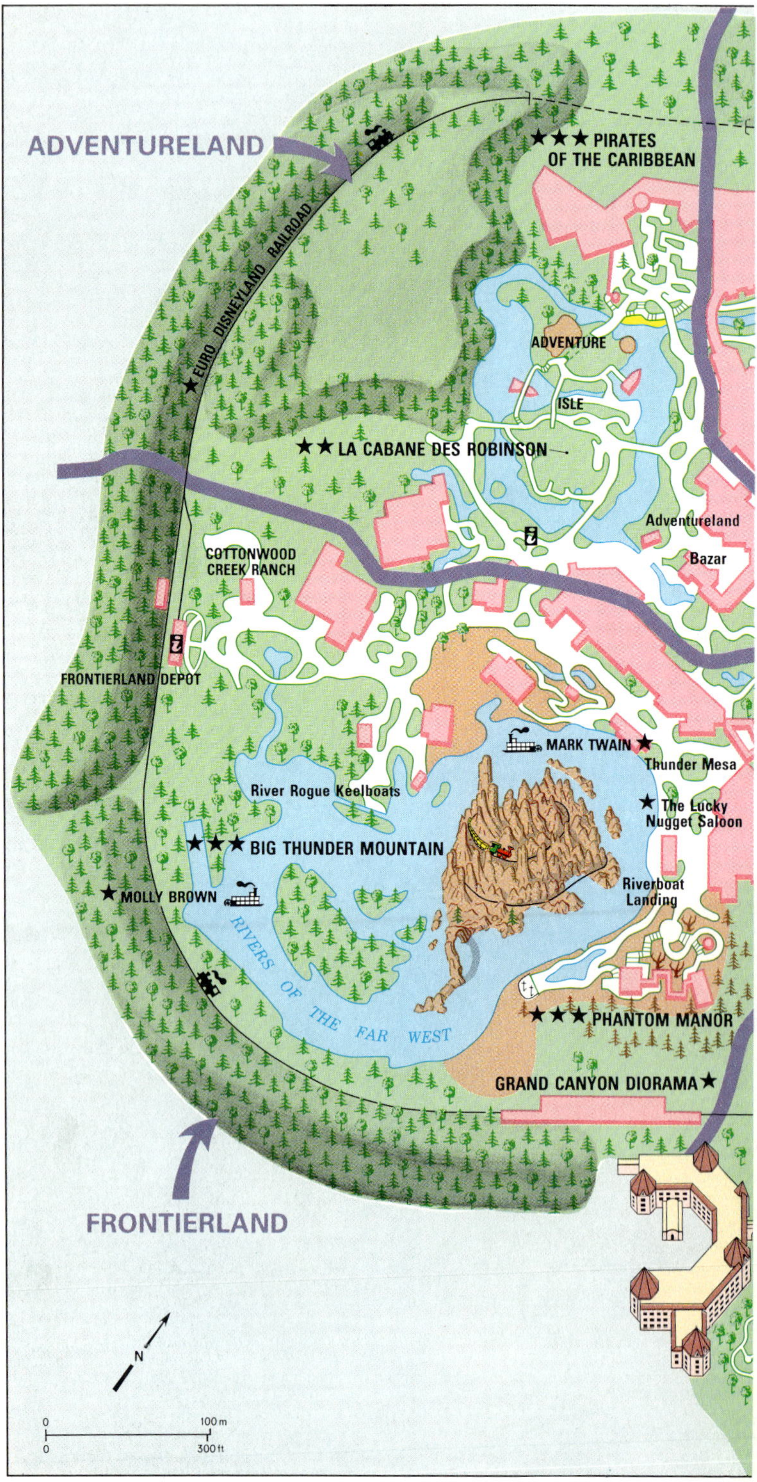

Outre des attractions des plus sophistiquées, merveilles de la technologie mettant en scène les fameux « Audio-Animatronics » (robots à apparence humaine ou animale) dans des décors remarquables, des animations et des spectacles permanents, chaque pays dispose d'un grand nombre de boutiques, de voiturettes (glaces, pop-corn, boissons) ainsi que de points de restauration pour tous les goûts et à la portée de toutes les bourses.

En venant du parking réservé aux visiteurs (11 500 places) ou de la gare RER/SNCF, l'accès au parc se fait en passant sous le Disneyland Hotel.

Quarante-deux guichets sont prévus pour l'achat des billets, six guichets supplémentaires sont réservés au change.

Un accès particulier est aménagé pour les handicapés.

Une journée à Euro Disneyland

La visite du parc à thèmes Euro Disneyland ainsi que la participation à toutes les attractions et spectacles, demandent deux bonnes journées.
Pour les familles qui ne disposent que d'**une journée,** nous avons établi deux programmes de visite en sélectionnant des attractions qui tiennent compte de l'âge des enfants, en évitant par exemple dans le premier programme des attractions trop violentes ou pouvant effrayer les plus jeunes.
Le deuxième programme s'adresse plus particulièrement à ceux qui raffolent de sensations fortes.

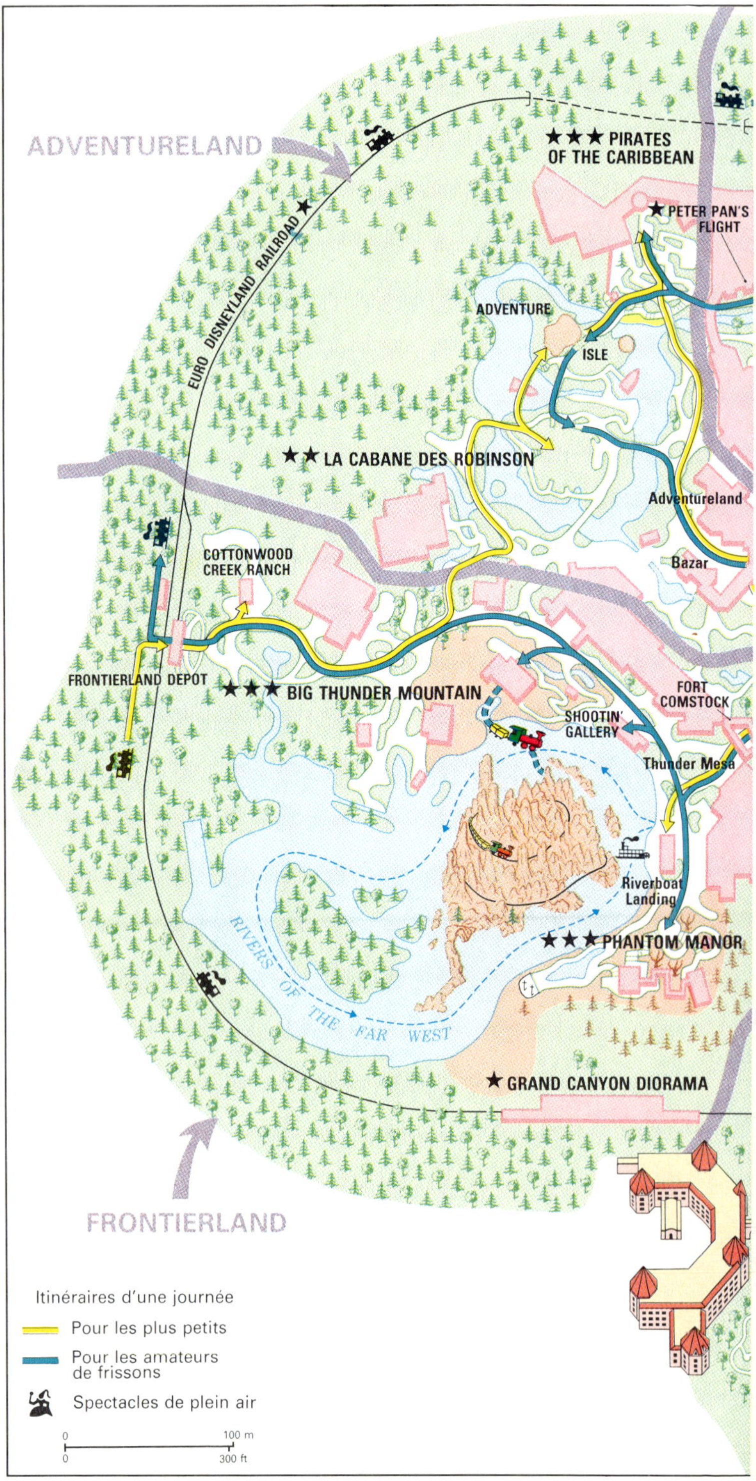

Dans les deux programmes, ne pas manquer de participer à l'un des spectacles du **Théâtre du Château** ou de **Fantasy Festival Stage** (intitulé **C'est Magique★**) dans Fantasyland.
De plus la parade quotidienne, **Parade Disney★★** (**1**), complète une journée de rêve et de magie.
En été et les jours de nocturne, la féerie du parc trouve son apothéose dans **Main Street Electrical Parade★★** *(Parade électrique)* (**2**) et **Fantasia in the Sky★** *(Feu d'artifice)* (**3**).
Prévoir quelques haltes pour récupérer, se désaltérer ou se restaurer, et se munir de bonnes chaussures.
Les horaires des spectacles sont distribués à City Hall dans Main Street, U.S.A.

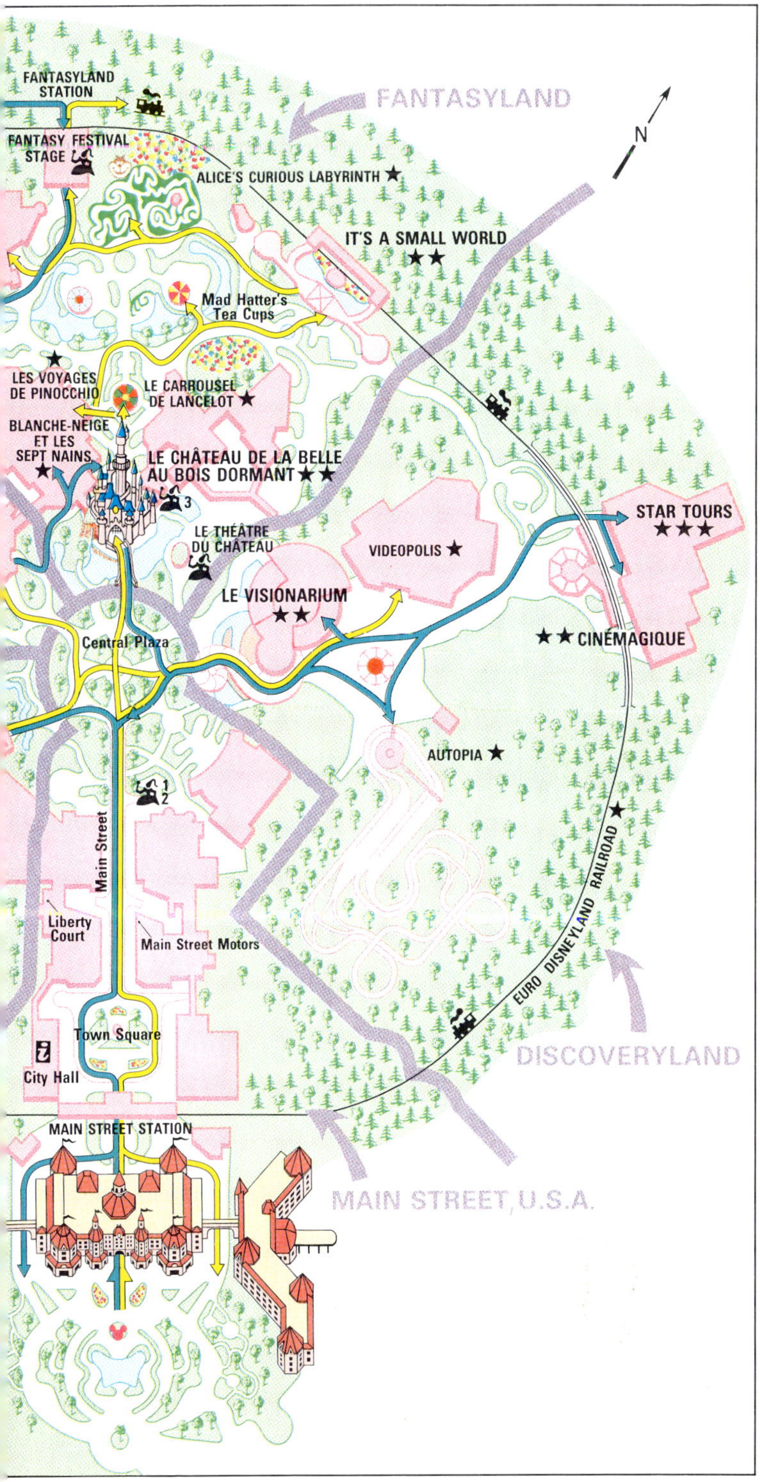

Programme 1 : pour les plus petits

De Town Square remonter Main Street jusqu'à Central Plaza.

Par le pont qui mène au **Château de la Belle au Bois Dormant★★** on pénètre dans **Fantasyland**, le pays des contes de fées. Là, divers manèges et attractions vous transportent dans le rêve :

- **Le Carrousel de Lancelot★**, chevaux de bois.
- **Les Voyages de Pinocchio★**.
- **Mad Hatter's Tea Cups**, une scène d'Alice au Pays des Merveilles.
- **It's a Small World★★**, un voyage avec les enfants du monde entier.
- **Alice's Curious Labyrinth★**, une scène d'Alice au Pays des Merveilles.
- **Peter Pan's Flight★**, le vol de Peter Pan.

A **Fantasyland Station**, prendre **Euro Disneyland Railroad★** jusqu'à Frontierland, le pays des cow-boys et des Indiens. Le train traverse le **Grand Canyon Diorama★**. Descendre à Frontierland Depot.

Visiter **Cottonwood Creek Ranch**, une ferme de l'Ouest et gagner **Adventureland**, où l'aventure est reine :

- **La Cabane des Robinson★★**, étrange arbre meublé.
- **Adventure Isle**, un trésor y est-il caché ?
- **Pirates of the Carribean★★★**, les Caraïbes regorgent de pirates.

Par Adventure Bazar, rejoindre Central Plaza. De là, deux possibilités en fonction des goûts de chacun :

- **Discoveryland** avec **Videopolis★**, un spectacle de danse et musique.
- **Frontierland** où l'on embarque à Thunder Mesa Riverboat Landing à bord d'un merveilleux **bateau à aubes★** (le *Molly Brown* ou le *Mark Twain*) pour une promenade reposante bien méritée sur Rivers of the Far West.

Par Central Plaza, regagner **Main Street, U.S.A.** et voir **Liberty Court, Main Street Motors** ainsi qu'un grand choix de boutiques.

Programme 2 : pour les amateurs de frissons

De Town Square remonter Main Street jusqu'à Central Plaza.

Pénétrer dans **Frontierland** par Fort Comstock. Les frissons commencent dans **Phantom Manor★★★**, une maison hantée dans laquelle se déroulent d'étranges phénomènes. Le train de la mine de **Big Thunder Mountain★★★** vous emmène dans une course folle. Un peu de répit pour exercer ses talents de tireur au Rustler **Roundup Shootin' Gallery**.

A Frontierland Depot, prendre **Euro Disneyland Railroad★** jusqu'à Fantasyland Station. Gagner Adventureland à droite, riche en aventures :

- **Pirates of the Caribbean★★★**, le monde des flibustiers.
- **Adventure Isle** et l'île au trésor.
- **La Cabane des Robinson★★**, un arbre gigantesque meublé.

Par Adventure Bazar rejoindre **Fantasyland** et son monde merveilleux, parfois inquiétant.

- **Blanche-Neige et les Sept Nains★**.
- **Le Château de la Belle au Bois Dormant★★** et **La Tanière du Dragon**.

D'autres sensations fortes sont au rendez-vous dans **Discoveryland**.

- **Le Visionarium★★**, un voyage à 360°.
- **Star Tours★★★**, un voyage dans l'espace à bord d'un vaisseau cosmique.
- **CinéMagique★★**, avec Michael Jackson sur une autre planète.
- **Autopia★**, au volant d'une voiture dans un autre monde.

Par Central Plaza, regagner **Main Street, U.S.A.** et voir **Liberty Court, Main Street Motors** ainsi qu'un grand choix de boutiques.

Star Tours

A la découverte des attractions

Adventure Isle

(L'île de l'aventure)

ADVENTURELAND - PLAN P. 42

Un arbre gigantesque, une inquiétante tête de mort, un bateau pirate, une énorme masse rocheuse, une végétation luxuriante, des cascades, annoncent cette île mystérieuse accessible par plusieurs ponts.
En fait, Adventure Isle se divise en deux îles reliées entre elles par le **Pont Suspendu** et par le **Pont Flottant** qui traverse **L'Épave** (A) *(p. 45)*. L'une de ces îles est inspirée du roman le *Robinson suisse (p. 45)*, l'autre de *l'Ile au trésor*. Ce dernier, œuvre de l'Écossais **Robert Louis Stevenson** (1850-1894), fut porté à l'écran par les productions Disney en 1950. Il raconte les aventures du jeune Jim Hawkins parti sur les mers à la recherche du fabuleux trésor du capitaine Flint. Ce sanguinaire flibustier, avant de rendre son dernier soupir lui a remis une carte indiquant une île où était enterré le trésor. Accompagné par le docteur Livesey et le chevalier Trelawney, Jim s'embarque à bord d'un navire commandé par le capitaine Smollet. L'aventure commence. John Silver le cuisinier, qui ne se sépare jamais de son perroquet, la mutinerie, l'île au trésor avec Ben Gunn, un des hommes de Flint abandonné là depuis des années, l'attaque des pirates, la capture et le procès de John Silver sont des personnages et des scènes mémorables.

Captain Hook's Pirate Ship. – Le bateau pirate du capitaine Crochet, qui arbore fièrement ses trois mâts et sa figure de proue, a jeté l'ancre dans Cannonball Cove. A son bord, sur le pont supérieur, un passage mouvementé fera la joie des pirates en herbe.

Le Rocher-Qui-Bascule. – Une aire de jeux bien remuante pour les jeunes sportifs.

Skull Rock (B). – Ce sinistre rocher en forme de tête de mort signale à coup sûr l'île des pirates.
On peut accéder à l'intérieur et depuis les cavités qui symbolisent les yeux, découvrir une partie d'Adventureland.

Ben Gunn's Cave (C). – Dans cette masse rocheuse percée de plusieurs allées qui offrent des parcours différents (Ambush Alley, Davy Jones's Locker, Dead Man's Maze, Spyglass Pass, Hook's Hideout, Keelhaul Caverns), la recherche d'un trésor est synonyme d'aventure. Une atmosphère inquiétante règne dans un dédale de galeries qui mènent à la salle du trésor. Le bruit du vent, une musique étrange, accompagnent « l'explorateur » qui selon le chemin emprunté, rencontre des chutes d'eau, des crevasses, des regards menaçants qui brillent ici et là, des stalactites et des stalagmites, un puits sans fond, des chauves-souris, des squelettes enchaînés... sans doute les pirates qui voulurent braver Ben Gunn.

Pirate Lookout (Observatoire) (D). – L'île des pirates se devait de posséder son observatoire pour prévenir de toute approche. Du haut de cette tour en bois, deux longues-vues permettent de découvrir Adventure Isle.
A proximité, le Pont Suspendu conduit les plus hardis à l'île voisine sur laquelle est située La Cabane des Robinson.

★★La Cabane des Robinson. - *P. 45.*

PLAN P. 42

De Central Plaza l'entrée se fait par Adventureland Bazar, forteresse du désert, reconnaissable à son style oriental. Dans Adventureland, l'exotisme et l'aventure sont au rendez-vous, illustrés par la représentation de plusieurs pays comme l'Arabie, pays des Mille et Une Nuits, l'Afrique ou les Caraïbes, royaume des pirates.

Un peu d'histoire

L'Ile au trésor, la Flibustière des Antilles, le Corsaire rouge, Barbe Noire le Pirate, A l'abordage, Pirates, tous ces titres de film sont évocateurs d'aventures courues sur les mers et les océans. Mais qui donc étaient ces écumeurs de mers, grands buveurs et amateurs de ripaille, dont les exploits sont restés légendaires ?

Pirate, flibustier, un métier de longue date ? – Les pirates, à la différence des corsaires qui étaient mandatés par leur gouvernement, étaient des aventuriers sans scrupule, se livrant au pillage des navires marchands qui sillonnaient les mers du globe. L'histoire montre néanmoins que les premiers ont pu devenir les seconds, les puissances maritimes n'excluant pas de monnayer les « services » de marins chevronnés pour se livrer à des guerres commerciales sans merci.

Dès l'Antiquité, les premiers pirates apparaissent en Méditerranée. La Grèce et ses nombreuses îles situées sur les routes commerciales constituent pour les brigands des mers un terrain de choix. La Méditerranée et la mer Egée voient les bateaux pirates des Etoliens et des Crétois traquer les vaisseaux marchands.

Les Romains doivent également lutter contre les navires pirates qui attaquent les bateaux chargés de blé affamant ainsi Rome. En 67 avant J.-C., Pompée reçoit des pouvoirs exceptionnels pour combattre ce fléau qui infeste la Méditerranée. Avec quelque 5 000 galères et 120 000 hommes, il se lance dans une guerre totale et en trois mois mène à bien sa difficile mission.

Au fil des années, le développement du commerce international voit se multiplier les attaques des navires de commerce sur les différentes mers du globe. A partir du 11e s., les Barbaresques dont le repaire était Alger, écument la Méditerranée et alimentent les marchés aux esclaves d'Afrique du Nord. En mer Baltique, la Hanse, association maritime et commerciale des villes du Nord de l'Allemagne, doit lutter contre les pirates des Vitalienbrüder. Venise puis Gênes, grandes cités commerciales, n'échappent pas à la règle.

A partir du 16e s., l'or américain suscite des convoitises en Europe, notamment chez les Espagnols. Cette époque va marquer le point de départ de leur influence sur la mer et dans les ports des Antilles. Les galions chargés d'or et de marchandises vont être la proie des pirates et autres flibustiers, qui, au 17e s., vont faire de l'île de la Tortue, située au Nord d'Haïti, leur repaire. C'est également à cette époque que les **boucaniers** font leur apparition. Ces aventuriers qui avaient élu domicile sur les îles des Caraïbes ravitaillaient les navires en vivres et se livraient au pillage des bateaux échoués par les tempêtes. Leur nom vient de boucan, assemblage de branches sur lequel ils fumaient la viande afin de la conserver.

Jusqu'au 19e s., l'océan Indien et la mer de Chine ne sont pas laissés pour compte, et les pirates rançonnent aussi bien les bateaux de la Compagnie des Indes que les modestes bateaux marchands. En Asie, l'activité des pirates va également de pair avec le trafic et le commerce de l'opium avant que les Européens ne les éliminent et ne les supplantent.
Toutes les mers ont connu à une époque ou à une autre leurs pirates, flibustiers ou corsaires dont certains sont entrés dans la légende, parmi lesquels les frères Barberousse, Morgan, Francis Drake, Duguay-Trouin, Edward Teach dit Barbe Noire et Surcouf.

Attractions

★★★**Pirates of the Caribbean.** – P. 71.

★★**La Cabane des Robinson.** – P. 45.

Adventure Isle. – P. 39.

© Disney

Quelques souvenirs ?

Adventureland Bazar

Cinq boutiques ouvrant sur une allée couverte entraînent le visiteur dans des terres lointaines.

La Girafe Curieuse (1). – L'Afrique, ses grandes étendues, ses chasses y sont évoquées. Ceux qui rêvent de safari y trouveront vêtements et accessoires, sous l'œil de la girafe qui semble sortir du mur son long cou.

La Reine des Serpents (2). – Cette créature mystérieuse, à tête de femme et corps de serpent, vient des contes des Mille et Une Nuits. Boîte en bois précieux, services à thé à la menthe, bibelots, flacons de parfum.

Les Trésors de Schéhérazade (3). – L'histoire de Sindbad le marin, extraite des contes des Mille et Une Nuits, sert de thème au décor de cette boutique. Divers souvenirs illustrent ses voyages en Egypte, au Maroc, en Perse et en Inde : poupées, lanternes, objets en fer forgé. On trouve également des vêtements et articles de cuir en provenance d'Afrique du Nord.

L'Echoppe d'Aladin (4). – Aladin ou la lampe merveilleuse, un autre épisode des contes des Mille et Une Nuits, est ici évoqué. Un tapis volant avec comme passagers un tigre et trois singes malicieux flotte au-dessus de l'entrée. Vente de bijoux.

Le Chant des Tam-Tams (5). – Extérieurement une case africaine, intérieurement un décor emprunté à un conte de l'Afrique de l'Est, ou les aventures d'une chenille douée de pouvoirs exceptionnels. Poterie, objets en bois sculpté, corbeilles en osier et en raphia.

Trader Sam's Jungle Boutique. – Vêtements et bijoux.

Le Coffre du Capitaine. – Ce décor qui figure un antre de pirates abritant un trésor, contient de nombreux objets sur le thème de la mer.

Une petite faim ? Une petite soif ?

Explorers Club. – Cuisine exotique incluant poissons, volailles, viandes rouges dans un cadre tropical. Au milieu de la salle, des perroquets *(Audio-Animatronics®)* s'agitent dans un arbre.

Aux Epices Enchantées. – Une bâtisse africaine dont la porte d'entrée est entourée de (fausses) défenses d'éléphant. L'Afrique, le Congo, et ses tribus sont évoquées par des sculptures en bois d'ébène, des masques, boucliers et lances. Brochettes, curry d'agneau, spécialités africaines.

Café de la Brousse. – Une case africaine au toit de chaume avec vue sur Adventure Isle et La Cabane des Robinson en premier plan. Rafraîchissements, thé à la menthe, pâtisseries orientales.

Captain Hook's Galley. – A bâbord, à travers les sabords du bateau pirate, boissons, palmiers et macarons. Sandwiches dans des pains en forme de crocodile.

Blue Lagoon Restaurant. – Dans le décor paradisiaque des Caraïbes, plage de sable et palmiers sous un clair de lune permanent, huttes au toit de chaume, on peut déguster poissons et fruits de mer alors que les bateaux de l'attraction Pirates of the Caribbean glissent au fil de l'eau près de l'épave d'un galion.

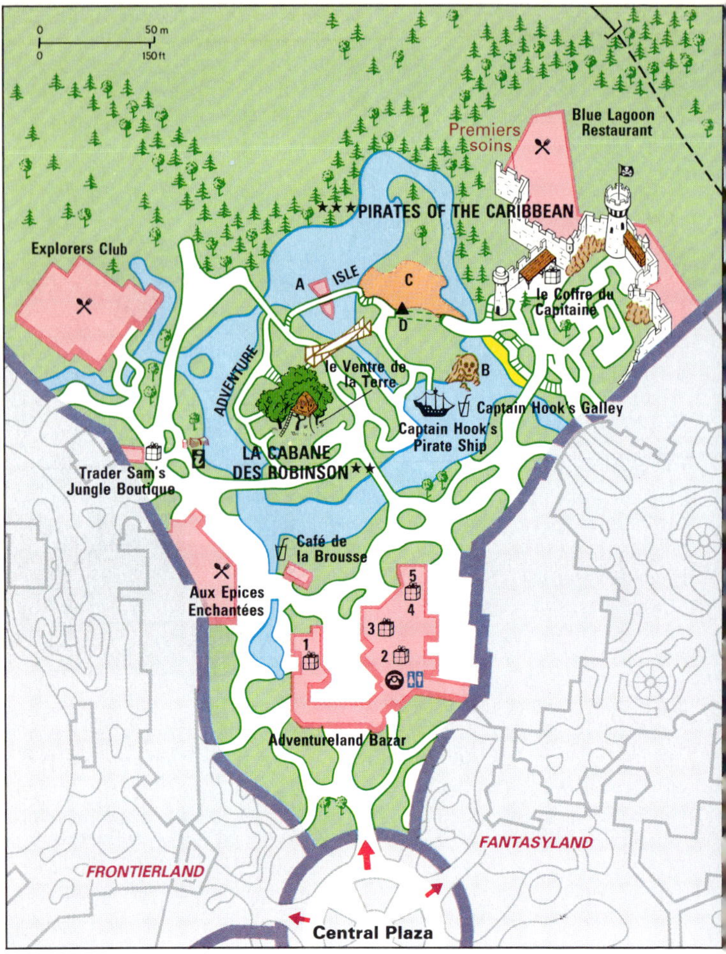

Musiques, danses et rires

The Ali Baba Street Musicians. – Adventureland Bazar aux accents d'une musique orientale interprétée par quatre musiciens, comme sortis des contes des Mille et Une Nuits.

Les Tam-Tams Africains. – Dans le voisinage des Epices Enchantées, l'Afrique au rythme des percussions.

Pirate Band. – Une joyeuse bande de pirates rôde sur Adventure Isle.

The Blue Lagoon Trio. – La musique des Caraïbes envahit le Blue Lagoon Restaurant.

Dr. Livingstone and Friend. – Ce chasseur plutôt excentrique accompagné d'un gorille, talentueux danseur, interprète plusieurs morceaux au ukulele.

Alice's Curious Labyrinth★

(L'étonnant labyrinthe d'Alice)

FANTASYLAND - PLAN P. 54

Cette attraction est basée sur une scène du roman et film *Alice au pays des Merveilles (p. 79)*. Alice, après avoir quitté le Chapelier fou et ses tasses de thé, se retrouve dans une étrange forêt où des panneaux portant des indications toutes contradictoires la laissent perplexe. Elle rencontre de nouveau le chat Chester qui lui montre le chemin conduisant au château de la Reine de Cœur.
Le labyrinthe se présente comme un bel ensemble ornemental composé en grande partie de thuyas géants et de lierre, dominé par le château de la Reine de Cœur. Sur un côté, un motif floral montre le chat Chester, grimaçant.
Après avoir franchi l'entrée, décorée de plusieurs cœurs, le visiteur comme Alice « tombe » dans un terrier de lapin et se retrouve dans un univers étrange

de verdure où des panneaux bizarres indiquent des directions contraires. L'itinéraire jusqu'au château promet d'être difficile. Plusieurs scènes se succèdent au cours desquelles les rencontres rappellent différents épisodes du conte de Lewis Carroll : la chenille qui fume le narguilé, les cartes à jouer jardiniers, et enfin pour les plus perspicaces, le château de la Reine de Cœur (accessible par le **Queen of Hearts Maze**, le labyrinthe de la Reine de cœur) dont l'entrée est gardée par des cartes à jouer représentant des soldats en armes.

© Disney

Ce curieux château coiffé de cinq tours mérite sans doute une visite ; il doit y régner une atmosphère pour le moins troublante.

Autopia★

DISCOVERYLAND - PLAN P. 49

Combien d'auteurs de romans fantastiques ont imaginé des cités ou métropoles futuristes aux formes extraordinaires, aux routes ou autoroutes empruntées par des bolides flambant neufs pilotés par des êtres humains ou d'apparence humaine.
Le décor d'Autopia évoque un « autre monde » avec ses longues flèches pointées vers le ciel et ses constructions en forme de soucoupes.
Vite au volant d'une voiture de rêve pour découvrir une cité ou une campagne du futur, telles qu'un visionnaire des années 50 aurait pu les imaginer. De petites voitures à essence aux couleurs vives et fluorescentes se lancent sur l'autoroute magique du futur (Magic Highway of the Future), réservant à leurs deux occupants surprises et sensations.

Big Thunder Mountain★★★

FRONTIERLAND - PLAN P. 58

Big Thunder Mountain se dresse dans Frontierland au milieu d'une île dont les rives sont baignées par Rivers of the Far West. La « montagne » culmine à 33 m et évoque les pitons rocheux de Monument Valley *(p. 58)*, rongés par le vent. La végétation aux alentours témoigne de l'aridité du climat. Dans cette montagne, une mine désaffectée est ouverte aux visiteurs. Pour s'y rendre, il faut emprunter le train fou, de l'autre côté de l'île, sur le « continent ».

© Disney

Big Thunder Mountain Railroad. – Les bâtiments de bois et de pierre, usés par le temps, de la compagnie minière Big Thunder Mining Co., rappellent une activité éteinte depuis bien des lustres. Une installation de levage, un four à charbon, un compresseur, l'enclos des mules et un quai pour les bateaux complètent cette évocation. Dans l'ancienne scierie qui sert de hall d'attente aux voyageurs, les bruits d'une pompe à eau et d'un compresseur d'air s'ajoutent à ceux des trains qui partent ou arrivent en permanence. Des wagonnets à minerai, une roue à eau, un tracteur à vapeur sont également visibles aux alentours.
Chaque train se compose d'une locomotive et de cinq voitures pouvant transporter 30 passagers. Ces derniers une fois solidement maintenus à leur siège par des barres de sécurité, le train s'ébranle, les frissons peuvent commencer.

Pour accéder à la montagne, le train franchit Rivers of the Far West. La traversée se fait sous l'eau, dans un tunnel faiblement éclairé. Le train incontrôlé roule à une vitesse vertigineuse suivant un parcours mouvementé où se succèdent montées, descentes abruptes et courbes inclinées. Sur son passage il doit éviter des eaux déchaînées avant qu'elles n'emportent le pont sur lequel il va s'engager. Avant de pénétrer dans Head Knocker Tunnel, les passagers ont le plus grand intérêt à baisser la tête car le plafond semble bien bas. Dans un bruit d'enfer, au milieu de rochers qui s'effondrent et de bruits d'explosions, le train poursuit sa course folle dans la mine où scintillent des filons d'or, puis ressort au grand jour et pénètre dans une grotte peuplée de chauves-souris poussant des cris perçants. L'arrivée se fait à la gare de la compagnie minière. Malgré les nombreux dangers rencontrés... chacun est sain et sauf.

Blanche-Neige et les Sept Nains*

FANTASYLAND - PLAN P. 54 - DES AMIS D'ENFANCE P. 77

La façade du bâtiment qui abrite cette attraction s'inspire du château de la méchante reine. Cette dernière apparaît périodiquement au-dessus de l'entrée, écartant un rideau et regardant le monde à ses pieds.

© Disney

Une histoire merveilleuse. – Une douce princesse à la peau blanche comme la neige et répondant au nom de Blanche-Neige vit dans un palais. Son père, le roi, s'est remarié avec une femme jalouse qui n'affectionne guère la jeune fille. Chaque jour, la reine se regarde dans son miroir et l'interroge sur sa beauté. Un jour, alors que Blanche-Neige s'affaire à tirer de l'eau du puits, elle rencontre un élégant jeune homme, le prince de ses rêves. Tous deux s'éprennent l'un de l'autre. Au château, la reine apprend par son miroir que la beauté de Blanche-Neige lui est supérieure. Folle de rage, elle appelle un écuyer, lui ordonne d'emmener Blanche-Neige dans la forêt, de la tuer et de ramener son cœur. Mais l'homme attendri par la jeune fille la laisse s'échapper dans la forêt que la nuit enveloppe d'un voile mystérieux.
Au petit matin une multitude d'animaux l'entoure et lui vient en aide. Tous se mettent en marche vers une chaumière où vivent sept nains, mineurs de leur état. Entre-temps la reine apprend, toujours par son miroir, que Blanche-Neige se cache dans la forêt, aussi décide-t-elle de la tuer elle-même. Elle avale quelques gorgées d'un élixir diabolique et se transforme en une hideuse vieille femme toute rabougrie. Afin de mener à bien sa sinistre besogne, elle verse quelques gouttes de poison dans une pomme en espérant que Blanche-Neige croquera volontiers dans ce beau fruit appétissant. Chez les nains, l'arrivée de Blanche-Neige a quelque peu bouleversé leurs habitudes et une joyeuse atmosphère règne maintenant entre les murs. Alors qu'ils sont partis travailler à la mine, une vieille femme frappe au carreau de la fenêtre. Blanche-Neige, émue, se laisse attendrir et accepte la pomme comme présent. La sorcière savoure sa victoire. Les nains, prévenus du danger par les animaux de la forêt, accourent pour sauver la princesse et voient l'horrible femme s'enfuir. Ils se lancent à sa poursuite et après une course folle à travers la forêt, la maudite sorcière disparaît dans un ravin.
De retour à la chaumière, trop tard, les nains trouvent Blanche-Neige sans vie. Fous de chagrin, ils lui fabriquent un beau cercueil de verre pour qu'elle repose à jamais dans la forêt. Seul un baiser peut la ramener à la vie, celui du prince charmant sans doute...

L'attraction. – En voiture ! A bord de véhicules qui rappellent les wagonnets de la mine des sept nains, le conte des frères Grimm renaît dans une succession de scènes tour à tour charmantes ou inquiétantes. Dans la chaumière règne une atmosphère de gaieté, musique et chansons emplissent la pièce sous le regard amusé de Blanche-Neige et des animaux de la forêt. Puis sur le chemin de la mine, la rencontre de la reine et de son affreux corbeau ne laisse présager rien de bon. Dans la suite du voyage qui fait découvrir le château de la reine et la terrifiante forêt, la sorcière est omniprésente et peut surgir à n'importe quel moment au détour d'un chemin. Par bonheur le prince charmant veille à ce que chacun retrouve le sourire après quelques fortes émotions.

Les sept nains
Atchoum, Dormeur, Grincheux, Joyeux, Prof, Simplet, Timide.

La Cabane des Robinson★★

ADVENTURELAND - PLAN P. 42

Un arbre immense planté au milieu d'une petite île, tel est le décor qui s'offre à la vue, de la Cabane des Robinson.

Le roman de **Johann David Wyss** (1743-1818), *le Robinson Suisse*, publié au 19e s. par son fils Johann Rudolf, sert de thème à cette attraction. La famille Starck, suisse d'origine, s'était embarquée au Havre sur un bateau à destination du Nouveau Monde. Une tempête d'une rare violence fit sombrer le navire. Après avoir vécu des jours effroyables, les Starck et leurs enfants se retrouvèrent échoués sur une île déserte, condamnés à survivre. Là ils trouvèrent refuge dans un arbre et vécurent toutes sortes d'aventures.

Leur histoire, qui n'est pas sans rappeler celle de Robinson Crusoé, fut portée à l'écran en 1960 par Walt Disney, sous le nom de *Swiss Family Robinson*. Les Robinson et leurs trois fils (Fritz, Ernst et Francis) voguant vers la Nouvelle-Guinée, s'échouèrent sur une île déserte après une violente tempête. Ayant pu sauver quelques objets et matériaux du naufrage, ils bâtirent petit à petit leur maison dans un arbre et en firent leur paradis. L'île, en apparence inhabitée, leur réserva bien des surprises.

La Clairière. – Un petit coin tranquille et ombragé pour ceux qui ne souhaitent pas visiter la cabane.

Une bien étonnante cabane. – L'arbre, imitation d'un banian, figuier originaire de l'Inde, s'élève jusqu'à 27 m de hauteur et déploie à sa base un labyrinthe de racines. Cet endroit, appelé **Le Ventre de la Terre**, sert à la fois de cave (on peut y voir des provisions) et de refuge en cas de danger.

Cette maison originale, qui ne manque pas de charme, possède quatre niveaux accessibles par des escaliers serpentant au milieu de branches gigantesques.

Au cours de la montée, apparaissent les différentes pièces de l'habitation. Un système ingénieux de tuyaux, godets en bambou et roue permet à toutes les pièces d'être alimentées en eau à partir d'un ruisseau. Toutes sont remarquablement décorées et meublées : la cuisine, également salle à manger (évier, foyer en pierre volcanique, ustensiles) ; le poste d'observation (c'est de là que tous aimaient venir contempler la nature environnante et écouter les bruits de la jungle), d'où l'on peut découvrir **Pegleg Point**, la pointe la plus extrême de l'île, et **Explorers Club**, un restaurant exotique ; la bibliothèque, dont les livres sauvés du naufrage, constituaient une excellente nourriture pour l'esprit ; le salon dans lequel un orgue joue une musique enlevée ; la chambre des parents et le nid douillet des enfants, situé au sommet de l'arbre. En divers endroits flottent des pavillons porteurs de messages et rappelant leur origine maritime.

© Disney

L'Epave (A). – De l'autre côté de l'île, gît l'épave cassée en deux du bateau de la famille Robinson. Sur un panneau, quelques lignes retracent sa triste histoire.

Le Carrousel de Lancelot★

FANTASYLAND - PLAN P. 54

Le temps des chevaliers et des joutes revit sous la forme d'un manège de chevaux de bois où de nobles destriers emportent leurs cavaliers dans une chevauchée digne des chevaliers de la Table ronde. Les montures aux couleurs vives faites en bois de tilleul ou de peuplier portent des caparaçons décorés de figures héraldiques. L'ensemble est couvert d'un dais, autour duquel court une frise ornées de scènes de chevalerie.

D. Hée/MICHELIN

Lancelot du Lac. – Lancelot a été élevé par Viviane, la fée du lac. Il est un des chevaliers du roi Arthur ou Artus, roi gallois devenu légendaire, qui s'illustré au début du 6e s. dans la lutte des Celtes contre les Anglo-Saxons.
A la cour du roi Artus, il s'éprend de Guenièvre, l'épouse de ce dernier. Exemple parfait de l'amant courtois, il doit affronter maintes épreuves par amour pour sa dame.
La littérature courtoise s'est emparée de ses aventures, publiées dans les romans du cycle d'Arthur ou cycle breton ou encore cycle de la Table ronde. Les exploits de Lancelot ont été contés dans *Lancelot ou le Chevalier à la charrette* (cette dernière tenait lieu de pilori, quiconque avait été pris en faute était promené en charrette par les rues sous le regard de tous les habitants), œuvre écrite par Chrétien de Troyes (1135-1183), illustrant l'honneur, l'amour et le goût de l'aventure.

C'est Magique★

FANTASYLAND - PLAN P. 54

Cette revue musicale au rythme endiablé, se déroule à **Fantasy Festival Stage** située près de Fantasyland Station, et met en scène de nombreux danseurs ainsi que les célèbres personnages créés par Walt Disney.
Au cours de ce spectacle qui a lieu plusieurs fois par jour et qui dure environ une demi-heure, on reconnaît Dingo en cow-boy, Tic et Tac en Indiens, le roi Louis (personnage du *Livre de la Jungle*) et son orchestre de joyeux singes, sans oublier, bien sûr, les inséparables Mickey et Minnie.

Le Château de la Belle au Bois Dormant★★

FANTASYLAND - PLAN P. 54 - DES AMIS D'ENFANCE P. 77

C'est le cœur même d'Euro Disneyland. Sa haute silhouette se détache à l'horizon de Main Street et domine de 45 m les différents pays du parc à thèmes. Ce château de rêve a été édifié d'après le conte de Charles Perrault. Les architectes se sont en outre inspirés des enluminures des *Très Riches Heures du duc de Berry (voir p. 47).*

Le conte. – Une petite princesse prénommée Aurore voit le jour au château du roi Stéphane. A l'occasion de son baptême, une grande fête est donnée au château. Trompettes et cloches retentissent. Une foule en liesse comprenant seigneurs et paysans vient saluer l'enfant, des joutes entre chevaliers distrayent les invités, le roi Hubert et son fils le prince Philippe sont venus en voisins, les trois fées bienfaisantes Jouvence, Sapience et Bénévole sont de la fête. D'un coup de baguette magique elles entourent le berceau de charmes, promettant à l'enfant une vie heureuse. Bénévole n'a pas le temps d'apporter son offrande, quand soudain dans un éclair, appparaît Maléfice la fée du mal. Furieuse de ne pas figurer parmi les convives, elle menace l'enfant dans son berceau et lui prédit qu'avant l'âge de seize ans elle se piquera le doigt au fuseau d'un rouet et mourra. Bénévole parvient à atténuer la sinistre sentence, Aurore ne mourra pas, elle tombera dans un profond sommeil et ne se réveillera que sous l'effet d'un baiser déposé sur ses yeux par un prince. Au château le roi ordonne de brûler tous les rouets. Afin de la protéger de Maléfice, les bonnes fées inquiètes décident de cacher Aurore jusqu'à ses seize ans. Elles se transforment en paysannes et s'en vont dans la forêt élever leur « nièce orpheline ». Les jours, les mois, les années passent et Aurore qui va bientôt avoir seize ans doit être rendue à ses parents. On prépare son anniversaire au palais. Malheureusement la fée Maléfice a retrouvé la trace d'Aurore. Cette dernière ne prenant pas garde se pique à un objet qu'elle lui tend. La jeune fille tombe dans un profond sommeil. Maléfice pense alors à capturer le prince Philippe, devenu un fringant jeune homme, qui selon elle est le seul à pouvoir la réveiller. Après maintes péripéties Philippe fait prisonnier pourra s'échapper et tuera l'horrible fée métamorphosée en dragon. De retour au palais, le prince d'un baiser réveille la princesse et comme dans beaucoup de contes les épousailles suivront.

Les Très Riches Heures du duc de Berry. – Troisième fils de Jean II le Bon, roi de France, Jean de Berry (1340-1416) fut un grand seigneur et mécène fastueux qui fit de Bourges une capitale artistique renommée à la fin du 14e et au début du 15e s. *(voir guide Vert Michelin Berry Limousin)*. Ses goûts d'un raffinement extrême attirèrent maints artistes de talent : peintres, orfèvres, céramistes, maîtres verriers, sculpteurs, etc. Grand amateur d'enluminures (décors et illustrations en couleur ornant des manuscrits), Jean de Berry fit exécuter des chefs-d'œuvre comme ce manuscrit enluminé par les frères Limbourg au 15e s., les *Très Riches Heures du duc de Berry*, dont le fac similé est exposé au château de Chantilly. Cette œuvre magistrale illustre magnifiquement les douze mois de l'année. Chacune des douze scènes représente, avec une précision extrême, les travaux des champs et les activités liées à chaque saison. En arrière-plan, dominant et protégeant tout à la fois la campagne environnante se dresse la silhouette de châteaux et monuments du Moyen Age à la Renaissance. Parmi ceux-ci on reconnaît Dourdan, le Louvre, la Sainte-Chapelle, Vincennes, etc.

★★Le Château de la Belle au Bois Dormant

Cette construction se distingue par son architecture pour le moins composite. Fortifié dans sa partie inférieure et entouré de douves enjambées par un pont-levis, le château se présente ensuite comme un château d'agrément orné d'un ensemble de seize tourelles bleues et or surmontées d'étendards et de girouettes, qui lui donnent un air de conte de fées. Au-dessus de l'entrée fortifiée, une rose illustre une scène du conte.

© Disney

Intérieur. – Dans le grand hall, éclairé par des torches et bercé par la musique de Tchaïkovski, une voûte de 11,50 m de haut repose sur de puissantes colonnes de pierre en forme d'arbres. Un escalier en spirale conduit à la galerie dans laquelle sont exposés des tapisseries d'Aubusson et des vitraux représentant plusieurs scènes de la Belle au Bois Dormant : les bonnes fées apportant leurs cadeaux, l'ignoble fée Maléfice jetant son sort, la destruction des rouets par le feu, et le prince Philippe réveillant la princesse Aurore d'un baiser.

La Tanière du Dragon. – Dans les souterrains du château une créature gigantesque recouverte d'écailles, longue de 27 m et pesant plus de 2 tonnes, sommeille dans une caverne enfumée, faiblement éclairée. En dormant le dragon émet toutes sortes de bruits, et cligne étrangement des yeux. Malheur à ceux qui oseront le réveiller !

CinéMagique★★

DISCOVERYLAND - PLAN P. 49

Dans une salle de 695 places, un film musical en trois dimensions (lunettes prêtées à l'entrée) époustouflant de rythme et d'effets spéciaux, raconte les aventures de **Captain EO**, alias Michael Jackson.
Sur une planète lointaine, une reine tyrannique règne sur un monde de laideur, noir, effrayant. A bord d'un vaisseau spatial, Captain EO s'embarque vers cette planète. Va-t-il parvenir grâce à la musique et à la danse à transformer ce monde de ténèbres en un monde de lumières ?
Ce type d'attraction vit d'abord le jour à Disneyland en Californie puis à EPCOT Center en Floride. De prestigieux cinéastes comme George Lucas et Francis Coppola y prêtèrent leur concours.

Michael Jackson, le génial interprète de Thriller. – Plus jeune des Jackson Five avec qui il chanta jusqu'en 1984, Michael est sans conteste l'enfant prodige de la famille. Né en 1958, il enregistre en solo dès l'âge de 13 ans et devient rapidement un chanteur accompli : il compose et arrange ses musiques et écrit les textes de ses chansons. Sur scène il est également un danseur de « smurf » hors pair, se désarticulant de façon acrobatique et parfaitement rythmée.
Sa musique « endiablée » et saccadée utilise largement le synthétiseur et les percussions électroniques. Hormis *Thriller*, qui fut un véritable triomphe mondial avec son clip vidéo, ses plus grands succès incluent *Someone in the Dark*, (musique du film *E.T. l'Extra-terrestre*), *She's Out of My Life*, *Say, Say, Say* qu'il interpréta avec Paul McCartney tout comme *The Man*. Il chanta également avec Mick Jagger et Diana Ross, et surtout obtint en 1984 huit des Oscars de la musique décernés par l'Académie des Arts, ce qui lui valut d'être reçu à la Maison Blanche par le président des Etats-Unis de l'époque, Ronald Reagan.

Cottonwood Creek Ranch

FRONTIERLAND - PLAN P. 58

A proximité de la gare de Frontierland, un ranch typique du Far West revit avec ses activités traditionnelles.
A l'entrée, l'atelier d'un sculpteur sur bois (**Woodcarver's Workshop**) s'anime sous le regard des visiteurs.
Dans l'enclos ou **Critter Corral**, chèvres, lapins, poulets et canards déambulent librement cotoyant les visiteurs.
Sur les pentes de **Goat Hill**, quelques chèvres défient les lois de l'équilibre tandis que près d'une passerelle en bois qui mène à la mare aux canards, les ailes d'un moulin tournent lentement sous l'effet du vent.

Discoveryland

PLAN P. 49

Le monde de la découverte et de l'invention est ici mis en valeur par des constructions aux formes futuristes.
Ce pays rend hommage à de grands créateurs européens comme Léonard de Vinci, Jules Verne et H. G. Wells, visionnaires pour leur époque, qui ont montré dans leurs récits ou dans leurs inventions que l'imaginaire pouvait devenir réalité.

De grands visionnaires

Léonard de Vinci, un génie universel (1452-1519). – Né à Vinci en Toscane, ce génie créateur dont « le regard avait quatre siècles d'avance » révèle très tôt des dons pour le dessin, la peinture et les sciences. En 1469, sa famille s'installe à Florence où il apprend la peinture sous la conduite du maître Verrocchio. Mais la cité toscane ne lui offre pas la possibilité d'exploiter ses nombreux talents et en 1482 il part à Milan au service de Ludovic le More auprès duquel il exercera tous les métiers : peintre, sculpteur, ingénieur civil et militaire, hydraulicien, urbaniste, musicien, organisateur de spectacles... Parallèlement il poursuit ses recherches sur l'anatomie humaine, l'eau, l'air, le vol des oiseaux, la physique et la mécanique.
En 1499, la chute de Ludovic le More l'oblige à quitter Milan. Il devra alors attendre 1516 pour retrouver avec François Ier un protecteur à sa mesure.

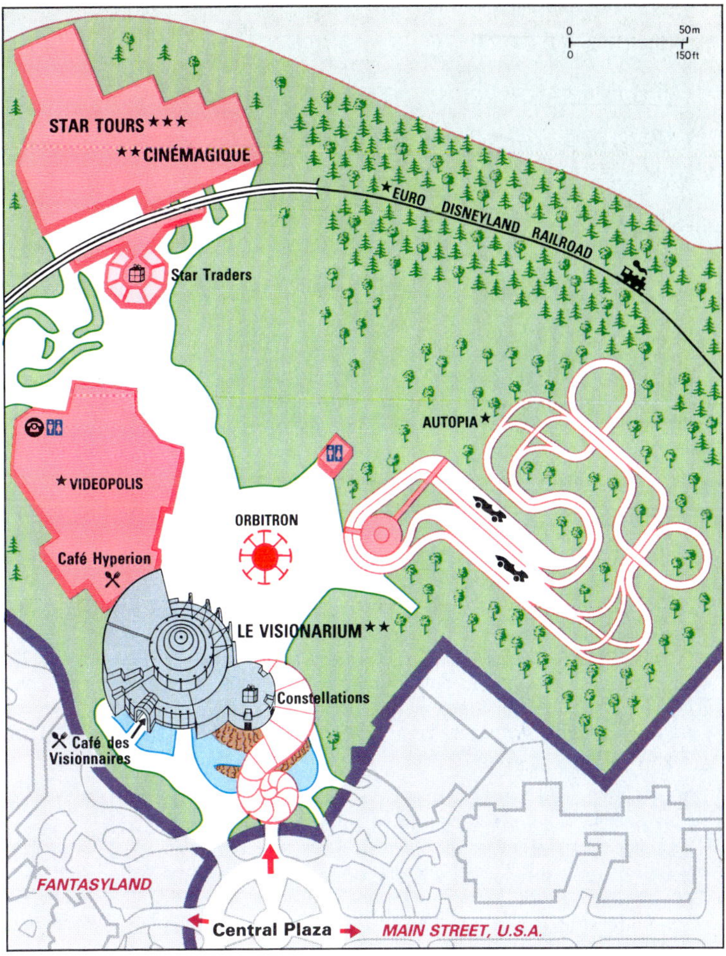

Mais avant la France, il retourne à Florence en 1503, qu'il quitte dès 1507 pour Milan, puis Rome en 1513 où il servira Julien de Médicis, le frère du pape. A son arrivée en France, le roi l'installe au Clos-Lucé *(voir guide Vert Michelin Châteaux de la Loire)* où il mourra en 1519.

Sa vie mouvementée n'en fut pas moins féconde. L'art, bien sûr, profita de son génie. Il fut un peintre hors pair, inventeur du célèbre « sfumato », cette brume légère dans laquelle tous ses personnages et ses paysages prennent un relief et une profondeur remarquables et où la lumière pénètre les surfaces de manière veloutée. L'auteur de *la Joconde* (conservée au Louvre) fut également architecte et on lui attribue volontiers l'escalier à double vis du château de Chambord.

Léonard de Vinci, ingénieur prolifique et visionnaire, ne vit pas beaucoup de ses inventions aboutir de son vivant. C'est seulement au 20e s. que la plupart de ses intuitions prirent forme et devinrent réalité. Vinci avait en effet imaginé dès le 15e s. : le parachute, l'hélicoptère, l'aéroplane, le char d'assaut, la mitrailleuse, le pont pivotant, le bateau à aubes, le marteau-pilon... et même la projection d'images grâce à une lanterne.

Jules Verne, créateur du roman d'anticipation scientifique (1828-1905). – Ce Nantais d'origine était destiné par son père à reprendre la charge familiale d'avoué. Monté à Paris pour faire son droit, il rencontre Alexandre Dumas et se frotte au milieu théâtral pour lequel il écrit des pièces ainsi que des livrets d'opérettes et d'opéras comiques.

Ayant goûté à l'écriture, il alimenta sans peine son imagination débordante grâce à ses souvenirs d'enfance du port de Nantes, son désir inassouvi de voyages lointains et son goût pour la littérature fantastique d'Edgar Poe et Hoffmann. Dès ses premiers romans il exploite le thème des voyages. Ce thème devient rapidement prétexte à de folles aventures, comme dans *L'Ile mystérieuse* ou *Le Tour du monde en quatre-vingts jours*, ou encore sujet à de merveilleuses explorations : exploration de la terre et de ses profondeurs *(Voyage au centre de la Terre)*, comme des fonds sous-marins *(Vingt mille lieues sous les mers)* ou de l'espace *(De la Terre à la Lune)*.

© Disney

Afin de donner le maximum de vraisemblance à tous ses rêves, qui ne se réalisèrent qu'un siècle après les avoir imaginés, Jules Verne étudia la géographie, la physique, les mathématiques. Des machines extraordinaires (fusée spatiale, sous-marin, bathyscaphe, bombe atomique...) naquirent de son esprit faisant rêver ses contemporains, sceptiques. Lui de son côté proclamait à raison : « Tout ce qu'un homme peut imaginer, d'autres hommes seront capables de le réaliser. » Son œuvre romanesque considérable en est la preuve puisque la plupart de ses visions ont vu le jour. Du reste l'U.S. Navy, la Marine américaine, lui a rendu hommage en baptisant son premier sous-marin atomique *Nautilus* du nom du sous-marin du capitaine Nemo de *Vingt mille lieues sous les mers*, sans parler d'un des cratères de la lune qui porte son propre nom : Jules Verne.

Herbert George Wells, un maître du fantastique (1866-1946). – Né à Bromley en Angleterre dans un milieu modeste, Wells travailla comme apprenti à l'âge de quatorze ans dans le commerce des tissus, puis à 17 ans devint élève instituteur avant de gagner une bourse qui lui permit de faire des études scientifiques à Londres. C'est là qu'il rencontra Thomas Huxley, éminent naturaliste ami de Darwin. Ses trois années d'études modelèrent fortement la suite de sa vie ; sa conception romantique de la science ajoutée à son imagination d'écrivain déterminèrent les sujets de ses romans. Avant de devenir un maître incontesté du roman d'anticipation, Wells apporta son concours dans la rédaction de plusieurs journaux.
Ses œuvres littéraires incluent : *La Machine à explorer le temps* (1895) ; *L'Ile du Docteur Moreau* (1896) ; *L'Homme invisible* (1897) ; *La Guerre des mondes* (1898) dont la libre adaptation sur les ondes par Orson Welles sema la panique aux Etats-Unis en 1938 ; *Les Premiers Hommes dans la lune* (1901).
Le genre fantastique n'excluant pas l'humour, Wells écrivit *L'Histoire de Mr. Polly* (1910) et *Kipps* (1905), dans lesquels il utilise sa propre expérience de la vie pour accentuer son sentiment de révolte.

Attractions

***Star Tours.** – *P. 72.*

****Le Visionarium.** – *P. 74.*

****CinéMagique.** – *P. 48.*

*****Videopolis.** – *P. 74.*

*****Autopia.** – *P. 43.*

Orbitron. – *P. 69.*

Quelques souvenirs ?

Constellations. – Grande variété de jouets et de vêtements.

Star Traders. – Dans cette boutique aux allures de station orbitale, on peut se procurer jouets, jeux et cadeaux.

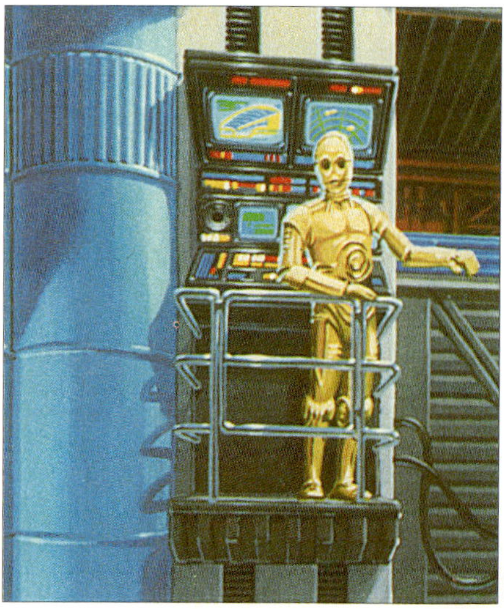

© Disney

Une petite faim ? Une petite soif ?

Café des Visionnaires. – La salle à manger, couverte d'une verrière, domine un plan d'eau.
Au menu : salades et plats exotiques (couscous, paëlla, porc à la sauce aigre-douce, poulet au curry).

Café Hyperion. – Situé dans le même bâtiment que Videopolis et « survolé » par l'immense dirigeable Hypérion. Un décor et une ambiance ayant pour thème la haute technologie.
Au menu : hamburgers, saucisses, sandwiches, pizzas et pâtes.

Musiques, danses et rires

Les Voyageurs. – Un accueil musical est réservé à ceux qui pénètrent dans Discoveryland, par un orchestre composé de cuivres et de percussions.

The Robomines. – Dans le voisinage de Videopolis, Star Tours et CinéMagique, deux énigmatiques robots montés sur patins à roulettes conversent avec les visiteurs.

Flights of Fantasy. – Sur des drôles de machines, sorties de l'imagination de Léonard de Vinci, et accompagnés par une musique électronique, des personnages de Walt Disney sillonnent Discoveryland.

Dumbo the Flying Elephant

(Dumbo l'éléphant volant)

FANTASYLAND - PLAN P. 54 - DES AMIS D'ENFANCE P. 77.

L'amusant éléphanteau, un grand classique des parcs Disney, emmène avec son gentil sourire et son nez retroussé tous ceux qui veulent faire une promenade circulaire dans le ciel, sous l'œil de Timothée, la souris protectrice. Chacun peut à sa guise faire monter et descendre l'appareil.

Euro Disneyland Railroad★

MAIN STREET, U.S.A. ; FRONTIERLAND ; FANTASYLAND - PLAN P. 34-35

C'est l'Amérique de la fin du 19e s. qui est évoquée ici par trois convois composés d'une locomotive à vapeur et de cinq wagons. La conquête des vastes territoires de l'Ouest avait entraîné à partir des années 1850, l'apparition d'un nouveau mode de transport : « le cheval de fer » *(p. 56)*.
Les trains font le tour du parc avec trois arrêts possibles, Main Street Station, Frontierland Depot et Fantasyland Station. Ils reproduisent fidèlement de véritables trains de l'époque avec leurs sifflets, cloches, grille à vache et pour deux d'entre eux, la cheminée en losange.
Après avoir quitté Main Street Station, le convoi pénètre dans l'Ouest américain en traversant le **Grand Canyon Diorama** *(p. 61)*, puis de Frontierland Depot à Fantasyland Station, il longe Adventureland et pénètre même dans l'attraction **Pirates of the Caribbean** *(p. 71)*. Après Fantasyland Station, les voyageurs découvrent le paysage insolite de Discoveryland et le trajet se poursuit sans arrêt jusqu'à la gare centrale de Main Street.

© Disney

Chaque locomotive, de couleur différente, porte le nom d'une personne ayant illustré l'histoire des Etats-Unis : **W.F. Cody**, plus connu sous le nom de Buffalo Bill *(p. 21)* ; **C.K. Holliday**, personnalité du monde du rail (1852-1900) et à l'origine du choix de Topeka comme capitale de l'Etat du Kansas ; **G. Washington**, héros de l'indépendance américaine et premier président des États-Unis élu en 1789.
Chaque wagon dont l'intérieur est luxueusement décoré, porte le nom d'une ville, d'une curiosité naturelle ou d'un site historique, ainsi : Denver, Boston, Philadelphia, Valley Forge, Niagara Falls, Long Island.

Fantasia in the sky★

(Feu d'artifice)

Les soirs d'été et les jours de nocturne en dehors de cette saison, un **feu d'artifice** embrase le ciel au-dessus du Château de la Belle au Bois Dormant, illuminant le parc Euro Disneyland de sa corolle d'éclats multicolores, et marquant ainsi l'apothéose d'une journée passée dans un monde de magie et de féerie. Vu de Main Street Station et de Main Street, U.S.A. le spectacle est magnifique.

© Disney

Fantasyland

PLAN P. 54

Ce pays signalé de loin par le Château de la Belle au Bois Dormant est le royaume des légendes et des contes de fées écrits par de nombreux auteurs européens célèbres comme Charles Perrault, les frères Grimm, Lewis Carroll *(p. 79)* dont les inoubliables héros ont été mis en images par Walt Disney. Fantasyland se présente comme un village imaginaire dont les maisons sont la vitrine de plusieurs pays d'Europe. Dans les rues, il n'est pas surprenant de rencontrer un personnage de dessin animé qui salue les visiteurs avec une grande gentillesse.

Attractions

★★**Le Château de la Belle au Bois Dormant.** – *P. 46.*

★★**It's a Small World.** – *P. 62.*

★**Blanche-Neige et les Sept Nains.** – *P. 44.*

★**Les Voyages de Pinocchio.** – *P. 74.*

★**Le Carrousel de Lancelot.** – *P.46.*

★**Peter Pan's Flight.** – *P. 69.*

★**Alice's Curious Labyrinth.** – *P. 42.*

Mad Hatter's Tea Cups. – *P. 64.*

Dumbo the Flying Elephant. – *P. 51.*

Fantasyland Station. – *P. 55.*

Fantasy Festival Stage. – *P. 46.*

Le Théâtre du Château. – *P. 72.*

© Disney

Quelques souvenirs ?

La Boutique du Château (1). – Au rez-de-chaussée du château de la Belle au Bois Dormant, cette boutique dont le plafond est voûté en berceau possède une décoration imitant l'architecture gothique. Sur un mur, un vitrail représente deux personnages du conte, le roi Stéphane et le roi Hubert.
Des décorations de Noël et des objets décoratifs sont proposées à la vente.

Merlin l'Enchanteur. – Située également au rez-de-chaussée du château, l'antre de Merlin reflète l'excentricité du personnage avec de curieuses inventions accrochées aux murs, même le monte-charge semble sorti de son imagination.
Les accents d'une musique médiévale ajoutent à l'enchantement du lieu.
Vente de figurines en étain ou en cristal, de jouets.
Merlin fut un personnage fabuleux du cycle breton comme Lancelot du Lac *(p. 46)*. Au Moyen Age, le trouvère normand Robert de Boron conta ses aventures dans un roman en prose, *Merlin.*
Walt Disney, en 1963, adapta pour l'écran son histoire empruntée à la légende du roi Arthur et réalisa un dessin animé *The Sword in the Stone* *(p. 54)*, en français *Merlin l'Enchanteur.*

La Confiserie des Trois Fées. – On y retrouve les trois bonnes fées Jouvence, Sapience et Bénévole dans leur chaumière de la forêt, entourées de friandises.

La Chaumière des Sept Nains. – Réservée aux enfants : jeux, jouets et vêtements.

Sir Mickey's. – Les admirateurs de Mickey y trouveront jouets en peluche et vêtements.

La Ménagerie du Royaume (2). – Grand choix de peluches.

Le Brave Petit Tailleur (3). – Vêtements et cadeaux utilisant les personnages de Walt Disney.

La Bottega di Geppetto. – La boutique de Geppetto, le « père » de Pinocchio, rassemble de nombreux objets en bois parmi lesquels marionnettes, coucous et boîtes à musique.

Une petite faim ? Une petite soif ?

Auberge de Cendrillon. – Quoi de plus merveilleux : un repas dans un cadre médiéval inspiré du dessin animé *Cendrillon* dont plusieurs scènes sont illustrées sur de véritables tapisseries d'Aubusson. Dans l'une des salles, le carrosse de verre resplendit de tous ses feux.
Parmi les plats proposés : pintade au lard, jambon à l'os, coquilles St-Jacques, saumon grillé ; comme dessert : crêpes au cerfeuil, feuilleté de poire, carrosse de fruits frais.

L'histoire de Cendrillon. – Devenue la servante mal-aimée de sa cruelle belle-mère et de ses deux ignobles belles-sœurs, Cendrillon ne songe qu'à fuir sa triste condition. Par bonheur Cendrillon peut compter sur ses fidèles amis : un groupe de souris conduit par Gus et Jaq, des oiseaux, Major le cheval et Bruno le chien. Un jour, le roi donne un grand bal au château. Son fils, le prince, trouvera-t-il parmi les jeunes filles invitées l'élue de son cœur ? Grâce à l'intervention de la Fée, le destin de Cendrillon va se trouver bouleversé. Chacun se souvient de la citrouille tirée par les souris et transformée en un magnifique carrosse tiré par des chevaux blancs, la scène du bal et l'heureux dénouement.

Pizzeria Bella Notte. – L'Italie en décor et au menu. Choix de pizzas et de pâtes.

Fantasia Gelati. – De succulentes glaces italiennes.

Au Chalet de la Marionnette. – Un petit air des montagnes de l'Italie du Nord ou de l'Allemagne avec Pinocchio comme hôte.
Au menu : poulet rôti, saucisses ; au dessert : forêt noire, Apfelstrudel (sorte de chausson aux pommes et raisins de Corinthe), Linzertorte (tarte à la marmelade de framboise).

Toad Hall Restaurant. – De l'autre côté de la Manche, une demeure à colombage dont la décoration intérieure est inspirée du roman de l'Ecossais Kenneth Grahame, *Vent dans les saules* (1908), dans lequel la société humaine est peinte sous la forme d'animaux. Cette œuvre fut portée à l'écran par Walt Disney en 1949, sous le titre anglais de *The Adventures of Ichabod and Mr Toad (Mr Toad signifiant Monsieur Crapaud).*
Repas rapide avec des plats très britanniques : fish and chips (poisson et frites), pork pie (feuilleté à la viande de porc), pudding.

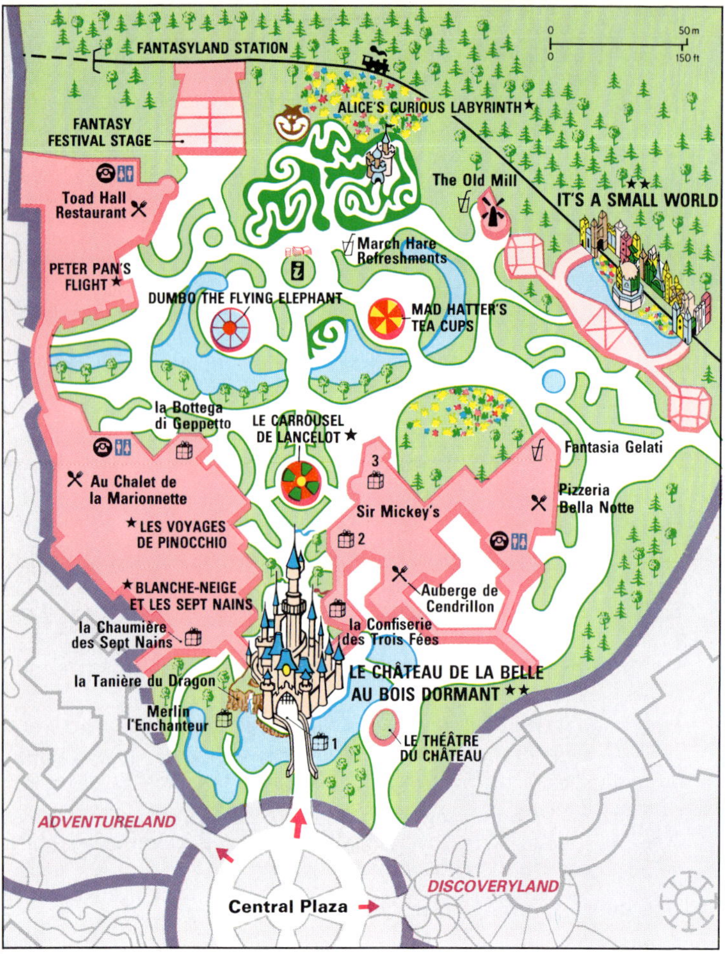

March Hare Refreshments. – Comme dans *Alice au pays des Merveilles*, il convient de fêter là les « non-anniversaires » en dégustant un traditionnel gâteau.

The Old Mill. – Ce moulin à vent évocateur de la Hollande est un clin d'œil au court métrage de Walt Disney , *The Old Mill*, réalisé en 1937 et couronné d'un Oscar.
Spécialité de yaourts glacés avec diverses garnitures.

Musiques, danses et rires

Excalibur. – Merlin l'Enchanteur, accompagné de son disciple, est à la recherche parmi les spectateurs d'un enfant doué de pouvoirs magiques qui pourrait extraire Excalibur, l'épée du futur roi Arthur, solidement plantée dans une enclume.

The Jesters. – Un duo de jongleurs fait preuve de son adresse dans la cour de Fantasyland ainsi que dans la parade quotidienne escortant le char de la Belle au Bois Dormant.

The Troubadour. – Près de l'Auberge de Cendrillon, un troubadour joue du luth.

Les « Audio-Animatronics® »

Ces automates à apparence humaine, animale ou même végétale, doivent leur origine à Walt Disney lui-même, qui lors d'une visite en Europe en 1948, fut fasciné par un oiseau mécanique siffleur qu'il ramena aux États-Unis.

De là naquirent des personnages qui, grâce à un ingénieux système d'association et de synchronisation des sons et des mouvements, émerveillent par leur « vraisemblance ».

Sur Euro Disneyland, le dragon, les pirates, les fantômes, émules de ces géniaux automates, attendent une visite !

Fantasyland Station

(Gare de Fantasyland)

FANTASYLAND - PLAN P. 54

Le train **Euro Disneyland Railroad** *(p. 51)*, après avoir quitté Frontierland Depot, fait halte à la gare de Fantasyland et dépose les voyageurs qui veulent visiter le pays des contes de fées. Le prochain arrêt est Main Street Station.
Le décor de cette gare est emprunté à des scènes extraites de Peter Pan représentant Londres à l'époque victorienne. Sur la façade, une horloge égrenne les heures, gare oblige !

Fort Comstock

FRONTIERLAND - PLAN P. 58

Depuis Central Plaza, ce fort en rondins de bois, avant-poste isolé de l'Ouest américain, semble assurer la protection de Thunder Mesa, la ville des pionniers de la ruée vers l'or.
A droite du pont qui conduit au fort, trois teepees et un feu signalent une présence indienne.
L'entrée est défendue de chaque côté par deux tours. Le soir venu, deux torches éclairent ce passage vers le pays des cow-boys. Il est possible de monter dans chaque tour pourvues de deux étages et percées de petites fenêtres.
A l'intérieur du fort flotte la bannière étoilée du Centenaire des Etats-Unis (les 38 étoiles symbolisent les 38 Etats d'alors).

Frontierland

PLAN P. 58

Vu de Central Plaza, **Fort Comstock** *(p. 55)* marque l'entrée de Frontierland. Le visiteur est transporté dans le monde du Far West avec ses paysages fantastiques, sa ville typique Thunder Mesa, sa légende et son folklore.
Au cœur de ce pays, une large rivière (Rivers of the Far West) baigne le rivage de deux îles. Sur la plus grande surgit une montagne étrange, **Big Thunder Mountain**, aride, sortie tout droit de Monument Valley (Arizona, Utah), la plus petite, **Wilderness Island**, est plantée de quelques arbres et reste inhabitée. De l'autre côté, sur le « continent », Joe a jeté sa ligne dans les eaux de la rivière, tandis que son chien aboie au passage des bateaux.

Rivers of the Far West. – Cette « rivière » qui arrose Frontierland de ses eaux calmes, fait allusion aux rivières de l'Ouest, dont le rôle n'a pas été des moindres à l'époque de la ruée vers l'or : songeons au Rio Grande du Nouveau-Mexique, au Colorado qui traverse les Etats du Colorado, de l'Arizona et de Californie, et au Sacramento dans le Nord de la Californie.

Un peu d'histoire

La conquête de l'Ouest. – L'Ouest fut d'abord la terre de prédilection des trappeurs tels Smith et Walker qui, découvrant la South Pass, ouvrirent la voie des Rocheuses. Ils permirent par la suite l'extension de la piste de l'Oregon vers le Nord et de celle de Californie vers San Francisco.
Tout commence le 30 avril 1803 à Paris, quand Bonaparte vend aux Américains, pour seulement 15 millions de dollars, la Louisiane qui s'étend alors du golfe du Mexique au Canada et barre la route de l'Ouest. La même année, le président Jefferson confie à **Meriwether Lewis**, son conseiller particulier, une mission d'exploration au-delà du Mississipi, ainsi que l'étude d'une voie transcontinentale reliant l'Atlantique au Pacifique. Lewis, accompagné par son ami **William Clark**, se lance dans l'aventure. Partie de Saint-Louis, l'expédition atteint les rives du Pacifique après un périple de plus de 12 000 km à travers des territoires inconnus peuplés d'Indiens et la chaîne des redoutables montagnes Rocheuses. Au retour, leur carnet de route révèle une foule de renseignements, notamment sur la fertilité des régions traversées.

L'ère des pionniers. – En 1842, répondant à l'initiative du Service topographique de l'armée, John Charles Frémont entreprend une nouvelle expédition au cœur des Rocheuses, en compagnie du guide Kit Carson et du topographe allemand Charles Preuss. Le compte rendu lyrique du voyage, lu devant le Congrès en 1843, présente l'Ouest comme une terre paradisiaque. Ce terri-

toire jusqu'ici délaissé par les Américains, à l'exception de quelques trappeurs, va alors connaître des décennies d'engouement qui marqueront à jamais l'histoire des Etats-Unis. Pendant plusieurs années, les arrivées massives d'Européens attirés par le Nouveau Monde et par l'or qu'il recèle *(p. 57)* vont contribuer en grande partie au peuplement de l'Ouest et à sa mise en valeur. Les nouveaux immigrants vont lancer leurs convois vers la « Terre Promise » selon quatre pistes géographiques *(voir carte ci-dessus)*, hérissées d'obstacles. Ce sera l'ère des pionniers avec la traversée des grands espaces, des territoires indiens, des montagnes, des rivières et des fleuves. Une épopée entrée maintenant dans la légende et illustrée par de nombreux westerns.

Chaque convoi se compose de familles entières, une centaine voire un millier de personnes, réparties dans des chariots bâchés, tirés par des chevaux ou des bœufs. Le soir venu, les chariots sont disposés en cercle, le *corral*, les animaux au milieu. Des tours de garde sont organisés afin de se protéger non seulement des attaques indiennes mais aussi des hors-la-loi.

En 1862 malgré la guerre de Sécession qui meurtrit les Etats-Unis, les politiciens s'intéressent fortement aux territoires de l'Ouest et votent le Homestead Act. Chaque chef de famille peut se voir attribuer 160 acres de terre à condition d'avoir résidé sur le domaine pendant cinq années consécutives. Cette mesure entraîne bien évidemment l'accélération de l'expansion économique de l'Ouest.

Le « cheval de fer ». – Dans les années 1850, politiciens et hommes d'affaires pensent que la colonisation et la mise en valeur des territoires de l'Ouest se trouvent quelque peu freinées par la difficulté et la lenteur des communications. Les diligences de la Butterfield Overland Company ou les montures du Pony Express assuraient néanmoins des missions importantes de transport de marchandises, passagers et courrier, traversant des régions hostiles, dans lesquelles le danger était permanent. L'idée de construire un chemin de fer reliant l'Est à l'Ouest ne fit qu'un tour.

L'entreprise colossale nécessitait des fonds, du matériel et de la main-d'œuvre en abondance, sans compter le percement des Rocheuses. En janvier 1863, les travaux de la Central Pacific Railroad commencent à Sacramento, suivis en novembre par ceux de l'Union Pacific Railroad à partir d'Omaha. Ces derniers sont dirigés par le général Dodge, héros des guerres contre les Sudistes et contre les Cheyennes.

Le 10 mai 1869, à Promontory Point, l'Est rencontre l'Ouest, le premier transcontinental est terminé. D'autres transcontinentaux suivront et le chemin de fer permettra la colonisation des Grandes Plaines.

LA CONQUÊTE DE L'OUEST

- Expédition de Lewis et Clark (1803-1806)
- Expédition de Charles Frémont (1842)
- la ruée vers l'or (1848)
- la ruée vers l'Ouest (1845-1880)
- Piste de l'Oregon
- Piste des Mormons
- Piste de Californie
- Piste de Santa Fe
- Route de la Butterfield Overland Company
- "le cheval de fer" (1863-1869) :
- Union Pacific Railroad
- Central Pacific Railroad

Le tracé des frontières correspond aux limites actuelles des Etats-Unis, du Mexique et du Canada

La ruée vers l'or. – Le 24 janvier 1848, James Marshall, un ouvrier travaillant dans une scierie californienne, découvre tout à fait par hasard dans un bief, une pépite d'or. L'émotion est à son comble et bien vite la nouvelle se répand. 1848 marquera une année folle en Californie coïncidant avec la migration vers l'Ouest.

Durant cette année et au cours des années suivantes, les chercheurs d'or arrivent en masse dans ce nouvel Eldorado, par terre et par mer. Les camps de toile, puis de bois se construisent et les villes surgissent, l'or est partout, l'hystérie aussi.

Les premiers prospecteurs explorent le lit des rivières avec des outils rudimentaires comme la bâtée (sorte de poêle à frire pour laver le sable et les graviers), le cradle (sorte de tamis), le pic et la pioche. Mais bien vite, on s'aperçoit que les filons d'or se cachent dans les montagnes. Les chercheurs d'or individuels vont progressivement laisser la place à des compagnies minières qui, au mi-milieu du 19e s., contrôlent les régions aurifères.

© Disney

Les mineurs vivent dans des camps à l'instar d'une armée en campagne. Ces camps portent des noms qui évoquent la nationalité ou le lieu d'origine : French Flat, Missouri Bar, etc. Dans le trading post, ils achètent nourriture, boissons, tabac, vêtements et outils.

Au début, l'ordre règne dans les régions minières, mais l'afflux des immigrants en 1850, l'arrivée d'aventuriers et de rufians, la rareté des terrains, entraînent des conflits voire des violences entre les communautés. Aussi les Dix commandements du mineur, rédigés par J. M. Hutchings et officialisés par une loi en 1853, vont-ils entrer en application.

La grande aventure de la ruée vers l'or en Californie, dont les années de fièvre se situent entre 1848 et 1852, va durer jusqu'en 1856. Aujourd'hui, elle fait partie du folklore.

Un peu de géographie

Monument Valley. – Située à la frontière des Etats de l'Arizona et de l'Utah, cette vallée, extraordinaire phénomène naturel, se caractérise par de saisissants monolithes de grès qui se dressent jusqu'à plusieurs centaines de mètres de hauteur. Ces monolithes qui revêtent des formes différentes, créent avec le jeu des couleurs un paysage surnaturel. Certains ont la forme d'aiguilles (Totem Pole), d'autres de plateaux ou mesas (Sentinel Mesa, Thunderbird Mesa).
Dans cette vallée qui s'étend sur plus de 100 km², des Indiens de la tribu des Navajos se sont établis, vivant d'élevage, de culture et d'artisanat perpétuant leurs traditions ancestrales.
Il n'est pas étonnant que des cinéastes célèbres aient jeté leur dévolu sur ce territoire pour tourner plusieurs westerns, comme *La Chevauchée fantastique* que l'on doit à John Ford.

Le Grand Canyon. – *P. 61.*

Attractions

★★★**Phantom Manor.** – *P. 70.*

★★★**Big Thunder Mountain.** – *P. 43.*

★**Grand Canyon Diorama.** – *P. 61.*

★**The Lucky Nugget Saloon.** – *P. 63.*

Thunder Mesa Riverboat Landing. – *P. 73.*

River Rogue Keelboats. – *P. 71.*

Indian Canoes. – *P. 62.*

Cottonwood Creek Ranch. – *P. 48.*

Frontierland Depot. – *P. 60.*

Rustler Roundup Shootin' Gallery. – *P.71.*

Quelques souvenirs ?

Thunder Mesa Mercantile Bldg. – Ce bâtiment en lambris rassemble plusieurs boutiques :

Tobias Norton & Sons - Frontier Traders (1). – Le cuir est à l'honneur : chapeaux et objets divers.

Bonanza Outfitters (2). – Collection de vêtements « cow-boys » et produits indiens.

Eureka Mining Supplies and Assay Office (3). – Dans une cabane minière, d'apparence abandonnée : jouets et sucreries.

Pueblo Trading Post. – Ce bâtiment en pisé ouvrant sur Rivers of the Far West abrite des objets d'artisanat de facture indienne.

Woodcarver's Workshop. – Dans Cottonwood Creek Ranch, un artiste sur bois sculpte divers objets.

Une petite faim ? Une petite soif ?

© Disney

Silver Spur Steakhouse. – De l'autre côté de Thunder Mesa Riverboat Landing, cet établissement dont l'intérieur affiche confort et élégance, propose des viandes cuites au barbecue : steaks T-Bone, côtes de bœuf, travers de porc, ailerons de poulet, etc.

Last Chance Cafe. Sandwiches et salades western avec aux murs des avis de recherche.

The Lucky Nugget Saloon. – Le midi choix de plats simples, le soir deux dîners sont proposés pendant la revue (p. 63), l'un avec coquelet fumé et travers de porc barbecue, l'autre avec noix d'entrecôte.

Fuente del Oro Restaurante. – Une ambiance mexicaine et des plats typiques : chili con carne, fagitas (mélange de bœuf ou poulet et légumes), tacos (tortilla garnie de viande).

Cowboy Cookout Barbecue. – Dans cette solide grange en bois, règne une ambiance très western avec au menu : hamburgers, travers de porc, poulet, chili con carne.

Musiques, danses et rires

★**The Lucky Nugget Saloon.** – *P. 63.*

The Cowhand Band. – De la musique country au Cowboy Cookout Barbecue, interprétée par un quartet de l'Ouest.

The Gunfighters. – Sur les toits et le long des allées au voisinage du Last Chance Café, du Silver Spur Steak House et du Lucky Nugget Saloon, hors-la-loi et représentants de l'ordre se livrent un violent combat.

The Card Shark. – Se méfier de ce joueur de cartes, tricheur professionnel !

The Riverboat Gamblers. – A l'embarcadère de Thunder Mesa, une formation de six musiciens exécutent de la musique Dixieland.

The Mariachis. – Aux abords et à l'intérieur de Fuente del Oro Restaurant, ces typiques musiciens mexicains apportent le charme d'une musique enlevée.

Spectacle de l'Ouest

★★**Buffalo Bill's Wild West Show.** – Dans Festival Disney, le centre de divertissements *(p. 21)*.

Quelques expressions de l'Ouest

Boot Hill : on y enterrait les hommes tués lors de rixes, les bottes aux pieds.

Bowie knife : couteau à large lame des pionniers, du nom de James Bowie, compagnon de Davy Crockett, héros de la bataille de Fort Alamo où tous deux ont laissé leur vie.

Brand : marque imprimée au fer rouge sur le bétail.

Bronco : cheval sauvage de l'indien.

Chaparajos ou Chaps : protection en cuir que le cow-boy fixait sur son pantalon afin de se protéger de la végétation et des moustiques.

Chaparral : bosquets d'arbustes et de cactus.

Colt : revolver, du nom de son inventeur Samuel Colt.
Chuckwagon : cuisine roulante.
Corral : pour les pionniers, cercle formé par les chariots pour se protéger contre toutes sortes d'attaques. Au Texas, enclos pour le bétail.
Gambler : joueur professionnel des maisons de jeux.
Gringo : terme péjoratif désignant l'Américain pour le Mexicain.
Longhorn : race bovine se caractérisant par de longues cornes et descendant des bêtes introduites au 17e s. par les Espagnols.
Marshal : responsable de l'ordre public d'une ville.
Maverick : nom donné à une bête non marquée. Vient de Samuel Maverick, éleveur qui ne marquait pas son bétail.
Outlaw : hors-la-loi.
Ranch : propriété avec ses terres et ses dépendances.
Roundup : l'une des tâches du cow-boy : rassembler le bétail, préalablement capturé au lasso.
Saloon : débit de boissons et établissement de jeux.
Scout : éclaireur utilisé pour des convois civils ou militaires.
Sheriff (shérif) : responsable de l'ordre public d'un comté.
Trading post : magasin d'approvisionnement en vivres, vêtements, munitions, outils.
Trail : piste.
Vaquero : éleveur de bétail.
Winchester : carabine à répétition.

L'Ouest et le grand écran

La Chevauchée fantastique de John Ford (1939)
La Poursuite infernale de John Ford (1946)
Le Train sifflera trois fois de Fred Zinnemann (1952)
Johnny Guitare de Nicholas Ray (1954)
L'Homme de la plaine d'Anthony Mann (1955)
La Prisonnière du désert de John Ford (1956)
Règlements de comptes à O.K. Corral de John Sturges (1957)
Rio Bravo de Howard Hawks (1959)
Le Dernier train de Gun Hill de John Sturges (1959)
Les Sept mercenaires de John Sturges (1960)
L'Homme qui tua Liberty Valance de John Ford (1962)
Butch Cassidy et le Kid de George Roy Hill (1969)
La Horde sauvage de Sam Peckinpah (1969)
Little Big Man d'Arthur Penn (1970)
Danse avec les loups de Kevin Costner (1991)

Frontierland Depot

FRONTIERLAND - PLAN P. 58

Cette authentique gare en bois d'une petite ville du Far West est une halte du train à vapeur Euro Disneyland Railroad qui s'annonce par quelques coups de sifflet, puis repart pour le pays des contes de fées, Fantasyland.
La section centrale coiffée d'un toit à double pente couvert d'ardoises est flanquée de deux ailes couvertes destinées à l'entrée et à la sortie des passagers.
A l'intérieur, des affiches indiquent les horaires des trains et les lignes desservies ; le bureau du chef de gare avec son télégraphe et son guichet pour la vente des billets recrée parfaitement l'atmosphère d'un tel lieu.
De l'autre côté de la voie, voisinent la remise destinée aux marchandises et le château d'eau monté sur pilotis, prêt à alimenter en eau la locomotive.

Saviez-vous que sur Euro Disneyland ?

360 000 arbres et arbustes ont été plantés.
68 000 m³ de rochers artificiels ont été réalisés avec 9,5 millions de kilos de ciment et 500 000 litres de peinture.

Grand Canyon Diorama★

FRONTIERLAND - PLAN P. 58

Après avoir quitté la gare de Main Street, le train Euro Disneyland Railroad s'ébranle en direction de l'Ouest américain. Il pénètre dans un tunnel, long de 80 m, dans lequel un immense décor composé d'une palette de 14 couleurs recrée divers paysages du Grand Canyon.
En ce jour d'été indien, sous la magie des effets de lumière et sur fond musical (Grand Canyon Suite de Ferde Grofé), le Grand Canyon s'anime au passage du train et offre aux passagers la variété de ses décors, de sa faune (serpents, ratons laveurs, pumas, ours, etc.) et de sa végétation.

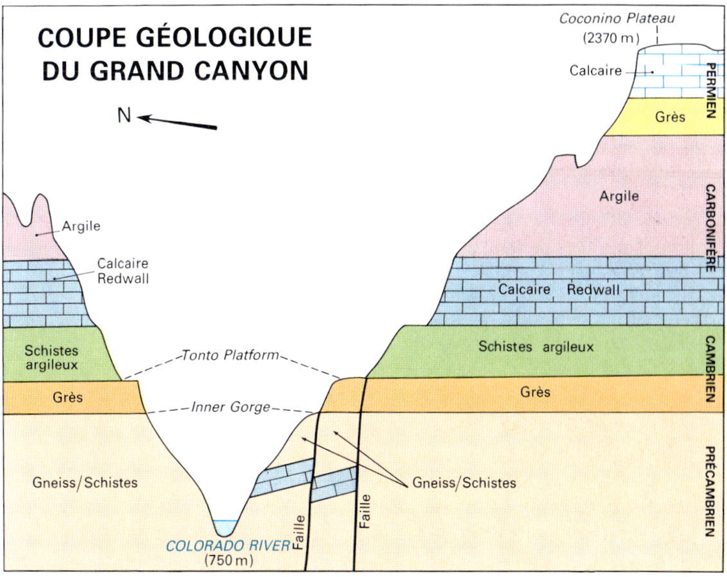

Un peu de géographie. – Le fleuve Colorado, qui prend sa source dans les montagnes Rocheuses (Etat du Colorado), déroule ses 2 300 km en direction du Sud-Ouest jusqu'au Mexique, où il se jette dans le golfe de Californie. C'est en Arizona qu'il traverse un paysage considéré comme l'une des merveilles naturelles du monde, le Grand Canyon, parc national depuis 1919.
Cette faille gigantesque, aux parois vertigineuses, s'étend sur une longueur de 450 km. Sa largeur varie de 6,5 km à 29 km, sa profondeur moyenne est de 1,6 km. Le fleuve coule au fond d'une gorge taillée en V dans les gneiss et les schistes du précambrien, restes d'une chaîne de montagnes érodée par le temps. Trois cents mètres de grès et d'argiles peu résistants surplombent la rivière et forment la sombre Gorge intérieure (Inner Gorge).
Inondée de lumière, la gorge extérieure a été façonnée par le fleuve qui a creusé et déblayé des couches de sédiments alternativement durs et tendres : grès durs cambriens de couleur foncée et argiles verdâtres.
Dans cette stratigraphie « facile », identifiable à l'œil nu, on distingue la massive couche calcaire du carbonifère dite « Redwall » surmontée par 300 m d'argiles au beau rouge soutenu. Grès et calcaires résistants coiffent l'ensemble. Sur le flanc des parois, d'immenses cônes de déjection attestent la vigueur de l'érosion, toujours active. La rareté de la végétation, les différences d'altitudes, l'immensité des horizons, les couleurs ocre ou rouge des différentes roches donnent à l'ensemble une allure fantasmagorique qui prend une dimension extraordinaire au soleil levant ou couchant.

Harmony Barber Shop

MAIN STREET, U.S.A. - PLAN P. 67

Barbe de plusieurs jours ou cheveux longs ? Qu'à cela ne tienne, le barbier est là pour y remédier dans son salon, où il procède comme autrefois.
La décoration intérieure avec meubles en acajou, dessus de comptoirs en marbre, ses vieux fauteuils qui attendent le client, miroirs anciens, affiches d'époque accrochées aux murs et sa collection de bols à raser, recrée l'atmosphère d'un salon style 1900. Figaro, à vos blaireaux et ciseaux !

Horse-Drawn Streetcar

MAIN STREET, U.S.A. - PLAN P. 67

Un tramway, tiré par un solide cheval percheron et conduit par un cocher en livrée, emmène les voyageurs de Town Square à Central Plaza, remontant la pittoresque Main Street bordée de boutiques d'un autre temps.

Le percheron, « à tirer toujours prompt ». – Comme son nom l'indique, ce cheval est originaire du Perche, région vallonnée située à l'ouest du Bassin parisien aux confins du bocage normand. Robuste et vif sans être trop lourd, il fut en vogue à l'époque de la traction hippomobile. Le milieu agricole l'utilisa largement pour tirer toutes sortes de tombereaux, carrioles, rouleaux et herses et, plus tard, les faucheuses, moissonneuses et batteuses. Il fut également le roi des transports sur route, bien qu'au milieu du 19e s. le développement du chemin de fer lui porta préjudice en particulier dans le domaine des relais de poste : les nombreuses auberges du « Cheval blanc » témoignent encore aujourd'hui de l'importance de ces célèbres chevaux, rappelant que la nuit chaque attelage comptait un cheval à robe blanche pour être bien visible. Le percheron trouva cependant à se convertir dans la traction des omnibus et des tramways sur rail de la région parisienne qui commençaient à se développer.
La renommée de ce puissant cheval traversa l'Atlantique et son élevage fut même pratiqué dans le Michigan, l'Illinois, le Minnesota et au Canada où les grandes villes d'alors connurent aussi leurs omnibus hippomobiles.
Ce « transporteur urbain » fut également adopté par les pompiers et surtout l'armée dans les rangs de laquelle il tira vaillamment le matériel d'artillerie, les ambulances, les cuisines roulantes et les voitures des vivandières...

Indian Canoes

FRONTIERLAND - PLAN P. 58

Sur les bords de Rivers of the Far West, un camp indien est installé. De là on peut, si l'on se sent l'âme d'un sportif, emprunter des canoës et pagayer sur la rivière autour de Wilderness Island et de Big Thunder Mountain, parmi des formations de rochers et dans des grottes. Sur les eaux de Rivers of the Far West croisent également les bateaux à aubes *Mark Twain* et *Molly Brown* ainsi que les bateaux à quilles *Raccoon* et *Coyote.*

It's a Small World★★

FANTASYLAND - PLAN P. 54

A proximité du vieux moulin, une façade très colorée et décorée de monuments célèbres (Tour Eiffel, Big Ben) indique cette attraction, considérée comme un hymne à la douceur et à l'allégresse des enfants du monde entier.
Créé à l'origine pour l'exposition universelle de New York de 1964-1965, It's a Small World a été repris dans tous les parcs à thèmes Disney, Disneyland, Magic Kingdom et Tokyo Disneyland.
Tous les quarts d'heure, l'horloge s'anime : les aiguilles bougent, des portes s'ouvrent, des petits soldats annoncent la venue d'enfants, qui défilent puis disparaissent.
L'attraction consiste en une « croisière » à bord de petits bateaux qui glissent doucement sur une eau bleue de rêve. Des poupées vêtues de leur costume national chantent et dansent dans des décors représentant leur pays d'origine. Tout au long du voyage une joyeuse ritournelle résonne en différentes langues selon le pays traversé. Lors du final toutes les frontières se lèvent et les enfants sont réunis dans une grande manifestation de joie.

© Disney

Après It's a Small World, on retrouve les enfants dans **The World Chorus**. Dans une ville miniature rassemblant des monuments célèbres, s'élève le chant des enfants au-delà de toutes les frontières, grâce aux merveilles des communications modernes.

Liberty Court

MAIN STREET, U.S.A. - PLAN P. 67

« La plus grande dame du monde », celle qui accueille depuis plus d'un siècle les voyageurs dans le port de New York, est ici à l'honneur. On peut ainsi assister à l'inauguration de la **statue de la Liberté**, le 28 octobre 1886, en présence du président américain Cleveland, du sculpteur français Bartholdi et d'une foule de personnes en liesse.

La Liberté éclairant le monde. – *Voir guide Vert Michelin New York.* La statue atteint 46 m de hauteur avec une tête de 5,2 m sur 3 m. Son bras droit est long de 12,8 m avec un diamètre de 3,6 m. L'index de la main mesure 2,4 m.
Ce symbole universel de la ville de New York résulte de l'idée d'offrir aux Américains un monument prestigieux commémorant l'amitié entre les deux peuples, scellée au temps de la guerre d'Indépendance. C'est Edouard de Laboulaye, juriste et historien, grand connaisseur des Etats-Unis et admirateur de ses institutions, qui lança ce projet un soir de l'été 1865, lors d'un dîner auquel avait pris part **Frédéric Auguste Bartholdi** (1834-1904), un sculpteur originaire de Colmar.
Le site de la baie de New York est proposé et Bartholdi, pressenti pour exécuter le monument, songe à une figure gigantesque qui présenterait au monde le flambeau de la liberté. Les travaux commencent en 1874, **Gustave Eiffel** est associé au projet et se voit confier la construction de la robuste charpente. Douze ans plus tard, Bartholdi libère lui-même le drapeau français qui voilait la tête auréolée de la statue.
Un siècle plus tard, aux premiers jours de juillet 1986, New York est à nouveau en fête. En présence des présidents américain et français, la Liberté, que le temps avait meurtrie, retrouve une nouvelle jeunesse après plusieurs années de travaux de restauration.

The Lucky Nugget Saloon★

FRONTIERLAND - PLAN P. 58

Pour le spectacle, réservation obligatoire au guichet du saloon.

Toute ville de l'Ouest se devait de posséder son saloon, Thunder Mesa n'échappe pas à la règle. L'intérieur, en forme de fer à cheval, est richement décoré : meubles en acajou ou chêne, rideaux à pompons en velours rouge, chandeliers en cuivre et décors inspirés d'œuvres de peintres du Far West comme Remington.
Ce saloon appartient à Miss Diamond Lil ou « Lily les Diams », devenue riche après avoir eu en sa possession la « pépite de la chance » (the lucky nugget) de dimension fort respectable. Pour sûr cet or inespéré changea bien sa vie et les robes de soie emplirent sa garde-robe. Lors de son séjour à Paris et en visite au *Moulin Rouge*, elle rencontra Pierre Paradis. De là naquit l'idée de fonder un établissement avec revue musicale et danseuses de cancan. Elle réussit à réunir une troupe de danseuses et en compagnie de Pierre Paradis, retourna à Thunder Mesa. Là, elle acheta un saloon, le transforma et le baptisa *The Lucky Nugget*.

The Lucky Nugget Revue. – Un spectacle mené tambour battant par Miss Lil elle-même, dans lequel on retrouve Pierre Paradis et six sémillantes danseuses. Des scènes burlesques, de la musique, des chansons et le fameux cancan pour clore le spectacle.

© Disney

Mad Hatter's Tea Cups

(Les tasses à thé du Chapelier fou)

FANTASYLAND - PLAN P. 54

Ce manège inspiré du conte de Lewis Carroll, *Alice au pays des Merveilles (p. 79)*, reprend la scène dans la demeure du Chapelier fou, grand amateur de réunions autour d'une tasse de thé et de célébrations de non-anniversaires.
Sur la table du Chapelier fou, des tasses à thé géantes tournoyent dans tous les sens à un rythme endiablé, procurant quelques étourdissements et vertiges.

Main Street Electrical Parade**

(Parade électrique)

FANTASYLAND ; MAIN STREET, U.S.A. - PLAN P. 67

A certaines époques de l'année, le soir venu, un défilé de lumières envahit le parc.
La parade électrique qui pendant quinze ans a inondé le Magic Kingdom (Floride) de tous ses feux multicolores a traversé l'Atlantique pour venir embellir de nombreuses soirées sur Euro Disneyland.

Cette cavalcade resplendissante de couleurs, costumes et musique, se compose de 22 chars décorés de 700 000 ampoules, animés ou escortés par des personnages célèbres qui symbolisent l'univers de Walt Disney. L'ensemble compose un extraordinaire spectacle féerique qui serpente dans Fantasyland et Main Street U.S.A.

Main Street Motors

(Voitures de collection)

MAIN STREET, U.S.A. - PLAN P. 67

En bordure du trottoir, une pompe à essence d'une autre époque signale cette exposition de vieilles voitures ainsi que de souvenirs liés à l'automobile. Un vendeur répond à tous ceux qui s'interrogent sur les différents modèles et qui voudraient réellement s'en rendre propriétaires.

Trois voitures et une moto sont exposées :

- **Reliable Dayton High Wheeler** : ce véhicule de 15 chevaux est sorti des ateliers de la société The Reliable Dayton Motorcar Co. of Chicago en 1906. Cette société prétendait que seuls ses véhicules pourraient succéder au cheval, d'où l'adoption de ce fier coursier comme emblème.
- **E.M.F. Gentleman's Roadster** : cette automobile de 30 chevaux (vitesse de pointe 60-70 km/h) aux finitions soignées, sortie en 1908, est le résultat de l'association de Barney Everitt, William Metzger et Walter Flanders. La société ferma ses portes en 1912.
- **Oakland** : ce modèle de 1911 a été construit par l'Oakland Motor Car Company, établie à Pontiac dans l'Etat du Michigan. La société fut opérationnelle de 1907 à 1931. Le modèle présenté possède la conduite à droite comme toutes les voitures de la marque nées jusqu'en 1915.
- **Excelsior Auto-cycle** : cette motocyclette de 1911 développe 6 chevaux. Un cadre robuste, une selle basse, la forme et la position de son guidon et de ses pédales lui donnent une bonne maniabilité et une bonne assise sur la route.

De vieilles affiches authentiques évoquent les débuts de l'automobile et de la promenade dominicale en auto. Des photos de chaînes de montage montrent l'essor de l'industrie automobile.

Main Street Station

(Gare de Main Street)

MAIN STREET, U.S.A. - PLAN P. 67

De cette gare de style début du siècle, située après l'entrée du parc, on peut prendre le train Euro Disneyland Railroad qui fait le tour du parc et marque deux arrêts, le premier à Frontierland Depot dans le pays des cow-boys et des Indiens, le second à Fantasyland Station dans le pays des contes de fées.

Main Street, U.S.A.

PLAN P. 67

Au-delà de la gare de Main Street, la grande rue d'une ville américaine du début du siècle assure le premier contact avec le monde enchanté de Walt Disney. Au loin, la silhouette majestueuse du château de la Belle au Bois Dormant ferme la perspective.
Une intense animation règne dans Main Street : des tramways tirés par de solides chevaux *(p. 62)* et des vieux véhicules *(p. 68)* conduisent sans relâche les visiteurs de Town Square à Central Plaza, la plaque tournante du parc.
Main Street est bordée, de chaque côté, de boutiques et de restaurants dont l'architecture victorienne des façades rappelle l'Amérique d'alors. Les enseignes, becs de gaz, lampadaires, bouches d'incendie et boîtes aux lettres ajoutent une note ancienne supplémentaire.
Tout au long de la rue des groupes musicaux pittoresques transportent les promeneurs dans l'univers de la musique américaine de l'époque.

L'Amérique en musique

Le ragtime. – Il est apparu aux Etats-Unis au 19e s., mêlant une musique populaire noire et quelques acquis venus d'Europe comme la musique militaire ou des danses telles la mazurka et la polka. Joué au piano, le ragtime est par définition une musique saccadée, caractérisé par un décalage rythmique entre les deux mains. Accompagnant souvent des danseurs de cabaret ou de bouge sur des pianos de bastringue, le ragtime devait permettre au danseur vedette de montrer sa virtuosité et parfois de rythmer lui-même le tempo avec ses pieds (à la manière de claquettes). Infiltré dans les villes industrielles du Nord en raison de l'immigration noire, il parvient à New York où il alimente le jazz.
Avec James Scott (1886-1939) et Joseph Lamb (1887-1960), cette musique eut pour plus célèbre et fécond compositeur **Scott Joplin**, appelé le « roi du ragtime ». Quoiqu'autodidacte pour une grande part, il fut sensibilisé à la musique européenne par un musicien allemand, ce qui explique en partie que le « classic ragtime » soit assez rigide d'un point de vue formel. Joplin resta longtemps pianiste de bar dans le Missouri, avant de monter à Chicago et de se fixer à New York. Il est l'auteur des très célèbres *Maple Leaf Rag, The Entertainer, Magnetic Rag.*

Le jazz. – Il naquit entre 1890 et 1910 à la Nouvelle-Orléans (Louisiane) et prend ses racines dans la musique populaire des Noirs (chansons d'esclaves, chants de travail, chants religieux et blues).

Le jazz Nouvelle-Orléans repose essentiellement sur une conception collective de l'improvisation et est basé sur le two-beat (deux temps). Ses meilleurs représentants sont Jelly Roll Morton, **Sidney Bechet**, King Oliver, **Louis Armstrong**. Ce style de jazz va connaître les faveurs du public jusqu'en 1929 quand King Oliver et Jelly Roll Morton vont mettre un terme à leur carrière. Pendant la période du **middle jazz**, l'improvisation du soliste et l'écriture orchestrale priment, ouvrant la voie aux big bands. C'est à cette époque que le Cotton Club de Harlem va devenir un haut-lieu du jazz avec les formations de **Duke Ellington** (1928), **Cab Calloway** et Jimmie Lunceford (1934). L'orchestre de **Count Basie**, formé en 1936, illustre également ce courant à Kansas City. Dans les années 30, cette période va être surnommée « l'ère du swing » et **Benny Goodman**, un clarinettiste blanc va devenir « le roi du swing ». Au début des années 40, un nouveau style bouleversant le rythme apparaît. Le **be-bop** voit le jour au Minston's Playhouse, représenté par **Fats Navarro, Miles Davis et Charlie Parker.**

Dans les années 50, une génération de musiciens noirs crée le hard-bop, en réaction contre le jazz cool de Gil Evans, Gerry Mulligan ou du pianiste Lennie Tristano. Le hard-bop qui préconise le retour aux sources du jazz, se caractérise par une grande ferveur et compte parmi ses interprètes : Art Blakey, Horace Silver, Cannonball Adderley.

Dans les années 60, **Charles Mingus,** Ornette Coleman et **John Coltrane,** par leur sens de la création, donnent au jazz un nouveau ton. Ce courant va conduire au free jazz, libéré des modèles anciens, avec des noms comme Cecil Taylor, Albert Ayler, Archie Shepp.

A partir des années 70, le jazz évolue dans des directions diverses, s'inspirant tour à tour de musiques d'autres continents ou de styles différents.

Le dixieland. – Ce style de jazz est né dans le Sud des Etats-Unis au début du 20e s. Interprété par de petites formations, il laisse la place à une large improvisation. Il est parfois associé à une musique jouée par des orchestres blancs, notamment dans les années 20 à Chicago, et inspirée du jazz Nouvelle-Orléans des Noirs.

Attractions

Main Street Station. – *P. 65.*

Horse-Drawn Streetcar. – *P. 62.*

Main Street Vehicles. – *P. 68.*

Harmony Barber Shop. – *P. 61.*

Liberty Court. – *P. 63.*

Main Street Motors. – *P. 64.*

Quelques souvenirs ?

Plaza West Boutique (1). – Vente de pellicules photo et de souvenirs Disney.

Plaza East Boutique (12). – Vente de pellicules photo et de souvenirs Disney.

Discovery Arcade. – A droite de Main Street, cette galerie couverte bordée de boutiques conduit de Town Square à Central Plaza.
On y trouve une exposition sur les inventions qui ont marqué l'histoire de l'Homme.

Liberty Arcade. – A gauche de Main Street, cette autre galerie marchande couverte mène à Cental Plaza et permet de flâner librement à l'abri des caprices du temps.

Town Square Photography (11). – Dans cette boutique fin 19e s., on peut trouver tout ce qui concerne la photo et la vidéo. Location d'appareils.

Silhouette Artist (11). – Du papier, des ciseaux et sa silhouette en souvenir.

Boardwalk Candy Palace (10). – Atlantic City, station balnéaire du New Jersey, et sa promenade pour les gourmands : sucettes géantes, bonbons, etc.

The Storybook Store. – Livres, disques et cassettes sur les productions Disney.

Ribbons and Bows Hat Shop. – Dans cette chapellerie victorienne, couvre-chefs sur lesquels on peut faire graver ses initiales, et autres articles de coiffure.

Emporium. – Un grand magasin avec plusieurs rayons, dont **The Toy Chest** (jouets et jeux) et **Bixby Brothers** (vêtements, chapeaux, bijoux).

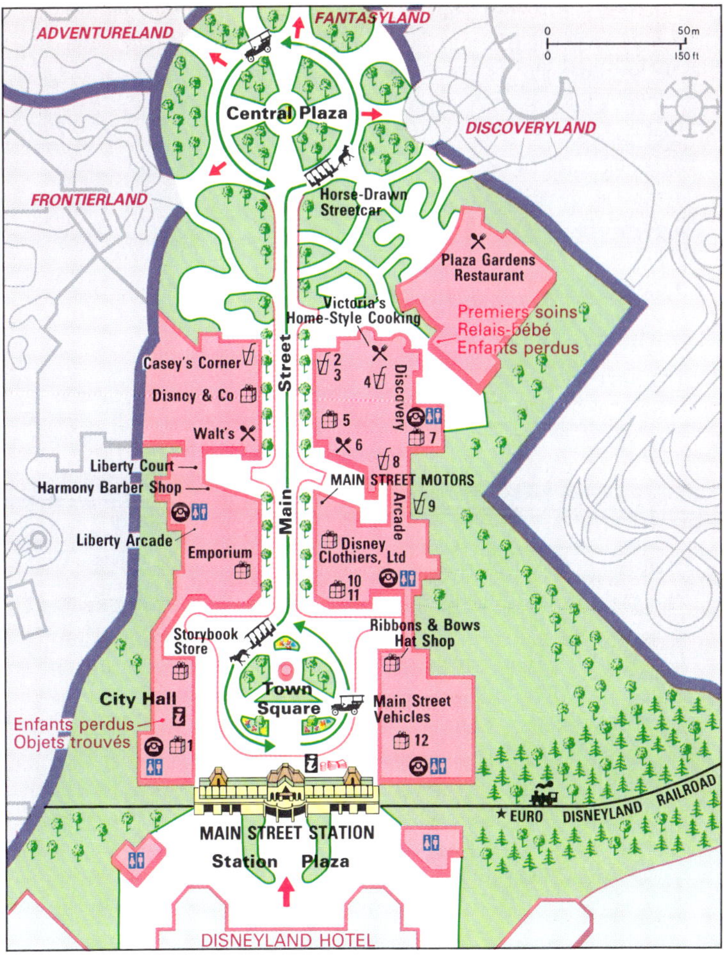

Disney Clothiers, Ltd. – Des vêtements Disney fantaisie ou à la mode, dans une élégante boutique aux portes drapées de velours.

Harrington's Fine China & Porcelains (5). – Cette boutique respire l'opulence : porcelaine de Chine, objets en cristal ou verre taillé, coffrets à bijoux.

Disneyana Collectibles (7). – Lithographies, figurines en céramique, livres rares.

Disney & Co. – Autour d'un splendide carrousel multicolore : des peluches Disney, vêtements et articles décoratifs.

Glass Fantasies. – L'art du verre soufflé et ses réalisations « en direct ».

Une petite faim ? Une petite soif ?

The Ice Cream Company (9). – Grande variété de glaces et sorbets.

The Coffee Grinder (8). – La maison du café avec sa grande variété et son arôme particulier.

Market House Deli (6). – L'ambiance d'un magasin d'alimentation d'une petite ville. Sandwiches géants, salades.

Walt's - an American Restaurant. – Dans ce restaurant stylé décoré sur le thème des parcs à thèmes Disney, on peut déguster des spécialités américaines préparées avec raffinement.

Cookie Kitchen (3). – Spécialités de cookies (macarons au chocolat), et de roulés à la cannelle.

Cable Car Bake Shop (4). – Dans un décor évoquant San Francisco et ses célèbres tramways, les gâteaux sortent du four. Une odeur bien agréable emplit les lieux et fait venir l'eau à la bouche.

Victoria's Home-Style Cooking. – Dans cette pension de famille, spécialités de pot pies : croustades au bœuf, au poulet, aux légumes ou aux fruits de mer.

The Gibson Girl Ice Cream Parlour (2). – Des glaces aux fruits, banana splits et autres milk-shakes à différents parfums.

Casey's Corner. – Le cadre illustre le sport national américain, le base-ball : équipements authentiques, photos d'anciennes équipes comme les Brooklyn Dodgers et Chicago White Stockings ainsi que de joueurs célèbres comme Babe Ruth et Lou Gehrig.
Choix de hot-dogs, chili con carne et comme sur les stades, un vendeur de cacahuètes propose sa marchandise. Ambiance musicale *(voir ci-dessous).*

Plaza Gardens Restaurant. – A l'angle de Central Plaza, cet établissement confortable, de style victorien, sert des plats froids ou chauds : saumon fumé, assortiment de fromages, œufs brouillés, steaks de jambon.

Musiques, danses et rires

The Euro Disneyland Band. – La fanfare se produit toute la semaine et sept fois par jour, dans la Parade Disney et dans différents endroits.

The Suffragettes. – Cette formation musicale féminine interprète des airs du début du siècle, dans le kiosque à musique de Town Square.
Dès 1848 aux Etats-Unis, les femmes se mobilisent contre l'esclavage et pour la défense de leurs droits. En 1869, Elizabeth Cady Stanton et Susan B. Anthony créent la « Woman Suffrage Association », réclamant notamment le droit de vote pour les femmes. Ce droit leur est accordé en 1920.

The Main Street Quartet. – Quatre compères sur une drôle de bicyclette.

Keystone Kops. – Comme dans un film de **Mack Sennett** (1884-1960), un des pionniers du cinéma burlesque américain, ce quintet de saxophonistes fait preuve de son talent musical et comique.

Pratfall and Son. – Poussant leur carriole remplie d'outils divers, le père et le fils se livrent, dans le genre burlesque, à des tâches de nettoyage et d'entretien.

The Home Run Gang. – Ce trio tapageur qui mâche du chewing-gum perturbe gentiment Main Street.

Casey's Ragtime Piano and Banjo. – Les amateurs de ragtime pourront écouter et voir ces deux musiciens habillés en joueurs de base-ball des années 1900.

Plaza Gardens Trio. – Au Plaza Gardens Restaurant, ces femmes vêtues comme à l'époque victorienne interprètent des airs du début du siècle.

Main Street Vehicles

MAIN STREET, U.S.A. - PLAN P. 67

De Town Square quatre véhicules dignes des films d'antan remontent Main Street jusqu'à Central Plaza, emmenant jeunes et moins jeunes.
On peut emprunter au choix : un omnibus à impériale (double-decker omnibus), un panier à salade (paddy wagon), une voiture de pompier (fire truck) ou une limousine.

Orbitron

DISCOVERYLAND - PLAN P. 49

Au cœur de Discoveryland, Orbitron est un manège de machines volantes que l'on pilote soi-même, en les faisant monter ou descendre au gré de sa fantaisie. Orbitron se présente comme un ensemble de petites fusées qui tournent dans les airs autour de sphères animées représentant des planètes et des constellations.

Parade Disney★★

FANTASYLAND - MAIN STREET, U.S.A.

C'est à Disneyland en Californie qu'eut lieu la première parade en **novembre 1955** à l'occasion du **Thanksgiving Day** qui commémore la fête d'actions de grâce que célébrèrent au 17e s. les pèlerins du Mayflower pour leur première récolte. Cette fête, très importante aux Etats-Unis, est l'occasion de se réunir en famille autour d'une dinde farcie, servie avec de la gelée de canneberge (arbrisseau à baies comestibles).

© Disney

Le but de la parade était de divertir simultanément le plus grand nombre de visiteurs. L'accueil fut si enthousiaste que depuis cette date les parades se développèrent sur tous les parcs à thèmes Disney.

En France, comme aux Etats-Unis ou au Japon, la foule se presse à l'heure de la parade.

Plus de 200 acteurs participent chaque jour à ce carnaval, qui anime avec brio Euro Disneyland. La fanfare, **The Euro Disneyland Band**, composée d'une dizaine de musiciens aux uniformes rouges et blancs, qui font résonner cuivres et percussions sur des airs entraînants, ouvre le défilé des chars représentant les grands dessins animés classiques : La Belle au Bois Dormant, Pinocchio, Blanche-Neige et les Sept Nains, Cendrillon, Dumbo l'éléphant volant, Peter Pan, Le Livre de la Jungle, La Petite Sirène.

Chaque char au décor féerique, animé par plusieurs personnages, compose à lui seul un festival de musique, de lumières et de couleurs.

Certains jours de l'année, on reconnaîtra la fanfare d'une ville européenne, venue mêler ses accords dans Euro Disneyland.

Peter Pan's Flight★

(Le vol de Peter Pan)

FANTASYLAND - PLAN P. 54 - DES AMIS D'ENFANCE P. 88

Un ensemble de petites maisons à colombages, telles qu'on en trouve dans la campagne anglaise, abrite l'attraction inspirée du conte de Sir J. M. Barrie et du dessin animé de Walt Disney, Peter Pan.

L'histoire d'un garçon qui ne veut pas grandir. – Les Darling habitent une coquette maison londonienne. Leur fille Wendy se plaît à raconter à ses deux jeunes frères Jean et Michel l'histoire de Peter Pan, le garçon qui refuse de grandir. Un soir, M. et Mme Darling sont invités chez des amis. Wendy, Jean et Michel sont restés seuls. Wendy est persuadée que Peter Pan va revenir chercher son ombre, oubliée lors de sa dernière visite. Le miracle se produit : venant du ciel Peter Pan, accompagné de sa fidèle fée Clochette, fait irruption dans la maison. Il persuade les enfants de venir avec lui jusqu'au Pays de Nulle Part ou Pays Imaginaire. Rien de plus simple que de leur apprendre à voler, avec la complicité de Clochette et de sa poussière enchantée. Tous prennent la route du ciel et après plusieurs heures de vol arrivent à destination. Là ils doivent éviter les boulets tirés du bateau pirate de l'ignoble capitaine Crochet, qui a un compte à régler avec Peter Pan. En effet, celui-ci, il y a bien longtemps, lui avait tranché une main lors d'un combat singulier, main qui avait satisfait le Crocodile à l'appétit vorace. Tout ce petit monde va ensuite connaître des situations pour le moins périlleuses, dont bien sûr ils se sortiront. Les parents Darling, au retour de leur soirée, trouveront leurs trois enfants comme si rien ne s'était passé.

L'attraction. – L'entrée se fait par une tour d'horloge, au sommet un bateau pirate en guise de présage... Les voyageurs s'installent dans de petits bateaux pirates et en avant toutes !... dans les airs à la découverte du petit monde de Peter Pan, lors d'une succession de tableaux composés avec beaucoup de raffinement.
Tout d'abord les bateaux « survolent » les toits de Londres dont les cheminées crachent des panaches de fumée. Puis, petite intrusion chez la famille Darling où l'on fait connaissance avec Michel, Jean et Wendy sans oublier Nana la chienne, nurse de surcroît. Ensuite c'est le voyage parmi les étoiles jusqu'au Pays de Nulle Part où les aventures commencent réellement : le camp indien, le capitaine Crochet, le crocodile et autres scènes traitées avec beaucoup de fantaisie.

Phantom Manor★★★

(Manoir hanté)

FRONTIERLAND - PLAN P. 58

Dominant Rivers of the Far West, une demeure lugubre se dresse au milieu d'un paysage non moins inquiétant, planté d'arbres squelettiques.
Jadis confortable, ce manoir à large porche, deux étages, mansarde, hautes cheminées, avait été bâti par l'une des premières familles qui, attirée par la ruée vers l'or, était venue s'installer à Thunder Mesa. La chance leur avait souri.
Aujourd'hui la façade délabrée, aux fenêtres et aux volets en piteux état, au bois altéré par les ans, semble indiquer qu'aucune âme n'y vit. A moins que... bizarre, de la fumée ne s'échappe-elle pas de deux cheminées ?
Au fur et à mesure que l'on s'approche, des bruits inquiétants se font entendre, des rideaux bougent, une lueur se déplace d'une fenêtre à une autre. Le mieux est de s'armer de courage et d'entrer. Déjà dans le vestibule, une voix sortie d'outre-tombe invite à la visite des lieux. Trop tard pour reculer, la porte s'est refermée en grinçant. On apprend la mésaventure de la fille des lieux, délaissée par son futur époux le jour même de son mariage, alors que tout était prêt dans la maison pour célébrer l'événement. Dans un coin le portrait de la jeune fille est accroché au mur. Dans la pièce suivante, sans porte ni fenêtre, d'autres portraits de la jeune fille. Soudain les murs s'étirent, les portraits s'allongent... La visite du manoir va réserver bien des surprises. Répondant à l'invitation de la mariée, et à bord de petits véhicules noirs, le voyage dans le monde des ténèbres commence. 999 fantômes hantent les lieux, qui sera le 1000e ? Des scènes inattendues et riches en rebondissements, se poursuivent jusque dans la ville fantôme de Thunder Mesa.

En sortant de Phantom Manor, faire quelques pas jusqu'au cimetière familial de **Boot Hill** où de curieuses pierres tombales rappellent le souvenir des défunts.

Pirates of the Caribbean★★★

(Pirates des Caraïbes)

ADVENTURELAND - PLAN P. 42

Caraïbes. Un mot qui évoque mers chaudes, bateaux chargés de trésors cinglant toutes voiles dehors, ports fortifiés, anses cachées, pirates, canons qui grondent.
Un fort symbolise le système de défense d'un port espagnol. Sur une tour flotte le drapeau noir. Pas de doute les pirates se sont emparés de la place. A bord de petites embarcations, le voyage commence sur les mers chargées d'histoire et d'aventures.

A proximité du **Blue Lagoon Restaurant** *(p. 41)*, dans l'épave d'un galion, une pieuvre déployant ses longs bras se livre à un minutieux travail d'exploration. Les bateaux pénètrent ensuite dans un fort où tout semble indiquer un état de siège. Un bateau pirate fait feu de tous ses canons sur une partie du fort. Dans une cellule, trois prisonniers tendent désespérément leurs mains vers un chien, qui tient dans sa gueule les clés salvatrices.
Des scènes intensément animées se succèdent, merveilleusement rendues par des « Audio-Animatronics® » *(p. 54)* criant de réalisme et des effets spéciaux particulièrement soignés : l'attaque de la cité, la capture de ses habitants, la vente aux enchères de plusieurs jeunes femmes, les réjouissances des pirates vainqueurs, l'incendie du port, l'explosion de l'arsenal, la tempête et tant d'autres scènes trépidantes.

River Rogue Keelboats

FRONTIERLAND - PLAN P. 58

Ces rustiques bateaux à quille le *Raccoon* (Raton laveur) et le *Coyote*, amarrés dans l'obscure Smuggler's Cove (Anse du Contrebandier), rappellent un type de transport maritime du 19e s.
Conduits par un pilote, ils glissent sur Rivers of the Far West et donnent une vue générale des paysages de Frontierland, dominés au centre par Big Thunder Mountain et non loin de Thunder Mesa Riverboat Landing, par l'inquiétant Phantom Manor.

Rustler Roundup Shootin' Gallery

FRONTIERLAND - PLAN P. 58

Se munir de pièces de monnaie pour participer à ce jeu d'adresse.

L'Ouest américain sans tir à la carabine ne serait plus l'Ouest américain.
Sur les bords de Rivers of the Far West, chacun est en mesure d'exercer ses talents de tireur dans ce stand, où dix-huit fusils attendent les émules de Buffalo Bill.
A chaque fois que la cible est atteinte, d'amusants décors se mettent en mouvement accompagnés par une succession de bruits. Quand la cible est manquée, un bruit de ricochet se fait entendre.

Star Tours★★★

(Voyage dans les étoiles)

DISCOVERYLAND - PLAN P. 49

Prenez vite le véhicule de l'espace qui vous emmènera dans un monde inconnu, lors d'un voyage où foisonnent les sensations.
Cette attraction inspirée du film Star Wars et qui porte la griffe de George Lucas, est une réussite parfaite en matière de simulation de vol et d'effets spéciaux. Son succès est constant dans les parcs américains de Disneyland et d'EPCOT Center.
Avant de prendre place dans un engin spatial, le voyageur pénètre dans une station orbitale dans laquelle règne une intense activité : les deux robots R2D2 et C3PO supervisent la réparation d'un véhicule, des humanoïdes se préparent pour leur prochain vol.
L'heure du départ approche, les portes du vaisseau spatial s'ouvrent, le moment est venu de monter à bord. Surprise ! Le pilote, un petit robot nommé RX 24 dit Rex, prévient amicalement les voyageurs que c'est son premier vol. Attachez vos ceintures, une aventure à couper le souffle commence... Le vaisseau s'ébranle dans la station, puis plonge dans l'infini étoilé à une vitesse vertigineuse. Un voyage d'agrément ? La suite prouve le contraire.

Star Wars. – Le film *Star Wars, la Guerre des étoiles* en français, fut réalisé par **George Lucas** en 1977. Ce long métrage de science-fiction grâce à l'importance des moyens mis en œuvre et à la perfection des effets spéciaux a marqué à jamais l'histoire du cinéma. Son succès commercial fut immense sur le plan international et deux de ses personnages, les sympathiques robots R2D2 (petit et trapu, couvert « d'yeux ») et C3PO (grand, d'apparence humaine, au corps en métal doré) firent leur apparition dans bien des foyers sous la forme de jouets.
Pour réaliser cette épopée cosmique dans laquelle les forces du bien et du mal se livrent un combat sans merci, George Lucas s'est habilement inspiré de chansons de geste, récits mystiques et histoires de cape et d'épée.

Le Théâtre du Château

FANTASYLAND - PLAN P. 54

Un livre immense s'ouvre sur la scène et de ses pages sortent les personnages du conte *La Belle au Bois Dormant (p. 46).*
La merveilleuse histoire de la princesse Aurore va renaître comme par enchantement, sous la forme d'un spectacle de musique et de danse.

Un deuxième parc à thèmes sur Euro Disney Resort ?
En 1995 Disney-MGM Studios-Europe ou la magie du cinéma.

Thunder Mesa Riverboat Landing

FRONTIERLAND - PLAN P. 58

De l'embarcadère de Thunder Mesa, deux superbes **bateaux à aubes★** le *Mark Twain* et le *Molly Brown*, le premier à roue arrière, le second à roues latérales, rappellent la grande époque de la navigation à vapeur sur le Mississippi et attendent les passagers pour une croisière romantique sur Rivers of the Far West.

« Mark twain... mark three ». – « Deux... trois brasses de fond. » C'est ainsi que le sondeur avertissait d'une voix forte, le pilote des bateaux à aubes de la présence des hauts-fonds sur le Mississippi.
Samuel Langhorne Clemens qui a aimé si passionnément ce grand fleuve synonyme de liberté et d'aventure, a fait de ce cri de marinier son pseudonyme : **Mark Twain.**
Né en 1835, Samuel L. Clemens grandit à Hannibal, petite ville située au bord du Mississippi, au Nord de Saint-Louis dans l'Etat du Missouri. Orphelin de père, il est à 12 ans apprenti typographe. Mais très vite il est attiré par le fleuve de sa jeunesse qui alors séparait l'Est déjà développé et l'Ouest, vaste territoire peuplé d'Indiens où les fortunes étaient possibles pour tous ceux qui ne craignaient pas l'aventure et ses dangers.
A 18 ans il devient apprenti pilote sur les bateaux à aubes qui reliaient Saint-Louis à la Nouvelle-Orléans, soit un voyage de 4 000 km parsemé d'embûches : tempêtes, brouillards, écueils et hauts-fonds. En 1860 la guerre de Sécession mit fin à sa carrière de pilote. Les années de guerre verront Mark Twain gagné par la fièvre de l'or à l'Ouest. Mais ni la chance ni la fortune n'étaient au rendez-vous. Aussi se tourna-t-il ensuite vers le métier de journaliste puis d'écrivain.
Ses plus grands succès, *les Aventures de Tom Sawyer* (1876) et *les Aventures d'Huckleberry Finn* (1884) lui apporteront la gloire et feront de lui, le père de la littérature américaine moderne. Les exploits de Tom, Huck et Joe, les gentils garnements de ses romans sont en fait inspirés de ses années d'enfance.
A travers les différents personnages qu'il décrit et leur environnement, Mark Twain raconte l'histoire de cette région frontière de l'Amérique, histoire dans laquelle le fleuve Mississippi tient le rôle principal.
Dans les parcs Disney de Disneyland (Californie), du Magic Kingdom (Floride) et de Tokyo Disneyland (Japon), Mark Twain et Tom Sawyer se voient attribuer la place qui leur revient.

Molly Brown. – Dans la nuit du 14 au 15 avril 1912 le monde connut l'une des plus grandes catastrophes maritimes de son histoire : le naufrage du *Titanic*, survenu lors de sa croisière inaugurale. Ce luxueux paquebot britannique, flambant neuf, avait quitté Southampton, son port d'attache situé dans le Sud de l'Angleterre. Alors qu'il naviguait au Sud de Terre-Neuve, il heurta un iceberg et coula. Environ 1 500 personnes périrent dans les eaux glacées de l'Arctique.
Parmi les miraculeux rescapés, une riche américaine : Molly Brown. Lors du drame elle fit preuve d'un sang-froid et d'un courage extraordinaires et consacra toute son énergie à sauver de nombreuses vies humaines au péril de la sienne.

Videopolis★

DISCOVERYLAND - PLAN P. 49

L'Hypérion, un immense dirigeable de 35 m de long, comme sorti de l'imagination de Jules Verne, semble flotter au-dessus de l'entrée.
A l'intérieur, se trouve le **Café Hyperion** *(p. 51)*. A côté, quatre écrans géants diffusent les clips des dernières chansons à la mode. Puis vient l'heure du spectacle dans un amphithéâtre où le public prend place, face à la scène. Une troupe de vingt-quatre danseurs emmènent les spectateurs dans l'univers futuriste de Jules Verne. Le voyage fait découvrir des paysages fantastiques : la lune, le soleil et les profondeurs des mers. Le tout sur une musique rock composée par David Hallyday et des effets spéciaux des plus perfectionnés, un festival de laser, lumières et sons.
Le soir, Videopolis se transforme en une piste de danse.

Le Visionarium★★

DISCOVERYLAND - PLAN P. 49

A l'intérieur de ce bâtiment circulaire, commence un voyage dans le temps : machines volantes, inventions des plus diverses, merveilles de la technologie se mélangent dans une explosion de lumières et de sons. Puis un écran vidéo s'allume et Timekeeper, un humanoïde, apparaît. Alors qu'il s'adresse aux visiteurs pour leur dire qu'il a inventé une machine fantastique qu'ils verront dans la salle suivante, un robot rondelet survient. Il s'appelle Nine-Eye (Neuf-Œil), car il est pourvu de neuf yeux ou plutôt d'une caméra à neuf objectifs. D'après le son de sa voix, Nine-Eye doit être une « femme » ! Tous deux présentent alors des inventions qui ont changé la face du monde : l'automobile, l'avion, l'électricité, le téléphone, etc.
Après cette entrée en matière, Timekeeper et Nine-Eye invitent chacun à prendre place pour un voyage dans le temps.
Entouré d'un écran à 360°, selon le procédé de « Circle-Vision 360 », le spectateur va participer à un étonnante aventure intitulée « Un Voyage à travers le Temps ». Lors de ce fantastique périple à travers plusieurs pays d'Europe, les rencontres avec des personnages célèbres ne vont pas manquer : Jules Verne l'accompagnateur (interprété par Michel Piccoli), Louis XV (Jean Rochefort), Madame de Pompadour (Nathalie Baye), Léonard de Vinci (Franco Nero).
Une expérience du meilleur effet tant la sensation produite est saisissante de vérité. Le spectateur, debout, est littéralement transporté sans quitter sa place, jusqu'à en perdre parfois son sens de l'équilibre.

Les Voyages de Pinocchio★

FANTASYLAND - PLAN P. 54 - DES AMIS D'ENFANCE P. 88

Un ensemble de maisons qui font penser à l'Italie abrite cette attraction tirée du conte de Carlo Collodi et du dessin animé de Walt Disney.

La merveilleuse histoire d'un pantin de bois. – Geppetto travaille dans son atelier à sculpter des objets en bois ; parmi ses œuvres : Pinocchio, une marionnette. Geppetto a deux amis (Figaro, un chat et Cléo, un poisson rouge) et son vœu le plus cher est d'avoir un vrai petit garçon, pas un pantin de bois. Aussi implore-t-il, avant de s'endormir, l'étoile des Souhaits, pour qu'elle puisse l'exaucer. Jiminy, ce sympathique criquet qui était entré chez

Geppetto, assiste ébloui à l'arrivée de la fée Bleue venant du ciel. Elle va vers l'établi où se tenait le pantin et d'un coup de baguette magique lui donne vie, Pinocchio est devenu un petit garçon. Mais à tout être humain il faut une conscience et Jiminy semble tout désigné pour tenir ce rôle. Le rôle de conscience ne nécessite-t-il pas une tenue adéquate ? D'un coup de baguette elle transforme Jiminy, alors vêtu de guenilles, en un élégant criquet portant redingote, haut de forme et parapluie. Escorté de sa « conscience », Pinocchio va se lancer dans la vie. Mais comme tout petit garçon il va être en proie à mille tentations et son innocence va lui jouer bien des tours. Menteur il le sera aussi, et à chaque fois qu'il dira un mensonge son nez s'allongera. Que d'aventures et mésaventures Pinocchio va connaître ! Il rencontrera Grand Coquin et Gédéon, deux chenapans qui vont le vendre à Stromboli le marionnettiste ambulant, puis ce gros cocher qui achète les petits enfants pour les emmener sur l'île des Plaisirs où ils sont transformés en ânons pour travailler dans les mines, et enfin Monstro la baleine, qui a avalé Geppetto parti à la recherche de Pinocchio en radeau...

L'attraction. – Elle commence dans le village natal de Pinocchio.
A bord de petits véhicules, les voyageurs sont emportés dans une succession de scènes animées aux décors ravissants où l'on retrouve des personnages comme Geppetto, Jiminy Criquet, Stromboli, Monstro... et la merveilleuse histoire de Pinocchio défile sous leurs yeux ainsi que dans leur mémoire.

A bientôt...

Des amis
d'enfance...

Combien de personnages familiers ont été immortalisés par Walt Disney à partir de bandes dessinées ou de dessins animés qui ont meublé tant de moments de loisirs chez les petits et... grands enfants du monde entier. Si bon nombre de ces personnages sont issus de l'imagination de Disney, d'autres comme Blanche-Neige, Pinocchio ou Peter Pan ont été empruntés à des contes ou romans célèbres, principalement européens. En visitant Euro Disneyland, quelle surprise de rencontrer plusieurs de ces personnages « en chair et en os », venant volontiers échanger une poignée de main ou poser pour une photo souvenir !

Les années de naissance des personnages décrits ci-après, correspondent à leur naissance dans les productions Disney, aux États-Unis.

Tweedledee et Tweedledum Alice Le Lapin Blanc Le Morse

Alice

Type de personnage : fillette.

Année de naissance : 1951 dans le dessin animé, *Alice in Wonderland (Alice au pays des Merveilles)*.

Origine : un conte de Lewis Carroll.

Charles Lutwidge Dodgson (1832-1898), mathématicien anglais né à Daresbury (Cheshire), outre les mathématiques adorait les enfants et les histoires merveilleuses. C'est ainsi que sous le pseudonyme de **Lewis Carroll**, il écrivit *Alice au pays des Merveilles*, publié en 1865 et traduit depuis en une cinquantaine de langues.

Charles était professeur à Oxford. C'est là qu'il connut Alice Pleasance Liddell, l'une des filles du doyen du collège de Christ Church. Nul doute qu'il ait écrit cette histoire pour elle. Le 4 juillet 1862, Charles promenait Alice et ses sœurs, en bateau sur la Tamise, leur racontant l'histoire d'une petite fille qui tomba dans un terrier de lapin. C'est à la demande d'Alice qu'il mit cette histoire sur le papier. La suite reste un conte inoubliable.

Signe particulier : petite fille modèle aux longs cheveux blonds réunis par un ruban.

Où retrouver Alice ? Dans l'attraction **Alice's Curious Labyrinth.**

Ariel

Type de personnage : sirène.

Année de naissance : 1990 dans le dessin animé *La Petite Sirène (The Little Mermaid)*.

Origine : un conte de l'écrivain danois **Hans Christian Andersen** (1805-1875). Son œuvre comprend romans, pièces de théâtre, récits de voyages et surtout des contes (les premiers furent publiés en 1865) qui lui valurent une renommée internationale. La Petite Sirène, c'est aussi un des monuments les plus connus de Copenhague, rappelant le conte d'Andersen et la vocation maritime du Danemark.

Signe particulier : souhaite devenir une « terrienne » comme le prince Eric qu'elle sauve de la noyade et dont elle tombe amoureuse.

Atchoum

En anglais : Sneezy ; *en allemand :* Hatschi ; *en espagnol :* Mocoso ; *en italien :* Eolo ; *en néerlandais :* Sneezy ; *en portugais :* Teimoso.

Type de personnage : un des sept nains, mineur de son état.
Année de naissance : 1937 dans le film *Blanche-Neige et les Sept Nains.*
Signe particulier : ses éternuements font trembler les murs.
Où retrouver Atchoum ? Dans l'attraction **Blanche-Neige et les Sept Nains.**

Bagheera

Type de personnage : panthère.
Année de naissance : 1967 dans le film *le Livre de la Jungle.*
Signe particulier : amie dévouée de Mowgli, Bagheera apparaît comme un personnage de style « vieille école », « vieille Angleterre », doué d'une grande sagesse.

Baloo

Type de personnage : ours.
Année de naissance : 1967 dans le film *le Livre de la Jungle.*
Signe particulier : ami de Mowgli, Baloo malgré son manque d'énergie et son insouciance, est un personnage bien sympathique. Etonnant danseur de swing.

Bambi

Type de personnage : faon.
Année de naissance : 1942 dans le dessin animé du même nom.
Origine : un livre, *Histoire de Bambi*, écrit en 1923 par Siegmund Salzmann dit Felix Salten, écrivain autrichien né à Budapest en 1869 et mort à Zurich en 1945.
Tous se souviennent de cette histoire si émouvante qui a fait verser plus d'une larme. Bambi gambadant joyeusement dans la forêt avec ses amis Pan-Pan le lapin et Fleur le putois, les chasseurs pourchassant sa mère sont des scènes qui restent fixées dans la mémoire.
Signe particulier : Bambi incarne l'insouciance de la jeunesse, l'innocence enfantine, la grâce.

La Belle au Bois Dormant

En anglais : Sleeping Beauty. *En italien :* la Bella Addormentata.

Type de personnage : jeune fille.
Année de naissance : 1967 dans le dessin animé *The Sleeping Beauty.*
Origine : un conte de Perrault.
Charles Perrault (1628-1703), élu à l'Académie française en 1674, se distingua par sa prise de position dans la querelle des Anciens et des Modernes. Mais sa célébrité vient des contes écrits pour les enfants et publiés sous le nom de *Histoires ou Contes du temps passé ou Contes de ma mère l'Oye (1697).*
La Belle au Bois Dormant a inspiré un ballet sur une musique de Tchaïkovski et une chorégraphie de Marius Petipa, créé au Théâtre Mariinski de St-Pétersbourg en 1890.
Signe particulier : tombe dans un profond sommeil dont elle ne sortira que sous le baiser du beau prince.

Bernard et Bianca

Types de personnages : souris.
Année de naissance : 1977 dans le dessin animé intitulé en anglais *The Rescuers.*
Avec l'aide de leur ami Orville, albatros et transporteur aérien, Bernard et Bianca de la S.O.S. Société, sauvent Penny, une jeune orpheline prisonnière d'une horrible mégère Madame Medusa et de ses gardes du corps, deux affreux alligators toujours en quête d'un savoureux repas.

Blanche-Neige

En anglais : Snow White ; *en allemand* : Schneewittchen ; *en espagnol* : Blancanieves ; *en italien* : Biancaneve ; *en néerlandais* : Sneeuwwitje ; *en portugais :* Branca de Neve.

Type de personnage : jeune fille.
Année de naissance : 1937 dans le premier dessin animé en long métrage *Snow White and the Seven Dwarfs.*

© Disney

Origine : Blanche-Neige et les Sept Nains, ces personnages qui ont fait le tour de la planète, sont tirés des *Contes pour les enfants et les parents* écrits par les frères **Jakob** (1785-1863) et **Wilhem** (1786-1859) **Grimm.** Nés dans l'état de Hesse en Allemagne, les deux frères ont suivi des études de philologie à l'université de Göttingen avant de se tourner vers la vieille tradition populaire des conteurs allemands. Leurs contes ont été publiés en trois tomes, en 1812, 1815 et 1818.
Signe particulier : jeune fille romantique à la peau blanche comme la neige, à la chevelure noire comme le jais. Elle est victime de la jalousie de la reine, sa belle-mère. Blanche-Neige représente la beauté, la douceur, la grâce.
Où retrouver Blanche-Neige ? Dans l'attraction **Blanche-Neige et les Sept Nains.**

Bourriquet

En anglais : Eeyore.

Type de personnage : âne.
Année de naissance : 1966 dans le film *Winnie the Pooh and the Honey Tree.*
Signe particulier : plutôt mélancolique, Bourriquet se distingue par son pessimisme. Possède une queue qui souvent se détache et que Jean-Christophe a bien du mal à rattacher.

© Disney

Bourriquet

Capitaine Crochet

En anglais : Captain Hook ; *en allemand :* Kapitän Huk ; *en espagnol :* Capitán Garfio ; *en italien :* Capitan Uncino ; *en néerlandais :* Kapitein Haak ; *en portugais :* Capitão Gancho.

Type de personnage : chef des pirates.
Année de naissance : 1953 dans le film *Peter Pan.*
Signe particulier : un crochet en guise de main gauche.
Crochet connaît bien des mésaventures. Le crocodile qui lui a mangé la main gauche et n'entend pas en rester là... le traque sans merci, tandis que Peter Pan de son côté, lui donne bien du fil à retordre.
Où retrouver le capitaine Crochet ? Dans l'attraction **Peter Pan's Flight.**

Cendrillon

En anglais : Cinderella ; *en allemand :* Aschenputtel ; *en espagnol :* Cenicienta ; *en italien :* Cenerentola ; *en néerlandais :* Assepoester ; *en portugais :* Cinderela.

Type de personnage : jeune fille.
Année de naissance : 1950 dans un dessin animé *Cinderella.*
Origine : un conte de Perrault.
La Fée, la pantoufle de verre, le bal, le Prince Charmant, la citrouille tirée par des souris, évoquent l'histoire de cette jeune fille toute simple qui va connaître un destin merveilleux.
Signe particulier : incarne le rêve de bon nombre de petites filles.

Le Chapelier Fou

En anglais : Mad Hatter.

Type de personnage : petit bonhomme en haut-de-forme.
Année de naissance : 1951 dans le film *Alice au pays des Merveilles.*
Signe particulier : adore les réunions autour d'une tasse de thé.
Etrange personnage qui fête les non-anniversaires et qui fait de grossières plaisanteries.
Où retrouver le Chapelier Fou ? Dans l'attraction **Mad Hatter's Tea Cups.**

Chester

En anglais : Cheshire Cat.

Type de personnage : chat.
Année de naissance : 1951 dans le film *Alice au pays des Merveilles.*
Signe particulier : des rayures, comme des bandages, entourent son corps.
Mystérieux personnage n'inspirant guère confiance.
Où retrouver le chat Chester ? Dans l'attraction **Alice's Curious Labyrinth.**

Cléo

Type de personnage : poisson rouge.
Année de naissance : 1940 dans le film *Pinocchio.*
Cléo, fidèle amie de Geppetto, vit dans son bocal. Ses rapports avec Figaro le chat, peuvent être qualifiés d'excellents. Ainsi n'éprouve-t-elle aucun sentiment de révolte, quand Figaro déguste quelques... poissons.
Où retrouver Cléo ? Dans l'attraction **Les Voyages de Pinocchio.**

Clochette

En anglais : Tinker Bell ; *en allemand :* Glöckchen ; *en espagnol :* Campanilla ; *en italien :* Campanellino ; *en néerlandais :* Rinkerbel ; *en portugais :* Fada Sininho.

Type de personnage : fée ailée.
Année de naissance : 1953 dans le film *Peter Pan.*
Sans cette petite fée blondinette, Peter Pan n'aurait jamais pu voler, elle l'accompagne dans tous ses déplacements et se montre très jalouse de Wendy.
Où retrouver Clochette ? Dans l'attraction **Peter Pan's Flight.**

Le Crocodile

Type de personnage : reptile à quatre (courtes) pattes et à la denture impressionnante.
Année de naissance : 1953 dans le film *Peter Pan.*
Signe particulier : a avalé un réveil dont le tic-tac prévient de sa présence... Une aubaine pour le capitaine Crochet.
Où retrouver Le Crocodile ? Dans l'attraction **Peter Pan's Flight.**

Daisy

En anglais : Daisy Duck ; *en allemand :* Daisy Duck ; *en espagnol :* Daisy ; *en italien :* Paperina ; *en néerlandais :* Katrien Duck ; *en portugais :* Margarida.

Type de personnage : cane.
Année de naissance : 1937 dans le dessin animé *Don Donald.*
Sa vie est une succession de hauts et de bas avec Donald, son prétendant. Peut être tendre, coléreuse, enjôleuse et chipie.

Dingo

En anglais : Goofy ; *en allemand :* Goofy ; *en espagnol :* Goofy ; *en italien :* Pippo ; *en néerlandais :* Goofy ; *en portugais :* Pateta.

Type de personnage : chien.
Année de naissance : 1932 dans le dessin animé *Mickey's Revue.*
Tout d'abord personnage secondaire, Dingo eut des rôles plus importants dans des films comme *Goofy and Wilbur, How to Ride a Horse, Motor Mania.*
Signe particulier : grand échalas aux dents avancées et portant un petit chapeau sur la tête.
Ce chien commet des gaffes malgré lui, il a le don de faire rire sans le vouloir, involontaire victime du sort.

Donald

Dingo

Donald

En anglais : Donald Duck ; *en allemand :* Donald Duck ; *en espagnol :* Donald ; *en italien :* Paperino ; *en néerlandais :* Donald Duck ; *en portugais :* Pato Donald.

Type de personnage : canard.
Année de naissance : 1934 dans le dessin animé intitulé *The Wise Little Hen.*
Signe particulier : porte souvent un costume marin.
Sans doute le plus versatile de tous les personnages, Donald a des réactions qui peuvent surprendre. Éternel râleur au grand cœur, il est l'exemple même du rêveur, promet souvent mais en vain.

Dormeur

En anglais : Sleepy ; *en allemand :* Schlafmütz ; *en espagnol :* Dromilón ; *en italien :* Pisolo ; *en néerlandais :* Sleepy ; *en portugais :* Soneca.

Type de personnage : un des sept nains, mineur de son état.
Année de naissance : 1937 dans le film *Blanche-Neige et les Sept Nains.*
Signe particulier : virtuose du bâillement, peut faire la sieste n'importe où, n'importe quand et dans n'importe quelle position.
Où retrouver Dormeur ? Dans l'attraction **Blanche-Neige et les Sept Nains.**

Dumbo

Type de personnage : éléphanteau.
Année de naissance : 1941 dans le dessin animé du même nom.
Éléphanteau né dans un cirque, ses grandes oreilles lui valent bien des moqueries et des brimades. Par bonheur Timothée, une souris employée au cirque à des tâches d'entretien, se lie d'amitié avec lui et l'aide à surmonter son handicap. Dumbo grâce à ses grandes oreilles va devenir un éléphant volant, adulé par le public.
Où retrouver Dumbo ? Dans l'attraction **Dumbo the Flying Elephant.**

Fifi, Loulou, Riri

En anglais : Dewey, Louie, Huey connus dans l'ordre Huey, Dewey, Louie ; *en allemand :* Trick, Track, Tick ; *en espagnol :* Jorgito, Jaimito, Juanito ; *en italien :* Qui, Qua, Quo ; *en néerlandais :* Kwek, Kwak, Kwik ; *en portugais :* Zezinho, Luizinho, Huguinho.

Types de personnages : canetons.
Année de naissance : 1938 dans le dessin animé *Donald's nephews.*
Les neveux de Donald à qui ils en font voir de toutes les couleurs, indisciplinés, têtes en l'air, malins, mais si attachants. Dans la troupe des Castors juniors, ils sont méconnaissables par leur sérieux.

Figaro

Même nom en anglais, espagnol, italien, néerlandais et portugais ; en allemand : Klein Figaro.

Type de personnage : chat.
Année de naissance : 1940 dans le film *Pinocchio.*
Cet adorable petit chat ne serait-il pas un peu jaloux de Pinocchio ? Dévoué à Geppetto, Figaro a tendance à s'effrayer rapidement.
Où retrouver Figaro ? Dans l'attraction **Les Voyages de Pinocchio.**

Gédéon

En anglais : Gideon ; *en allemand :* Giddy ; *en espagnol :* Gedeon ; *en italien :* Il gatto ; *en néerlandais :* Gideon ; *en portugais :* Gedeão.

Type de personnage : chat.
Année de naissance : 1940 dans le film *Pinocchio.*
Ce vaurien poursuit le même dessein que son ami Grand Coquin, le rapt d'enfants. Personnage plutôt amusant avec son pantalon fripé et son petit chapeau sur la tête, Gédéon connaît des situations quelque peu burlesques.
Où retrouver Gédéon ? Dans l'attraction **Les Voyages de Pinocchio.**

Geppetto

Type de personnage : sculpteur, « père » de Pinocchio.
Année de naissance : 1940 dans le film *Pinocchio.*
Geppetto travaille dans son atelier à fabriquer des jouets en bois, dont un pantin représenté sous les traits d'un petit garçon. Un soir, il voit dans le ciel une étoile, l'Étoile des Souhaits. Geppetto lui réclame un fils, pas un enfant de bois.
Où retrouver Geppetto ? Dans l'attraction **Les Voyages de Pinocchio.**

Grand Coquin

En anglais : Honest John (J. Worthington Foulfellow) ; *en allemand :* Fuchs Tunichtgut ; *en espagnol :* Honrado Juan ; *en italien :* La volpe ; *en néerlandais :* Meneer Fatsoen ; *en portugais :* João Honesto.

Type de personnage : renard.
Année de naissance : 1940 dans le film *Pinocchio.*
Ce vaurien qui veut jouer à l'élégant en portant un haut-de-forme usé et une grande cape bleue jetée sur un ensemble vert au pantalon rapiécé, a plus d'un tour dans son sac. Tout lui est bon pour attirer les enfants et les vendre au « grand marionnettiste » Stromboli et au gros cocher qui, sur l'île des Plaisirs les transformera en ânons pour tirer des wagonnets dans les mines.
Où retrouver Grand Coquin ? Dans l'attraction **Les Voyages de Pinocchio.**

Gédéon

Pinocchio

Grand Coquin

Le Grand Méchant Loup

En anglais : Big Bad Wolf ; *en allemand :* Der Große Böse Wolf ; *en espagnol :* El Lobo Feroz ; *en italien :* Ezechiele Lupo ; *en néerlandais :* Grote Boze Wolf ; *en portugais :* Lobo Mau.

Type de personnage : loup.
Année de naissance : 1933 dans le dessin animé, *The Three Little Pigs.*
Signe particulier : des grandes dents.
L'éternel ennemi de Naf-Naf, Nif-Nif et Nouf-Nouf revêt divers déguisements pour arriver à ses fins.

Grincheux

En anglais : Grumpy ; *en allemand :* Brummbär ; *en espagnol :* Cascarrabias ; *en italien :* Brontolo ; *en néerlandais :* Grumpy ; *en portugais :* Zangado.

Type de personnage : un des sept nains, mineur de son état.
Année de naissance : 1937 dans le film *Blanche-Neige et les Sept Nains.*
Sceptique, l'éternel pessimiste, râleur.
Où retrouver Grincheux ? Dans l'attraction **Blanche-Neige et les Sept Nains.**

Jean

En anglais : John ; *en allemand :* Hans ; *en espagnol :* Juan ; *en italien :* Gianni ; *en néerlandais :* Jan ; *en portugais :* João.

Type de personnage : garçonnet, frère de Wendy et Michel Darling.
Année de naissance : 1953 dans le film *Peter Pan.*
Signe particulier : porte des lunettes, un haut-de-forme et un parapluie.
Où retrouver Jean ? Dans l'attraction **Peter Pan's Flight.**

Jiminy Criquet

En anglais : Jiminy Cricket ; *en allemand :* Jiminy Grille ; *en espagnol :* Pepito Grillo ; *en italien :* Il Grillo Parlante ; *en néerlandais :* Japie Krekel ; *en portugais :* Grilo Falante.

Type de personnage : criquet.
Année de naissance : 1940 dans le film *Pinocchio.*
Jadis vêtu de haillons, cet élégant criquet coiffé d'un chapeau haut de forme, portant queue de pie, gants blancs et parapluie est devenu la conscience de Pinocchio grâce à la baguette magique de la Fée Bleue.
Où retrouver Jiminy ? Dans l'attraction **Les Voyages de Pinocchio.**

Joyeux

En anglais : Happy ; *en allemand :* Happy ; *en espagnol :* Bonachón ; *en italien :* Gongolo ; *en néerlandais :* Happy ; *en portugais :* Feliz.

Type de personnage : un des sept nains, mineur de son état.
Année de naissance : 1937 dans le film *Blanche-Neige et les Sept Nains.*
Jovial, l'éternel optimiste.
Où retrouver Joyeux ? Dans l'attraction **Blanche-Neige et les Sept Nains.**

Lapin Blanc

En anglais : White Rabbit.

Type de personnage : lapin.
Année de naissance : 1951 dans le film *Alice au Pays des Merveilles.*
Signe particulier : porte des lorgnons et une montre.

Lièvre de Mars

En anglais : March Hare.

Type de personnage : lièvre.
Année de naissance : 1951 dans le film *Alice au Pays des Merveilles.*
Vit sous le même toit que le Chapelier Fou et tout aussi farceur.

Mary Poppins

Mary Poppins

© Disney

Type de personnage : jeune femme.
Année de naissance : 1964 dans une comédie musicale du même nom.
Signe particulier : douée de pouvoirs magiques. Utilise son parapluie pour voler.
Cette gouvernante tombée du ciel, va mettre en émoi une famille londonienne, les Banks, et entraîner les enfants dans de folles aventures.

Michel

En anglais et allemand : Michael ; *en espagnol et portugais :* Miguel ; *en italien :* Michele ; *en néerlandais :* Chieltje.

Type de personnage : jeune garçon, frère de Wendy et Jean Darling.
Année de naissance : 1953 dans le film *Peter Pan.*
Signe particulier : ne se sépare jamais de son ours en peluche.
Où retrouver Michel ? Dans l'attraction **Peter Pan's Flight.**

Mickey

En anglais : Mickey Mouse ; *en allemand :* Micky Maus ; *en espagnol :* Mickey ; *en italien :* Topolino ; *en néerlandais :* Mickey Mouse ; *en portugais :* Mickey.

Type de personnage : souris.
Année de naissance : 1928.
C'est incontestablement le personnage le plus célèbre créé par Walt Disney. Le sympathique souriceau modelé par le crayon d'Ub Iwerks, devait s'appeler à l'origine Mortimer, mais fut baptisé Mickey sous l'influence de Lillian, l'épouse de Walt. Le premier film dans lequel Mickey apparaît est intitulé *Plane Crazy* et inspiré de l'exploit de l'aviateur Charles Lindberg qui traversa l'Atlantique sans escale l'année précédente. Le 18 novembre Mickey fait à l'écran ses débuts publics de star dans le rôle de Steamboat Willie, puis devient héros de papier en 1930, dans une bande dessinée.
En 1940 Walt Disney en fait un apprenti sorcier dans le film *Fantasia* : Mickey coiffé de son célèbre chapeau pointu se livre ici à des tours de magie accompagné par la musique endiablée de Paul Dukas.
Le succès de Mickey ira grandissant : émissions télévisées, clubs feront connaître la petite souris qui reste à jamais associée au nom de Disney.
Mickey c'est l'ami public n° 1 ; il symbolise le courage, l'honnêteté, la loyauté, l'intelligence.
Très élégant dans son pantalon rouge et sa redingote noire.

Minnie

En anglais : Minnie ; *en allemand :* Minnie Maus ; *en espagnol :* Minnie ; *en italien :* Minni ; *en néerlandais :* Minnie Mouse ; *en portugais :* Minie.

Type de personnage : souris.
Année de naissance : 1928 dans un dessin animé *Steamboat Willie.*
Chanteuse, danseuse, actrice, elle participe de près ou de loin aux aventures de Mickey et lui donne de précieux conseils.

Minnie et Mickey

© Disney

Monsieur Mouche

En anglais : Mr. Smee ; *en allemand :* Der Dicke Koch ; *en espagnol :* Sr. Smee ; *en italien :* Zibbibo ; *en néerlandais :* Vetje ; *en portugais :* Bonifácio.

Type de personnage : pirate à lunettes.
Année de naissance : 1953 dans le film *Peter Pan.*
Ce petit rondouillard, qui n'a sans doute pas inventé la poudre, est l'homme de confiance du sinistre capitaine Crochet. Son dévouement est sans limite.
Où retrouver Monsieur Mouche ? Dans l'attraction **Peter Pan's Flight.**

Monstro la Baleine

En anglais : Monstro the Whale ; *en allemand :* Monstro ; *en espagnol :* Monstruo ; *en italien :* La balena ; *en néerlandais :* Monsterdier ; *en portugais :* Monstro.

Type de personnage : baleine.
Année de naissance : 1940 dans le film *Pinocchio.*
Effroyable animal d'une grande voracité. Son nom seul suffit à faire souffler un vent de panique, ses éternuements font trembler d'effroi. Pinocchio et ses amis, bien fragiles sur leur radeau, vont-ils pouvoir lui échapper ?
Où retrouver Monstro ? Dans l'attraction **Les Voyages de Pinocchio.**

Le Morse

En anglais : The Walrus.

Type de personnage : morse.
Année de naissance : 1951 dans le dessin animé *Alice au pays des Merveilles.*
C'est grâce à Tweedledum et Tweedledum qu'Alice fait la connaissance de ce personnage rondouillard qui fume le cigare et qui invite à sa table des huîtres. Ces dernières ne se doutent pas qu'elles doivent finir... dans son assiette.

Mowgli

Type de personnage : jeune garçon.
Année de naissance : 1967 dans le dessin animé, *le Livre de la Jungle.*
Origine : *le Livre de la Jungle,* dû à la plume de l'écrivain anglais **Rudyard Kipling** (1865-1936) et publié en 1894. Né à Bombay (Inde), Kipling fut envoyé en Angleterre pour recevoir une éducation classique. Journaliste, poète, grand voyageur, romancier, il reçut le Prix Nobel de littérature en 1907.
Signe particulier : Mowgli ce « petit d'homme » trouvé dans la jungle et élevé par des loups, possède deux fidèles amis et protecteurs en la personne de la panthère Bagheera et de l'ours Baloo. Mowgli doit se méfier de Shere Khan, le tigre mangeur d'hommes et de Kaa, le python au regard hypnotiseur.

Naf-Naf, Nif-Nif, Nouf-Nouf

En anglais : Practical Pig, Fifer Pig, Fiddler Pig ; *en allemand :* Schweinchen Schlau, Pfeifer, Fiedler ; *en espagnol :* Práctico, Flautista, Violonista ; *en néerlandais :* Knor, Knir, Knar ; *en portugais :* Porquinho Prático, Cícero, Heitor.

Type de personnages : petits cochons.
Année de naissance : 1933 dans une symphonie folâtre *The Three Little Pigs,* qui valut à Walt Disney son deuxième Oscar. Le refrain dû à Frank Churchill est toujours fredonné. **Nouf-Nouf** le violoniste, **Nif-Nif** le flûtiste, tous deux assez têtes en l'air, **Naf-Naf** le maçon, sérieux, réfléchi, doivent se méfier en permanence du Grand Méchant Loup qui ne songe qu'à les dévorer.

Oncle Picsou

En anglais : Uncle Scrooge ou Scrooge McDuck ; *en allemand :* Onkel Dagobert ; *en espagnol :* Tío Gilito ; *en italien :* Paperon de' Paperoni ; *en néerlandais :* Dagobert Duck ; *en portugais :* Tio Patinhas.

Type de personnage : canard.
Année de naissance : 1947 dans une bande dessinée. Apparaît pour la première fois à l'écran en 1967 dans *Scrooge McDuck and Money.*
Signe particulier : Porte lorgnons, haut-de-forme et s'appuie sur une canne en marchant. Cet homme d'affaires, encore plus riche que Crésus, accumule des montagnes de pièces et de billets. Avare jusqu'à en perdre la raison, Picsou compte et recompte son magot.

Peter Pan

Même nom en anglais, allemand, espagnol, italien, néerlandais et portugais.

Type de personnage : garçonnet.

Année de naissance : 1953 dans le dessin animé du même nom.

Origine : littérature britannique. On doit à l'écrivain écossais **James Matthew Barrie** (1860-1937), ce héros tiré d'abord d'une pièce de théâtre en 1904, puis d'un roman publié en 1911. Né à Kirriemuir, petit village situé au Nord de Dundee, Barrie fit ses études à l'université d'Edimbourg avant d'exercer la profession de journaliste à Nottingham et à Londres. Sa maison natale est ouverte au public.
Personnage immortel, Peter Pan a sa statue à Londres dans Kensington Gardens. Elle attire toujours les petits londoniens qui viennent caresser les lapins gambadant sur son socle en compagnie des fées.

Signe particulier : représenté dans un costume qui rappelle quelque peu Robin des Bois. Grâce à la fée Clochette sa bienfaitrice, il se déplace dans les airs. Peter Pan, le garçon qui refuse de grandir, emmène les enfants Darling (Wendy, Jean et Michael) jusqu'au Pays de Nulle Part ou Pays imaginaire, où maintes aventures les attendent.

Où retrouver Peter Pan ?
Dans l'attraction **Peter Pan's Flight.**

Le Crocodile Capitaine Crochet Peter Pan

Pinocchio

En espagnol : Pinocho ; *en portugais :* Pinoquio.

Type de personnage : pantin de bois.

Année de naissance : 1940 dans un dessin animé du même nom.

Origine : un conte italien. Né à Florence en 1826, Carlo Lorenzoni écrivit Pinocchio sous le nom de plume de **Carlo Collodi.** Il prit ce pseudonyme vers 1859, en raison de son engagement pour l'unité italienne.

Signe particulier : son nez s'allonge au moindre mensonge.
Pinocchio dans sa vie de petit garçon, est en proie à de nombreuses tentations. Pourtant Jiminy Criquet veille... Mais Pinocchio n'est pas toujours obéissant et en voulant braver le danger va courir des risques.

Où retrouver Pinocchio ? Dans l'attraction **Les Voyages de Pinocchio.**

Pluto

Même nom en anglais, allemand, espagnol, italien, néerlandais et portugais.

Type de personnage : chien.

Année de naissance : 1930 dans le dessin animé, *The Chain Gang.*

Signe particulier : porte toujours un collier autour du cou.
A la fois naïf, peureux, timide, sentimental, serviable, ce brave chien aux oreilles pendantes, qui peuvent se dresser selon les circonstances, est l'ami fidèle de Mickey.

Prince Jean © Disney

Robin des Bois © Disney

Prince Jean

En anglais : Prince John.

Type de personnage : lion.
Année de naissance : 1973 dans le film *Robin des Bois.*
Plutôt douteux ce personnage portant couronne et manteau aux parements d'hermine, qui a ravi le trône à son frère Richard Cœur de Lion. S'en méfier, fourbe à souhait. Robin des Bois, devenu hors-la-loi pour la bonne cause, lui donne bien du souci.

Prof

En anglais : Doc ; *en allemand :* Chef ; *en espagnol :* Sabio ; *en italien :* Dotto ; *en néerlandais :* Doc ; *en portugais :* Mestre.

Type de personnage : un des sept nains, mineur de son état.
Année de naissance : 1937 dans le film *Blanche-Neige et les Sept Nains.*
Grassouillet à lunettes, chef des sept nains. Le sage de la bande, posé, réfléchi.
Où retrouver Prof ? Dans l'attraction **Blanche-Neige et les Sept Nains.**

P'tit Loup

Type de personnage : louveteau.
Année de naissance : 1952 dans une bande dessinée.
Le fils du Grand Méchant Loup est heureusement pour eux, l'ami des trois petits cochons.

La Reine

En anglais : Wicked Queen.

Type de personnage : reine.
Année de naissance : 1937 dans le film *Blanche-Neige et les Sept Nains.*
Signe particulier : se métamorphose en sorcière.
Belle-mère de Blanche-Neige, affreusement jalouse et méchante.
Où retrouver la reine ? Dans l'attraction **Blanche-Neige et les Sept Nains.**

La Reine de Cœur

En anglais : Queen of Hearts.

Type de personnage : reine.
Année de naissance : 1951 dans le film *Alice au Pays des Merveilles.*
Signe particulier : forte femme (son mari à côté apparaît minuscule), ne respirant guère la bonté, la Reine de Cœur vit dans un étrange palais et joue au croquet avec des flamants roses en guise de maillets et des hérissons en guise de boules. Possède une armée de cartes à jouer qui veille sur elle.

Robin des Bois

En anglais : Robin Hood.

Type de personnage : renard.

Année de naissance : 1973 dans un dessin animé.

Origine : l'histoire de l'Angleterre, romancée. Profitant de l'absence de son frère Richard Ier Cœur de Lion, parti en croisade pour la Terre Sainte, le prince Jean s'empare de la couronne. Robin des Bois sera le seul espoir du peuple pour lutter contre l'usurpateur.

Signe particulier : vêtu de vert, portant un chapeau jaune à plume rouge. Robin des Bois, héros de la forêt de Sherwood, défenseur des pauvres et des opprimés, est le roi du déguisement.

Roger Rabbit

Type de personnage : lapin.

Année de naissance : 1988 dans le film *Who Framed Roger Rabbit (Qui veut la peau de Roger Rabbit).*
Accusé d'un meurtre et connaissant des problèmes de cœur à cause de son épouse Jessica, chanteuse aux allures de femme fatale, ce lapin débordant d'énergie et quelque peu loufoque, donne bien des soucis à Valiant, un détective privé qui le prend sous son aile protectrice.

© Disney

Roger Rabbit

Le Roi Louis

En anglais : King Louie.

Type de personnage : roi des singes.

Année de naissance : 1967 dans le film *le Livre de la Jungle.*
Détient Mowgli comme prisonnier et souhaiterait être un homme. Chanteur de jazz à l'occasion.

Rox et Rouky

En anglais : Tod and Copper.

Types de personnages : renardeau et petit chien aux oreilles pendantes.

Année de naissance : 1981 dans le dessin animé intitulé en anglais *The Fox and the Hound.*
Origine : un livre de Daniel P. Mannix (1967).
Comment un renard et un chien de chasse peuvent-ils être amis ? C'est toute l'histoire de Rox et Rouky.

Les Sept Nains

Voir également sous chaque nom.

Ils s'appellent Atchoum, Dormeur, Grincheux, Joyeux, Prof, Simplet, Timide et ont pour habitude de chanter un joyeux refrain après leur journée de travail : « Ahi, aho, nous rentrons du boulot ! ».

Simplet

En anglais : Dopey ; *en allemand :* Pimpel ; *en espagnol :* Mudito ; *en italien :* Cucciolo ; *en néerlandais :* Dopey ; *en portugais :* Dunga.

Type de personnage : un des sept nains, mineur de son état.

Année de naissance : 1937 dans le film *Blanche-Neige et les Sept Nains.*

Signe particulier : des oreilles décollées. Ses vêtements trop longs le font souvent trébucher. Le benjamin des sept nains, peu loquace.

Où retrouver Simplet ? Dans l'attraction **Blanche-Neige et les Sept Nains.**

La Sorcière

En anglais : the Witch.

Type de personnage : sorcière.
Année de naissance : 1937 dans le film *Blanche-Neige et les Sept Nains.*
Signe particulier : se métamorphose en reine.
Elle est dans toutes les mémoires cette ignoble vieille femme courbée, vêtue de noir, aux yeux exorbités, à la bouche édentée et au nez crochu enlaidi par une grosse verrue. Blanche-Neige va-t-elle se laisser attendrir par cette pauvre femme qui lui tend une pomme, et dont la laideur n'est peut-être qu'extérieure ?
Où retrouver la sorcière ? Elle est omniprésente dans l'attraction **Blanche-Neige et les Sept Nains.**

Stromboli

Type de personnage : colosse barbu.
Année de naissance : 1940 dans le film *Pinocchio.*
Ce rustre à la barbe noire, marionnettiste de son état, conduit sa roulotte de ville en ville. Les pauvres marionnettes qui ont fait sa gloire, sont impitoyablement condamnées à être brûlées, lorsqu'elles sont devenues vieilles et selon lui inutiles. Pinocchio va-t-il échapper à la règle ?
Où retrouver Stromboli ? Dans l'attraction **Les Voyages de Pinocchio.**

Tic

© Disney

© Disney

Tac

Tic et Tac

En anglais : Chip an' Dale ; *en allemand :* A- und B-Hörnchen ; *en espagnol :* Chip y Chop ; *en italien :* Cip e Ciop ; *en néerlandais :* Knabbel en Babbel ; *en portugais :* Tico e Teco.

Types de personnages : écureuils.
Année de naissance : 1943 dans le dessin animé *Private Pluto.*
L'un au nez noir, l'autre au nez rouge. Délurés, effrontés, raffolent de noisettes et adorent jouer des tours. Pluto et Donald en sont souvent les malheureuses victimes. Tic apparaît comme le plus raisonnable des deux, Tac le plus capricieux et le plus turbulent.

Tigrou

En anglais : Tigger.

Type de personnage : tigre.
Année de naissance : 1966 dans le dessin animé *Winnie the Pooh and the Honey Tree.*
Tigrou, l'ami de Winnie, semble être une bonne âme. D'un tempérament jovial, il est l'opposé du maussade Bourriquet.

Timide

En anglais : Bashful ; *en allemand :* Seppl ; *en espagnol :* Romántico ; *en italien :* Mammolo ; *en néerlandais* : Bashful ; *en portugais :* Dengoso.

Type de personnage : un des sept nains, mineur de son état.
Année de naissance : 1937 dans le film *Blanche-Neige et les Sept Nains.*
Romantique, d'une timidité maladive.
Où retrouver Timide ? Dans l'attraction **Blanche-Neige et les Sept Nains.**

Tweedledee et Tweedledum

Types de personnages : bonshommes rondelets et jumeaux.
Année de naissance : 1951 dans le film *Alice au Pays des Merveilles.*
Signe particulier : sont habillés à l'identique. Pour les distinguer : portent leur nom sur leur col, de plus Tweedledum zézaye.
Assez déplaisants, ces deux compères qui se croient les seuls détenteurs des bonnes manières.

Wendy

En portugais : Maninha.

Type de personnage : fillette, sœur de Jean et Michel Darling.
Année de naissance : 1953 dans le film *Peter Pan.*
Wendy veille sur ses frères comme une mère. Elle incarne la sagesse, la douceur.
Où retrouver Wendy ? Dans l'attraction **Peter Pan's Flight.**

Winnie l'ourson

En anglais : Winnie the Pooh ; *en allemand :* Winnie Puuh ; *en espagnol :* El Osito Winnie ; *en italien :* Winny Puh ; *en néerlandais :* Winnie the Pooh ; *en portugais :* O Ursinho Puff.

Type de personnage : ourson.
Année de naissance : 1966 dans un dessin animé *Winnie the Pooh and the Honey Tree.*
Origine : une série d'histoires de A.A. Milne écrites pour son fils Christopher Robin, racontant les mésaventures de son ours en peluche, Winnie.

Winnie l'Ourson

Tigrou

© Disney

Bambi

Tourisme dans la région

Paris. – Fontaine, place Stravinsky

Fr. Gohier/Explorer, Paris

Les pages consacrées à Paris
ne constituent pas une description exhaustive
des curiosités de la ville.
Néanmoins,
les lecteurs disposant d'un jour ou deux
trouveront (classés par ordre alphabétique)
une brève description
des hauts-lieux de la capitale
qui leur permettra de découvrir
quelques-uns des chefs-d'œuvre
qui font sa notoriété.

Pour une information plus complète,
consulter le guide Vert Michelin Paris.

De même,
dans les pages consacrées aux Environs du Parc,
nous avons sélectionné à l'intention des visiteurs
ne disposant que de peu de temps,
quelques curiosités révélatrices
de la richesse touristique de la région.

Pour une information plus complète,
consulter les guides Verts Michelin
Ile-de-France et Champagne-Ardennes.

▲ PARIS ▲

ACCÈS DEPUIS EURO DISNEY RESORT

Route. – Autoroute A 4.

RER et métro. – Par la ligne A du RER, le centre de Paris se trouve à environ 35 mn d'Euro Disney Resort (gare de Marne-la-Vallée-Chessy). Prix du billet AR : 62 F, métro inclus. Premier train vers 6 h 10. Un train circule en moyenne toutes les 10 mn ou 30 mn selon les périodes de la journée. De Paris, le dernier train passe à la gare de Charles-de-Gaulle-Étoile à 0 h 44 (arrivée à Euro Disney Resort à 1 h 20). Pour tout renseignement ☎ (16)(1) 43 46 14 14.

FORFAITS

Transports

Cartes Paris-Visite : 2 formules, soit 3 jours consécutifs 175 F, soit 5 jours consécutifs 240 F. Ces cartes permettent de se déplacer sans limite, en RER, métro, bus, et trains SNCF dans Paris et en Ile-de-France, dans les zones 1 à 5 (première classe en RER et trains SNCF). Euro Disney Resort est situé en zone 5.

Carte musées et monuments

3 formules : 1 jour : 55 F ; 3 jours consécutifs : 110 F ; 5 jours consécutifs : 160 F. Accès gratuit, sans attente aux caisses, dans 65 musées et monuments de Paris et de la région parisienne.
Dans les pages qui suivent, les musées et monuments accessibles avec cette carte sont signalés par le signe ▣.
Points de vente : musées et monuments, principales stations de métro, office de tourisme.

VISITES ORGANISÉES

En autocar. – Durée : environ 2 heures
Paris Vision, 214 rue de Rivoli (1er). *Métro Tuileries.* ☎ 42 60 31 25.
Cityrama, 4 place des Pyramides (1er). *Métro Tuileries.* ☎ 42 60 30 14.

Croisières sur la Seine. – Aperçus originaux sur la capitale.

– **Bateaux-Mouches** : embarcadère pont de l'Alma, rive droite. *Métro Alma-Marceau.* ☎ 42 25 96 10. Promenades : de 10 h à 23 h toutes les demi-heures. Durée 1 h 15. Prix : 30 F, enfants âgés de moins de 14 ans : 15 F. Croisières avec restauration à bord.

– **Bateaux Parisiens Tour Eiffel** : Port de la Bourdonnais. *Métro Trocadéro, RER Champ-de-Mars.* ☎ 47 05 50 00. Croisières commentées de 1 h, départs toutes les heures de 10 h à 21 h. Prix adultes : 35 F, enfants : 20 F. Déjeuner croisière : départ 12 h 15. Prix adultes : 300 F, enfants : 200 F. Dîner croisière départ 20 h 30. Prix adultes : 500 F.

– **Bateaux Parisiens Notre-Dame** : Quai de Montebello. *Métro et RER Saint Michel.* ☎ 43 26 92 55. Croisières commentées de 1 h. Départs de Pâques au 11 novembre, toutes les heures de 10 h à 22 h.

– **Bateaux Vedettes du Pont Neuf** : Square du Vert Galant. *Métro Pont Neuf.* ☎ 46 33 98 38. Croisières commentées. Départs à 10 h 30 - 11 h 15 - 12 h. Dimanche départs : 10 h 30 - 11 h 15 - 12 h et de 14 h à 17 h toutes les 30 mn. Durée 1 h. Prix : 35 F, enfants de moins de 10 ans : 20 F.

– **Vedettes de Paris-Ile-de-France** : Pont de Suffren. *Métro Bir-Hakeim, RER Champ-de-Mars.* ☎ 47 05 71 29 et 45 50 23 79. Croisières à travers Paris. A partir de 10 h, dernier départ 19 h. Prix : 35 F, enfants : 20 F.

MANIFESTATIONS TOURISTIQUES ET SPECTACLES

Consulter le calendrier édité chaque année par l'Office du Tourisme (127 avenue des Champs-Élysées, ☎ 47 23 61 72) ainsi que l'Officiel des Spectacles (2 F) ou Pariscope (3 F) qui paraissent le mercredi.

Si vous avez peu de temps :

Pensez aux délais d'attente parfois importants pour certains monuments, notamment en pleine saison touristique.
La plupart des magasins parisiens sont ouverts de 9 h 30 à 18 h 30, sans interruption.
Les musées et monuments sont en général ouverts de 10 h à 18 h mais la délivrance des billets cesse vers 17 h - 17 h 15 (sauf nocturnes).

De l'Arc de Triomphe

Pour se rendre aux Champs-Élysées : bus 73, métro ligne 1, direction Château de Vincennes (station Franklin D. Roosevelt).

Des Champs-Élysées

Pour se rendre à la Concorde : bus 73, métro ligne 1, direction Château de Vincennes (station Concorde).

De la Concorde

Pour se rendre au Louvre : bus 72 ou 73, métro ligne 1, direction Château de Vincennes (station Palais Royal Musée du Louvre).
Pour se rendre au musée d'Orsay : bus 94, métro ligne 12, direction Mairie d'Issy (station Solférino).

Des Halles - Beaubourg

Pour se rendre à Notre-Dame : métro ligne 4, direction Porte d'Orléans (station Cité).

Des Invalides

Pour se rendre à la Tour Eiffel : RER ligne C, direction Versailles Saint-Quentin (station Champ-de-Mars Tour Eiffel).

Du Louvre

Pour se rendre dans le quartier de Beaubourg et du Marais : bus 76, métro ligne 1, direction Château de Vincennes (stations Châtelet, Hôtel de Ville ou Saint-Paul).

De l'Opéra

Pour se rendre au Louvre : bus 27, métro ligne 7, direction Mairie d'Ivry (station Palais Royal Musée du Louvre).

Du musée d'Orsay

Pour se rendre aux Invalides : bus 63, RER ligne C, direction Versailles Saint-Quentin (station Invalides).

De la Tour Eiffel

Pour se rendre au Trocadéro : bus 82, métro ligne 6, direction Charles-de-Gaulle-Étoile (station Trocadéro).

En famille dans la capitale, emmenez vos enfants :

– à la **Tour Eiffel**★★★ *(p. 129)* ;

– au **musée Grévin**★ (personnages de cire, reconstitution de scènes historiques) : 10 boulevard Montmartre, *métro Montmartre. Visite (10 h vacances scolaires et jours fériés) de 13 h à 18 h. Entrée 46 F, de 6 à 14 ans : 32 F.* ☎ *47 70 85 05 ;*

– à **l'espace Grévin du Forum des Halles**★ (atmosphère parisienne de 1885 à 1900) : niveau 1, *métro les Halles. Visite de 10 h 30 à 18 h 45 en semaine, de 13 h à 19 h les dimanches et jours fériés ; 38 F, enfants de 6 à 14 ans : 26 F.* ☎ *40 26 28 50 ;*

– **au Palais de la Découverte**★★ (vulgarisation des connaissances scientifiques, planétarium) : avenue Franklin D. Roosevelt, *métro Franklin D. Roosevelt. Visite de 10 h à 18 h sauf le lundi. Entrée : 20 F. Tarif réduit : 10 F.* ☎ *43 59 18 21 ;*

– sur les **bateaux-mouches** *(p. 97)*.

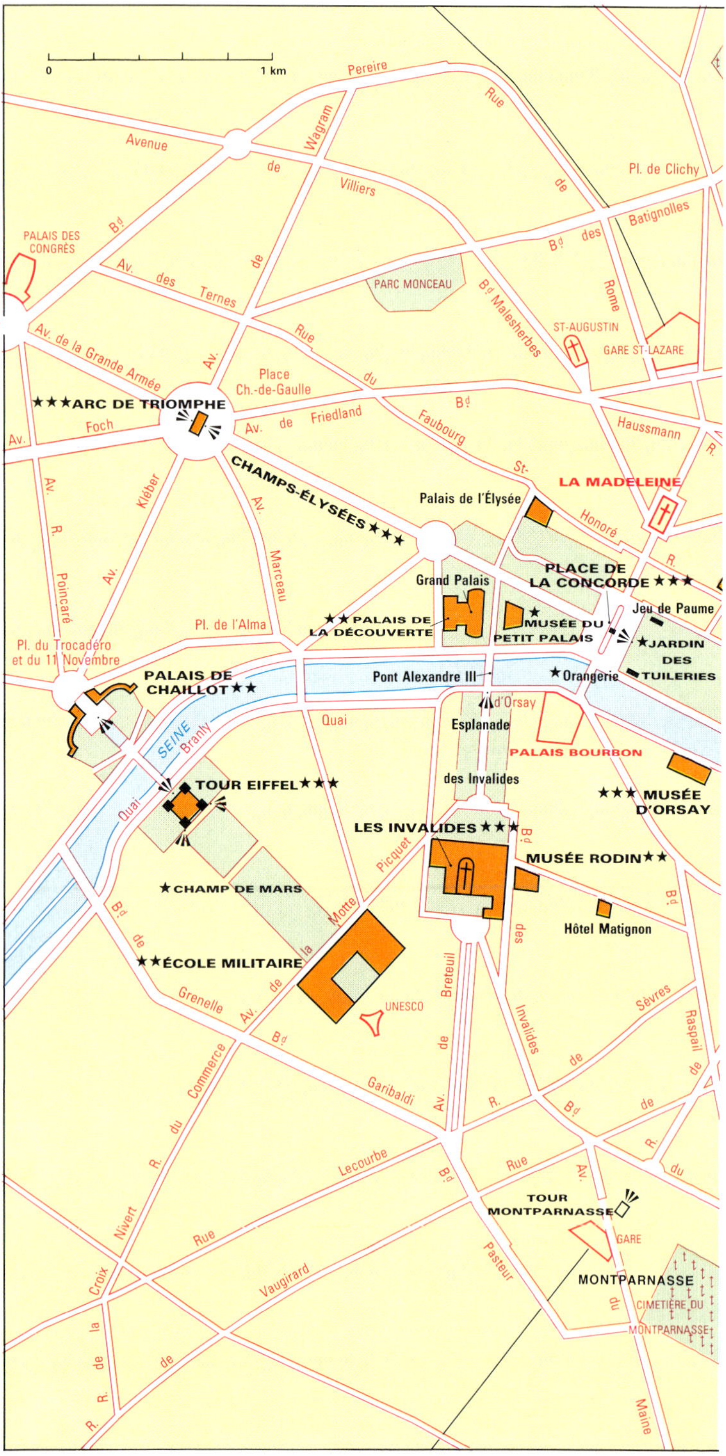

Quelques lignes de bus pratiques pour circuler dans Paris

Bus 72 (Pont de Saint-Cloud - Hôtel de Ville). Il longe la rive droite. Sur son itinéraire : Alma-Marceau, Grand Palais, Concorde, Palais Royal, Louvre, Châtelet, Hôtel de Ville.

Bus 73 (La Défense - Musée d'Orsay). Sur son itinéraire : Charles-de-Gaulle-Étoile, Champs-Élysées, Concorde, Musée d'Orsay.

Bus 94 (Montparnasse - Levallois). Sur son itinéraire : Saint-Lazare, Madeleine, Concorde, Solférino, Montparnasse.

Balabus 71 : fonctionne du 21 avril au 29 septembre, tous les dimanches et jours fériés de 12h à 21h. Principaux points d'arrêt : Gare de Lyon, Saint-Michel, Louvre, Musée d'Orsay, Concorde, Champs-Élysées, Charles-de-Gaulle-Étoile, Porte Maillot, Pont de Neuilly, La Défense (arrêts de bus marqués Bb).

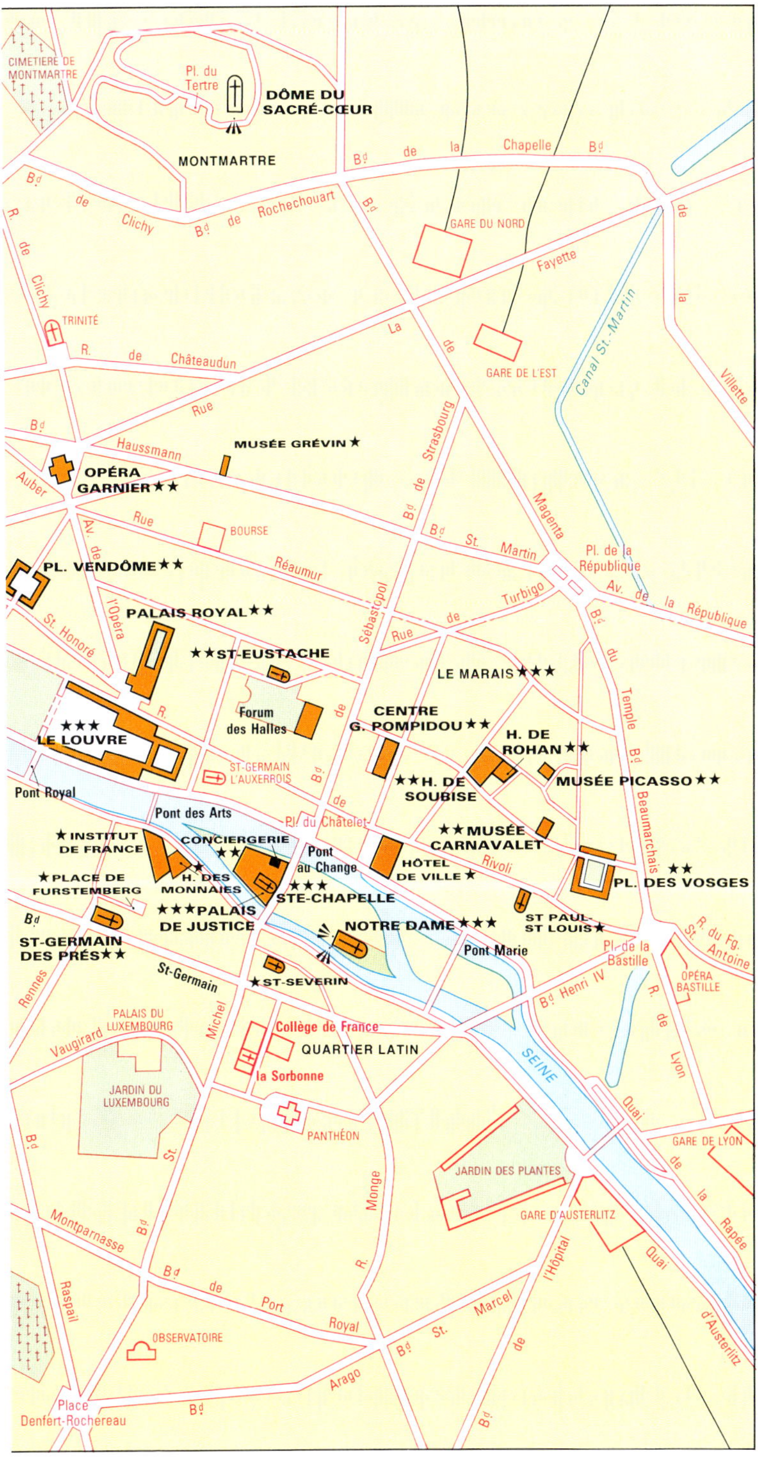

QUELQUES DATES
dans l'histoire de Paris

Époque Gallo-Romaine et Haut Moyen Age

3e s. avant J.-C.	Les Parisii s'installent sur l'Ile de la Cité.
52 avant J.-C.	Labienus, lieutenant de Jules César, défait les Gaulois de Camulogène qui abandonnent leur île après l'avoir incendiée.
1er s. après J.-C.	La cité gallo-romaine de Lutèce s'édifie.
280	Destruction de Lutèce par les Barbares.
360	Lutèce devient Paris.
451	Sainte Geneviève détourne Attila de Paris.
508	Clovis établit sa capitale à Paris et s'installe dans la Cité.
8e s.	Charlemagne s'installe à Aix-la-Chapelle. Paris, abandonné, décroît.

Les Capétiens

1163	Maurice de Sully entreprend la construction de Notre-Dame.
1180-1223	Philippe Auguste entoure Paris d'une enceinte et construit le Louvre.
1215	Fondation de l'Université de Paris.
1226-1270	Règne de Saint Louis. Pierre de Montreuil construit la Sainte-Chapelle.

Les Valois

1358	Soulèvement d'Étienne Marcel. La monarchie s'installe au Marais et au Louvre.
1364-1380	Charles V fait construire la Bastille et une nouvelle enceinte de Paris.
1408-1420	Luttes entre Armagnacs et Bourguignons. Paris est livré aux Anglais.
1429	Charles VII assiège en vain Paris.
1430	Henri VI d'Angleterre se fait couronner roi de France à Notre-Dame.
1437	Charles VII reprend Paris.
1572	Massacre de la Saint-Barthélemy.
1588	La Ligue, catholique, se retourne contre Henri III qui est chassé de Paris.
1589	Paris est assiégé par Henri de Navarre et Henri III. Celui-ci est assassiné.

Les Bourbons

1594	Henri IV se convertit au catholicisme : Paris lui ouvre ses portes.
1622	Paris devient archevêché.
1635	Fondation de l'Académie française par Richelieu.
1648-1653	La Fronde, soulèvement des forces hostiles à l'absolutisme, agite Paris.
1667	Colbert crée l'Observatoire et la Manufacture des Gobelins.
1722	Création de la première Compagnie de Pompiers.
1784-1791	Construction de l'enceinte des Fermiers Généraux.

La Révolution et le Premier Empire

14 juillet 1789	Prise de la Bastille.
17 juillet 1789	Louis XVI à l'Hôtel de Ville : adoption du drapeau tricolore.
14 juillet 1790	Fête de la Fédération.
10 août 1792	Prise des Tuileries et chute de la Royauté.
21 sept. 1792	Proclamation de la République.
21 janvier 1793	Exécution de Louis XVI place de la Révolution, aujourd'hui de la Concorde.

1793-1794	La Terreur
9-10 nov. 1799	Chute du Directoire.
1800	Bonaparte crée les postes de Préfets de la Seine et de Police.
2 déc. 1804	Sacre de Napoléon 1er à Notre-Dame.
1806-1814	Napoléon fait poursuivre la construction du Louvre et édifier l'Arc de Triomphe et la colonne Vendôme.
31 mars 1814	Les Alliés occupent Paris.

La Restauration

2 mai 1814	Louis XVIII signe la charte de St-Ouen.
1830	Les Trois Glorieuses (27, 28 et 29 juillet) renversent Charles X.
1832	Une épidémie de choléra tue 19 000 Parisiens.
1837	Première ligne de chemin de fer : Paris-St-Germain.
1840	Retour des cendres de Napoléon 1er.
Février 1848	Chute de Louis-Philippe. Proclamation de la IIe République.

De 1848 à 1870

Juin 1848	La suppression des Ateliers nationaux provoque des émeutes au faubourg St-Antoine. Fin de la Révolution de 1848.
1852-1870	Gigantesques travaux d'urbanisme sous la direction du baron Haussmann.
1855, 1867	Expositions universelles.
4 sept. 1870	Proclamation de la République à l'Hôtel de Ville.

La Troisième République

Hiver 1870-1871	Paris, assiégé par les Prussiens, doit capituler.
Mars-mai 1871	La Commune de Paris est réprimée.
1889	Exposition universelle autour de la Tour Eiffel.
1900	Mise en service de la première ligne du métro : Maillot-Vincennes. La basilique du Sacré-Cœur est édifiée sur la butte Montmartre.
Juin 1940	Paris est bombardé, puis occupé par les armées allemandes.
19-26 août 1944	Libération de Paris.

Depuis 1945

1964	Refonte des départements de la région parisienne : Nanterre, Créteil et Bobigny deviennent préfectures.
Mai 1968	Manifestations (Nanterre, Quartier latin, Boulevards, Champs-Élysées).
25 mars 1977	Élection du 12e maire de Paris (Jacques Chirac) au suffrage universel. Onze personnalités avaient déjà porté ce titre entre 1789 et 1871 sans que les Parisiens aient eux-mêmes choisi le maire de leur commune.
1989	Fêtes commémoratives du Bicentenaire de la Révolution française, qui s'accompagnent de l'inauguration de l'Arche de la Défense et du nouvel Opéra-Bastille.

Amateurs d'architecture et d'art contemporains...

Voici quelques réalisations importantes à voir dans la capitale.

Parmi les ***monuments :*** *le forum des Halles, le centre Georges-Pompidou, la cité des Sciences et de l'Industrie à la Villette, l'institut du Monde arabe (à l'angle de la rue des Fossés St-Bernard et du quai St-Bernard) ; l'Opéra-Bastille, la pyramide du Louvre, la grande Arche de la Défense...*

Parmi les ***sculptures :*** *le Défenseur du Temps, horloge réalisée par Monestier (quartier de l'Horloge près du centre Georges-Pompidou), le Centaure par César (à l'angle de la rue du Cherche-Midi et de la rue du Four), le musée de sculpture en plein air (quai St-Bernard, l'ensemble des sculptures placées sur la « dalle » de la Défense...*

Parmi les ***fontaines :*** *« Canyone austrate » par Singer près du Palais Omnisport de Paris Bercy, le « creuset du Temps » sculpture fontaine (place de Catalogne) qui dominent les immeubles conçus par Bofill, la fontaine Stravinsky (place Igor-Stravinsky)...*

PARIS PITTORESQUE

PARIS VU D'EN HAUT

Tour Montparnasse. – 33 avenue du Maine (15e). *Métro Montparnasse-Bienvenüe. ☎ 45 38 52 56. 59e étage : la plus haute terrasse de Paris. 56e étage, belvédère abrité. Ouvert de 9 h 30 à 23 h 30 du 1er avril au 30 septembre, de 10 h à 22 h du 1er octobre au 31 mars (23 h les vendredis et samedis). Dernière montée 1/2 h avant la fermeture. Prix : 36 F. ; enfants : 22 F. Un seul tarif pour les 56e et 59e étages.*

Tour Eiffel. - *P. 129.*

Plate-forme de l'Arc-de-Triomphe. - *P. 108.*

Palais de Chaillot vu de la Tour Eiffel

Tours de Notre-Dame. – *P. 123.*

Dôme du Sacré-Cœur. - *Métro Anvers. Montée de 9 h à 19 h (18 h du 1er octobre au 31 mars) ; entrée : 15 F.*

Cafés et restaurants avec vue panoramique :

- Restaurant du Centre Georges Pompidou : rue Rambuteau, *métro Rambuteau - RER Châtelet-les-Halles. ☎ 42 77 12 33. Ouvert de 12 h à 22 h. Fermé le mardi.* 5e étage, restauration rapide en terrasse.

- Restaurant des Galeries Lafayette : 40 boulevard Haussmann (9e). *Métro Chaussée-d'Antin, RER Auber. Magasin ouvert du lundi au samedi de 9 h 30 à 18 h 30.* 8e étage : Restaurant panoramique en terrasse.

PERSPECTIVES

Champs-Elysées. – *Métro Charles-de-Gaulle-Étoile, George V, Franklin D. Roosevelt, Champs-Elysées-Clemenceau.* De l'Arc de Triomphe à la Concorde, la Voie Triomphale est l'une des plus somptueuses perspectives de la capitale.

Place de la Concorde. – *Métro Concorde.* Du centre de la place, depuis le terre-plein de l'Obélisque, une double perspective donne un étonnant sentiment d'espace au cœur de Paris. Est-Ouest, vue sur la Voie Triomphale, vers l'Arc de Triomphe. Nord-Sud, vue vers les façades de l'Église de la Madeleine et du Palais-Bourbon.

Palais de Chaillot. – *Métro Trocadéro.* Depuis la terrasse du Palais de Chaillot, la perspective se prolonge au-delà de la Seine et de la Tour Eiffel jusqu'aux jardins du Champ-de-Mars et l'École Militaire.

Pont Alexandre-III. – *Métro Invalides.* Au Sud, perspective sur l'esplanade des Invalides fermée par l'élégante façade de l'hôtel du même nom.

Pont Alexandre III et Petit Palais

PARIS VU DES PONTS

Certains ponts permettent un point de vue inhabituel et pittoresque sur Paris à partir du cours de la Seine.

Pont des Arts. – *Métro Louvre-Rivoli ou Cité.* Vue sur l'île de la Cité.

Pont au Change. – *Métro Cité.* Vue sur la Conciergerie.

Pont Marie. – *Métro Pont Marie.* Vue sur l'île St-Louis.

Pont Royal. – *RER Musée d'Orsay.* Vue sur le Louvre, le musée d'Orsay, le quai Voltaire.

LES CAFÉS CÉLÈBRES

Souvent situés dans un cadre historique ils sont, par leur atmosphère, typiquement parisiens.

Le Flore. – 172 boulevard Saint-Germain (6e). *Métro St-Germain des Prés.*

Café de la Paix. – 12 boulevard des Capucines (9e). *Métro Opéra.*

Le Procope. – 13 rue de l'Ancienne Comédie (6e). *Métro Odéon.*

La Coupole. – 102 boulevard du Montparnasse (14e). *Métro Vavin.*

INSOLITES ET TYPIQUEMENT PARISIENS

Les passages couverts. – Construits pour la plupart à la fin du 18e s. ou au début du 19e s. ils abritent des boutiques insolites, parfois désuètes.

- **Passage des Panoramas :** 11 boulevard Montmartre (2e). *Métro Rue Montmartre.*
- **Passage Choiseul :** 23 rue St-Augustin (2e). *Métro 4-Septembre.*
- **Passage des Princes :** 97 rue de Richelieu (2e). *Métro Palais Royal-Musée du Louvre.*
- **Galerie Vivienne :** 4 rue des Petits Champs (2e). *Métro Bourse.*

Les bouquinistes. – Le long des quais, du pont du Carrousel au pont Sully. Livres anciens, gravures, reproductions.

Les marchés. – Parmi les plus pittoresques ou originaux, on peut distinguer :

- **le marché de la place d'Aligre** *(tous les jours ; métro Ledru Rollin),*
- **les marchés aux puces :** porte de Vanves *(les samedis et dimanches, métro Porte de Vanves)* ; porte de Clignancourt *(les samedis, dimanches et lundis, métro Porte de Clignancourt)* ; porte de Montreuil *(les samedis, dimanches et lundis, métro Porte de Montreuil),*
- **le marché aux timbres :** angle de l'avenue de Marigny et Gabriel *(les jeudis, samedis, dimanches et jours fériés, métro Champs-Élysées Clemenceau),*
- **les marchés aux fleurs :** place Louis-Lépine *(tous les jours sauf le dimanche, métro Cité)* ; place de la Madeleine *(tous les jours sauf le lundi, métro Madeleine)*, place des Ternes *(tous les jours sauf le lundi, métro Ternes),*
- **le marché aux oiseaux :** place Louis-Lépine *(le dimanche),*
- **le carreau du Temple** *(de 9 h à 12 h sauf le lundi, métro Temple).*

Ph. Gajic, Paris

Fontaine Wallace au marché aux fleurs

Pour connaître les expositions et les salons en cours à Paris, consultez la presse hebdomadaire spécialisée qui paraît chaque mercredi.

SHOPPING A PARIS

BOUTIQUES DE LUXE

Elles se concentrent essentiellement dans certains quartiers dont le nom seul évoque l'univers du luxe parisien.

Champs-Élysées

Accès : stations de métro George V (sortie en haut des Champs-Elysées) ; Franklin D. Roosevelt (sortie au milieu) et Champs-Elysées-Clemenceau (sortie en bas). L'avenue des Champs-Elysées étant très longue, il est conseillé de descendre à la station Franklin D. Roosevelt, pour remonter les Champs-Elysées jusqu'à l'Arc de Triomphe.

Tout au long de l'avenue, ainsi que dans les rues avoisinantes (avenue Montaigne notamment, où les grands couturiers ont élu domicile : *Céline, Chanel, Dior, Nina Ricci*), les boutiques de luxe rivalisent par leurs somptueuses vitrines : mode, parfumerie, maroquinerie. Mais certains magasins proposant des articles de prix plus modérés ont aussi pignon sur rue.

Triangle Opéra/Madeleine/Place Vendôme

Boutiques de grands couturiers et prêt-à-porter. – Rue du Faubourg-St-Honoré *(Courrèges, Hermès, Lagerfeld, Lanvin)*.

Joaillerie, bijouterie. – Place Vendôme *(Chanel, Van Cleef & Arpels, Boucheron, Chaumet)*, rue de la Paix *(Cartier)*.

Maroquinerie. – Place de l'Opéra *(Lancel)*, rue du Faubourg-St-Honoré *(Hermès)*.

Arts de la table. – Rue Royale *(Bernardaud, Cristallerie St-Louis et Lalique, Christofle)*, place de la Madeleine *(Baccarat)*.

Parfumerie. – Rue du Faubourg-St-Honoré *(Hermès)*, rue Tronchet (*Guerlain*).

GRANDS MAGASINS

C'est sans doute la solution idéale pour un touriste ne disposant que de peu de temps. La plupart des grandes marques (mode, parfumerie, maroquinerie) y sont représentées.

Détaxe à l'exportation :

– Si vous habitez hors du Marché Commun : pour un montant d'achat supérieur ou égal à 1 200 F, détaxe de 13 à 16 %.

– Si vous habitez dans le Marché Commun : détaxe à partir de 4 200 F **par article.** Pour obtenir le bordereau de détaxe qui doit être rempli, s'adresser à l'accueil où vous sera indiquée la démarche à suivre. La plus simple dans tous les cas est de régler par carte bancaire.

Magasins du Printemps. – 64 boulevard Haussmann (9e). ☎ 42 82 50 00. *Métro Havre-Caumartin. Ouvert du lundi au samedi de 9 h 30 à 19 h.* Au 6e étage, restaurant, bar, salon de thé « Chez Flo ».

Galeries Lafayette. – 40 boulevard Haussmann (9e). ☎ 42 82 34 56. ☎ langues étrangères : 42 82 36 40. *Métro Chaussée d'Antin. Ouvert du lundi au samedi de 9 h 30 à 19 h.*
6e étage : restaurant, self-service, salon de thé.
8e étage : restaurant panoramique en terrasse.

Boutiques de mode aux Galeries Lafayette

Samaritaine. – 19 rue de la Monnaie (1er). ☎ 40 41 20 20. *Métro Pont-Neuf. Ouvert du lundi au samedi de 9 h 30 à 19 h (22 h le jeudi).*

Bazar de l'Hôtel de Ville. – 52 rue de Rivoli (4e). ☎ 42 74 90 00. *Métro Hôtel de Ville. Ouvert du lundi au samedi de 9 h 30 à 19 h (22 h le mercredi).*

Au Bon Marché. – 22 rue de Sèvres (7e). ☎ 45 49 21 22. *Métro Sèvres-Babylone. Ouvert du lundi au samedi de 9 h 30 à 18 h 30.*

CENTRES COMMERCIAUX

Galeries des Champs-Élysées. – Elles rassemblent de nombreux commerces sur le côté droit de l'avenue, entre le Rond Point des Champs-Élysées et la rue de Berri. *Métro George V ou Franklin D. Roosevelt.*

Forum des Halles. – *Métro les Halles, RER Châtelet-les Halles.*

Maine-Montparnasse. – *Métro Montparnasse Bienvenüe.*

ANTIQUITÉS - GALERIES D'ART

Les magasins d'antiquités ainsi que les galeries d'art n'ouvrent généralement pas avant 10 h 30 le matin, et ferment à l'heure du déjeuner (12 h - 14 h). Les œuvres d'art ne peuvent pas bénéficier de la détaxe à l'exportation.

Le Louvre des Antiquaires. – 2 place du Palais-Royal (1er). *Métro Palais Royal - Musée du Louvre.*

Carré Rive Gauche. – Rue du Bac, de Beaune, de Lille, de l'Université, des St-Pères, Quai Voltaire (7e).

Le Village Suisse. – 54 avenue de la Motte-Picquet (15e). *Métro La Motte-Picquet-Grenelle.*

Galeries d'art. – Rue du Faubourg-St-Honoré, avenue Matignon.

COMMERCES DE BOUCHE

Vins. – Legrand : 1 rue de la Banque (2e). ☎ 42 61 25 51. *Métro Bourse.*

Fromages. – La Ferme St-Hubert : 21 rue Vignon (8e). ☎ 47 42 79 20. *Métro Madeleine.*

Charcuterie. – Chedeville : 12 rue du Marché St-Honoré (1er). ☎ 42 61 11 11. *Métro Tuileries.*

Pain. – Poilâne : 8 rue du Cherche-Midi (6e). ☎ 45 48 42 59. *Métro St-Sulpice.*

Pâtisserie. – Lenôtre : 3-5 rue du Havre (8e). ☎ 45 22 22 59. *Métro St-Lazare.*

Glaces. – Berthillon : 31 rue St-Louis-en-l'Ile (4e). ☎ 43 54 31 61. *Métro Pont Marie.*

L'ARC DE TRIOMPHE***

Accès par un souterrain depuis la station RER-métro Charles-de-Gaulle-Étoile.

Au centre de la vaste place Charles-de-Gaulle, l'Arc de Triomphe est l'un des monuments parisiens les plus impressionnants de l'architecture du 19e s. Sa hauteur (50 m) permet un excellent point de vue sur Paris : lieu privilégié d'où découvrir la capitale pour le touriste qui commence là sa visite.

Un grand projet de Napoléon réalisé sous Louis-Philippe ! – A la fin du 18e s., la place dessine déjà une étoile, mais cinq allées seulement partent du carrefour au milieu de pelouses en amphithéâtre.

1806 : Napoléon ordonne de construire un arc gigantesque en l'honneur des armées françaises. Les plans retenus sont ceux de Chalgrin.

1832-1836 : les travaux, abandonnés sous la Restauration, sont terminés par Louis-Philippe.

1840 : le char qui porte les cendres de l'Empereur passe sous l'Arc de Triomphe au cours d'une émouvante cérémonie.

1854 : Haussmann fait aménager la place, créant sept nouvelles avenues. Hittorff dessine les façades homogènes des immeubles qui entourent l'Arc.

1885 : le corps de Victor Hugo passe la nuit sous le monument, drapé d'un immense crêpe. Le poète est conduit au Panthéon dans le corbillard des pauvres.

1919 : le 14 juillet, les troupes de la Victoire défilent, maréchaux en tête.

1920 : le 11 novembre, un soldat non identifié, mort durant la Grande Guerre, y est inhumé.

1923 : le 11 novembre, la Flamme du Souvenir est allumée pour la première fois.

1944 : le 26 août, Paris, libéré de l'occupation allemande, acclame le général de Gaulle.

L'arc et son décor. – L'arc de triomphe est inspiré des arcs antiques mais de proportion colossale (2 fois plus haut que l'arc de Constantin de Rome). Il est sculpté de reliefs relatant les hauts faits militaires de la Révolution et de l'Empire. Le groupe de Rude « *Le Départ des Volontaires en 1792* » (pilier droit, face aux Champs-Elysées) est le plus célèbre. Sous le monument, la tombe du Soldat inconnu représente un hommage aux victimes anonymes de la Guerre. Chaque soir, la flamme du souvenir est ranimée à 18 h 30.

Plate-forme de l'Arc **.** – *Accès de 10 h à 17 h 30 (17 h du 1er octobre au 31 mars.) Fermée les 1er janvier, 1er et 8 mai, 14 juillet, 1er et 11 novembre, 25 décembre. Prix : 30 F. Ascenseur.*

De la plate-forme, **vue***** admirable sur la capitale et, au premier plan, sur les douze avenues rayonnant en étoile. On se trouve ici à mi-chemin entre le Louvre et la Défense au point culminant de la Voie Triomphale. A l'Ouest, belle perspective sur le quartier de la Défense, terminée par son Arche monumental.

Un petit musée présente divers documents et souvenirs sur la construction de l'Arc.

De l'Arc de Triomphe pour se rendre aux Champs-Elysées : bus 73, métro : ligne 1, direction Château de Vincennes (station Franklin D. Roosevelt).

Les Champs-Élysées et l'Arc de Triomphe

Les CHAMPS-ÉLYSÉES***

Accès : RER station Charles-de-Gaulle-Etoile (niveau Arc-de-Triomphe) ; métro ligne 1 : stations George V, Franklin D. Roosevelt (à mi-parcours de l'avenue), Champs-Elysées Clemenceau (niveau du Rond-Point des Champs-Élysées).

Les Champs-Elysées sont à la fois une perspective grandiose, un lieu de divertissement ou de flânerie et un centre pour le commerce de luxe.

Naissance. – Sous Henri IV, il n'y a là que champs et marais. En 1616 Marie de Médicis y crée le cours la Reine, longue allée bordée d'arbres qui, partant des Tuileries, suit la Seine jusqu'à l'actuelle place de l'Alma. C'est la promenade à la mode pour les carrosses.
En 1667, Le Nôtre prolonge la perspective des Tuileries : toute la plaine, appelée Grand Cours, est plantée de rangées d'arbres. Ces calmes ombrages prennent, en 1709, le nom de Champs-Elysées. En 1724, le duc d'Antin, directeur des jardins royaux, conduit l'avenue jusqu'à la butte de Chaillot (l'Etoile actuelle). Son successeur, le marquis de Marigny, la prolonge jusqu'au pont de Neuilly (1772). Deux ans plus tard, Soufflot, pour atténuer la pente de la voie, abaisse la butte de Chaillot de plus de 5 m. Les déblais, rejetés sur le côté, ont produit le raidillon de la rue Balzac.

La vogue. – A la fin du 18e s., les Champs-Elysées sont encore un jardin sauvage, désert et peu sûr, où ne s'élèvent que six propriétés. Les Alliés, qui occupent Paris en 1814, se répartissent l'occupation de ces espaces verts : Prussiens et Anglais campent aux Tuileries et à la Concorde, tandis que les Cosaques bivouaquent sous les arbres des Champs-Elysées.
L'avenue, propriété de la Ville en 1828, reçoit alors des fontaines, des trottoirs, l'éclairage au gaz, et surtout, à partir du Second Empire, les faveurs de la riche société. Sous les yeux des curieux, assis de part et d'autre de la chaussée, cavaliers et amazones, tilburys, coupés, huit-ressorts circulent dans un nuage de poussière. Les cafés-concerts (dont l'Alcazar, rebâti en 1840 par Hittorff), les restaurants, les panoramas, les cirques attirent une foule élégante, encore plus dense les jours de courses à Longchamp ou lorsque s'installent les expositions universelles (1855, 1867, 1900). Dans la galante allée des Veuves (aujourd'hui avenue Montaigne), le bal Mabille, attira le Tout-Paris jusqu'en 1870. Près de là, le jardin d'Hiver vit le musicien Sax jouer d'un nouvel instrument : le saxophone.

Du Rond-Point à la Concorde. – C'est la partie plantée des Champs-Elysées. Domestiquée et bordée de jardins à l'anglaise, elle a gardé du passé de belles allées de marronniers et quelques pavillons. Entre les Champs-Elysées et la place de la Concorde : groupes en marbre des Chevaux de Marly par Guillaume Coustou (1745).

Le cœur de la Nation. – De nos jours, l'avenue a perdu son caractère aristocratique, mais ni son éclat ni sa force d'attraction. Le défilé militaire du 14 juillet y attire chaque année une foule immense. De même, lors des grandes journées d'émotion nationale, c'est sur cette voie triomphale que le peuple de Paris se rassemble spontanément : défilé de la Libération (26 août 1944), manifestation du 30 mai 1968, marche silencieuse d'hommage au général de Gaulle (12 novembre 1970).

LE QUARTIER

Il figure parmi les quartiers résidentiels les plus luxueux de la capitale. S'y regroupent également de nombreux sièges sociaux d'importantes sociétés nationales ou internationales, ainsi que des ambassades et ministères.

Petit Palais et Grand Palais. – Construits pour l'Exposition Universelle de 1900 (tout comme le pont Alexandre-III) ils ont conservé une fonction éminemment culturelle.
Le **Petit Palais** abrite aujourd'hui le **musée du Petit Palais*** (avenue W. Churchill, *métro Champs-Elysées-Clemenceau. Visite de 10 h à 17 h 40 sauf les lundis et jours fériés. Entrée : 15 F, gratuit le dimanche. ☎ 42 65 12 73)* qui conserve, entre autres, une importante collection d'œuvres d'art du 19e s., très riche en sculpture et décors officiels.
En face, le **Grand Palais** accueille toute l'année des manifestations artistiques temporaires, notamment Salons et grandes expositions. *☎ 42 89 23 13.*

Palais de l'Elysée. – Depuis 1873, l'Elysée est la résidence parisienne des présidents de la République.

Des Champs-Élysées pour se rendre à la Concorde : bus 73, métro ligne 1, direction Château de Vincennes (station Concorde).

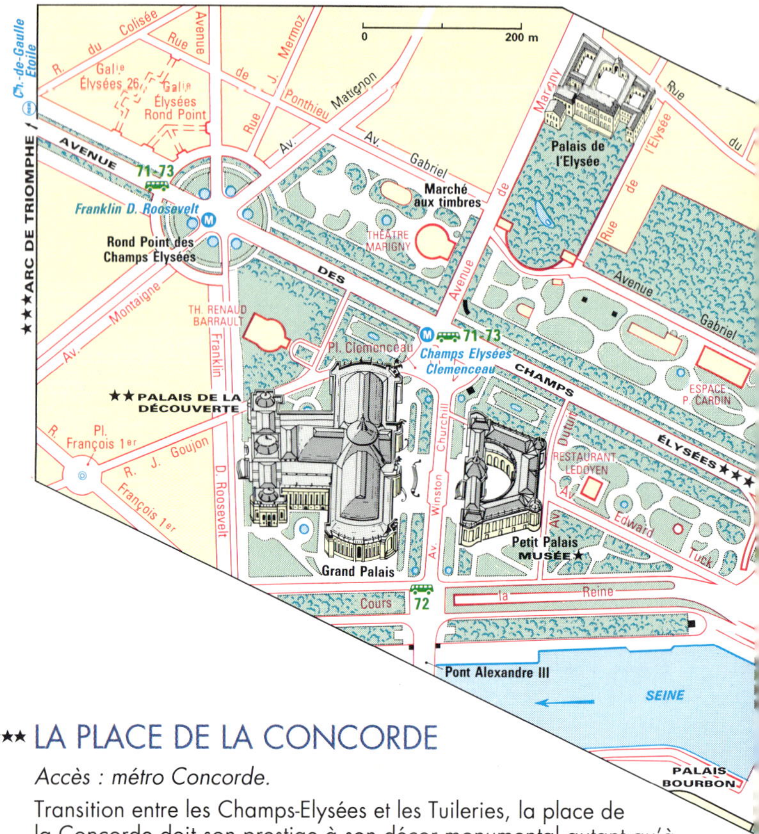

★★★ LA PLACE DE LA CONCORDE

Accès : métro Concorde.

Transition entre les Champs-Elysées et les Tuileries, la place de la Concorde doit son prestige à son décor monumental autant qu'à sa situation.

Une place royale devenue nationale. – Les échevins de Paris, voulant faire leur cour à Louis XV, commandent à Bouchardon une statue équestre du « Bien-Aimé » et mettent au concours l'aménagement de la place. Servandoni, Soufflot, Gabriel s'affrontent, Gabriel l'emporte. La place, octogonale, délimitée par un fossé qu'entourent des balustrades, mesure 84 000 m² ; huit grands socles sont disposés aux angles pour recevoir des statues. Des bâtiments jumelés, aux belles colonnades, flanquent la rue Royale. Les travaux durent de 1755 à 1775.

En 1770, lors d'un feu d'artifice tiré à l'occasion du mariage du dauphin avec Marie-Antoinette, une panique se produit et 133 personnes meurent écrasées dans les fossés. En 1792, la statue royale est déboulonnée et la place Louis XV devient place de la Révolution.

Place de la Concorde et Assemblée Nationale

Le 21 janvier 1793, la guillotine est dressée près de l'actuelle statue de Brest pour l'exécution de Louis XVI. A partir du 13 mai, le « rasoir national », installé près de la grille des Tuileries, voit passer 1343 victimes, parmi lesquelles Marie-Antoinette, Mme du Barry, Charlotte Corday, les Girondins, Danton et ses amis, Mme Roland qui lance avant de mourir son fameux : « Liberté, que de crimes on commet en ton nom ! », Robespierre et ses partisans. 1795 voit tomber les dernières têtes. Le Directoire donne à ces lieux ensanglantés un nom d'espérance : place de la Concorde.

Le pont de la Concorde a été ouvert en 1790. Sous Louis-Philippe, Hittorff complète la décoration de la place. Renonçant à la statue centrale, trop soumise aux fluctuations des régimes, le roi a choisi un monument sans couleur politique : l'Obélisque. Deux fontaines sont installées : elles sont inspirées de celles de la place St-Pierre, à Rome.

Huit statues de villes surmontent les socles disposés par Gabriel. Cortot exécute Brest et Rouen. Pradier sculpte Lille et Strasbourg. Juliette Drouet servit de modèle pour cette dernière statue au pied de laquelle Déroulède réunissait les patriotes lorsque Strasbourg était allemande. Lyon et Marseille sont signées Petitot tandis que Bordeaux et Nantes sont de Caillouette.

★**Obélisque.** – Il provient des ruines du temple de Louksor. Méhémet Ali, vice-roi d'Egypte, désireux de se ménager l'appui de la France, l'offrit en 1829 à Charles X ; mais il n'arriva à Paris qu'en 1833, sous Louis-Philippe. Ce monument, en granit rose, vieux de trente-trois siècles, est couvert d'hiéroglyphes. Le piédestal reproduit les appareils employés pour le transfert et l'érection de ce monolithe qui mesure 23 m et pèse plus de 220 t.

★★★**Perspectives.** – Vue sur l'avenue des Champs-Elysées, la Madeleine et le Palais-Bourbon.

★★**Les deux hôtels.** – Imposants, sans lourdeur, ils encadrent la rue Royale. Gabriel s'est inspiré pour leurs colonnades de celle de Perrault au Louvre. Mais il a su donner à sa construction plus d'élégance. C'est l'un des beaux exemples du style Louis XVI avant la lettre.

A droite, **l'hôtel de la Marine** fut d'abord garde-meuble royal, puis devint en 1792 le ministère de la Marine. Il abrite actuellement l'Etat-Major Général de cette arme.

L'hôtel qui lui fait pendant, de l'autre côté de la rue Royale, comprenait quatre hôtels de grands seigneurs. Il est maintenant occupé par l'Automobile-Club de France et le **Crillon**, palace de renommée internationale.

Les deux bâtiments sont encadrés par l'ambassade des États-Unis (à gauche) et par l'hôtel Talleyrand, élevé au 18e s. par Chalgrin pour le duc de la Vrillière. Talleyrand y mourut en 1838.

★LE JARDIN DES TUILERIES

Accès : métro Tuileries.

Magnifiquement situé sur les bords de la Seine il représente le type achevé du jardin « à la française ». Depuis la terrasse, la vue embrasse l'ensemble des jardins, la Seine, et une partie du Palais du Louvre.

Le premier jardin promenade. – Au 15e s., il y avait ici une décharge publique pour les boucheries et mégisseries installées autour du Châtelet. L'argile du sol était utilisée dans des fours à tuiles, d'où le nom de Tuileries donné au lieu. Quand, en 1563, la reine mère Catherine de Médicis décide de construire un château à côté du Louvre, elle y établit un parc à l'italienne. On y voit des fontaines, un labyrinthe, une grotte que Bernard Palissy a décorée de terres cuites, une ménagerie. Sous Henri IV ce parc devient la promenade à la mode.

Le jardin français de Le Nôtre. – Colbert confie l'embellissement du parc à Le Nôtre en 1664. Pour rattraper la pente du terrain, le jardinier du Roi élève deux terrasses longitudinales de hauteurs inégales. Il crée la magnifique perspective de l'allée centrale, creuse les grands bassins et aménage parterres, quinconces et rampes. Colbert trouve l'œuvre si réussie qu'il veut réserver le parc à la famille royale, mais son premier commis, Charles Perrault – le conteur – plaide avec succès la cause du public.

Scènes révolutionnaires. – Le 10 août 1792, Louis XVI et sa famille quittent le palais des Tuileries envahi par les émeutiers, traversent le jardin et gravissent les marches (face à la rue Castiglione) pour se réfugier auprès de l'Assemblée Législative qui siège dans le Manège. Les Suisses à qui le roi a envoyé l'ordre de cesser le feu essaient de s'enfuir à travers le parc, mais les deux tiers d'entre eux sont massacrés. Le 8 juin 1794 se déroule dans le parc la fête de l'Etre suprême, réglée par le peintre David. Sur le bassin rond a été dressé un monument représentant l'athéisme. Après son discours, Robespierre y mit le feu d'un geste symbolique. L'immense cortège gagne ensuite le Champ-de-Mars.

Les Tuileries modernes. – Si le plan tracé par Le Nôtre n'a pas été modifié, en revanche de nombreux monuments commémoratifs ont été rajoutés.

Orangerie et Jeu de Paume. – Ces deux pavillons qui se font face ont été construits sous le Second Empire.

★**Musée de l'Orangerie** ▣. – *Visite tous les jours de 9 h 45 à 17 h 15 sauf les mardis, 1er janvier, 1er mai et 25 décembre. Entrée : 25 F, 13 F le dimanche. ☎ 42 97 48 16 poste 406.*
Un escalier en fer à cheval à la rampe forgée par Raymond Subes conduit au 1er étage où est présentée la collection Walter-Guillaume comprenant 144 œuvres allant de l'Impressionnisme jusqu'en 1930.
Les peintres les mieux représentés sont : Soutine (1894-1943) qui, comme Picasso *(Nu sur fond rouge)* et Modigliani *(Antonia)*, fait partie des artistes d'origine étrangère attirés par Paris, et dont les portraits et natures mortes montrent un esprit tourmenté *(le Petit pâtissier)* ; Cézanne (1839-1906) dont un des thèmes principaux fut la nature morte *(Pommes et biscuits)* ; Renoir (1841-1919) dont la majeure partie de l'œuvre est consacrée au portrait *(Baigneuse aux cheveux longs et Femme à la lettre)* ; Derain (1880-1954) aux compositions rigoureuses où domine les bruns *(le modèle blond)* ; Matisse (1869-1954) dont l'œuvre est marquée par un déploiement de la couleur *(Les trois sœurs)* ; Henri Rousseau, dit le Douanier (1844-1910) apporte à ses scènes naïves un éclairage très particulier *(La carriole du Père Junier)*.
Au rez-de-chaussée, deux salles ovales sont décorées de toiles sur le thème des **nympheas** exécutées par Monet à Giverny où il habita de 1883 à 1926 *(voir guide Vert Normandie Vallée de la Seine)*.

Galerie nationale du Jeu de Paume. – *Ouvert le mardi de 12 h à 21 h 30. Du mercredi au vendredi de 12 h à 19 h ; le samedi et le dimanche de 10 h à 19 h. Entrée : 30 F. Gratuit -13 ans. ☎ 47 03 12 50.*
Affectée à de grandes expositions d'art contemporain.

De la Concorde pour se rendre au Louvre : bus 72 ou 73, métro ligne 1, direction Château de Vincennes (station Palais Royal-Musée du Louvre).
Pour se rendre au Musée d'Orsay : bus 94, métro ligne 12, direction Mairie-d'Issy (station Solférino).

Participez à notre effort permanent de mise à jour.
Adressez-nous vos remarques et vos suggestions.

Cartes et guides Michelin
46, avenue de Breteuil 75324 Paris Cedex 07.

Les HALLES-BEAUBOURG**

C'est le plateau de Beaubourg qui a été choisi, en 1977, pour la construction d'un centre culturel consacré à la création artistique contemporaine suivant l'initiative du président Georges Pompidou (1911-1974). Avec 24 000 visiteurs par jour, plus de 90 millions depuis l'ouverture, Beaubourg a permis la rencontre de l'art contemporain et du grand public.

D. Janole/MICHELIN

**CENTRE GEORGES-POMPIDOU

Accès : métro Rambuteau ou Châtelet. RER Châtelet-Les-Halles. Ouvert de 12 h (10 h les samedis, dimanches et jours fériés) à 22 h ; fermé le mardi, les 1er et 8 mai. Entrée 28 F pour le musée d'Art Moderne seul. Laisser-passer pour la journée : 57 F. ☎ 42 77 12 33.

Architecture. – La construction fut achevée en 1977. Les architectes Richard Rogers et Renzo Piano ont réalisé là un édifice d'une technique d'avant-garde. Un gigantesque parallélépipède, de 166 m sur 60 et de 42 m de hauteur, déploie son ossature d'acier, ses parois de verre, ses couleurs franches. Dépourvu de toute recherche décorative, il se présente comme un empilement de charpentes métalliques dont l'implantation, telle une sculpture surréaliste, est de nature à heurter certaines sensibilités. En façade, des entrelacs de haubans disposés en résille assurent la stabilité et la souplesse de l'ensemble. Dans son tube de verre soutenu par des arceaux, le grand escalier en trace la diagonale. Le rejet à l'extérieur des façades des éléments porteurs, des escaliers, ascenseurs, escalators, galeries de circulation, des gaines de ventilation et de chauffage, des conduits d'eau et de gaz a permis de faire de chaque niveau un plateau de 7500 m². Devant le Centre, une Piazza en pente douce - matérialisation de l'idée d'accueil - est le théâtre d'animations variées. Au travers des vitres, à droite, observer l'Atelier des Enfants.
A l'intérieur, au rez-de-chaussée Piazza formant balcon et bordé d'une galerie, remarquer le portrait de Georges Pompidou par Vasarely, formé par un assemblage hexagonal de lames blanches et le « volume virtuel », jaune et blanc, de Soto.

Les activités. – Le Centre constitue un capital culturel doté de possibilités de vulgarisation étonnantes et équipé pour faciliter la pénétration réciproque des activités artistiques ou tributaires de la vie quotidienne : son activité s'ordonne autour de quatre départements. La Bibliothèque Publique d'Information (B.P.I., entrée par le 2e étage), le Centre de Création Industrielle (documentation au 1er étage), le Musée National d'Art Moderne (entrée au 4e étage), l'Institut de Recherche et de Coordination Acoustique/musique. Le Centre comporte également une cinémathèque (salle Garance, niveau 0) diverses salles pour les débats (niveau -1) des boutiques et une librairie (niveau 0) ainsi qu'une Grande Galerie (5e étage) réservée aux expositions temporaires.
Au 5e étage, restaurant et terrasse panoramique.

***Musée National d'Art Moderne

C'est l'un des plus importants musées d'art moderne au monde : prenant la suite chronologique des collections d'Orsay il permet de suivre l'évolution artistique depuis le début du siècle jusqu'aux créations strictement contemporaines. Il compte plus de 30 000 œuvres.

4e étage. – De 1905 à 1965.

Espace Sud. – La visite débute à droite de l'entrée : œuvre peint et sculpté de **Matisse** (1869-1954) et salle réservée au **fauvisme** (Derain, Vlaminck). Puis, chronologiquement, on accède aux salles consacrées au **cubisme** (Braque, Picasso, Juan Gris, Fernand Léger) et au **dadaïsme** (Marcel Duchamp).

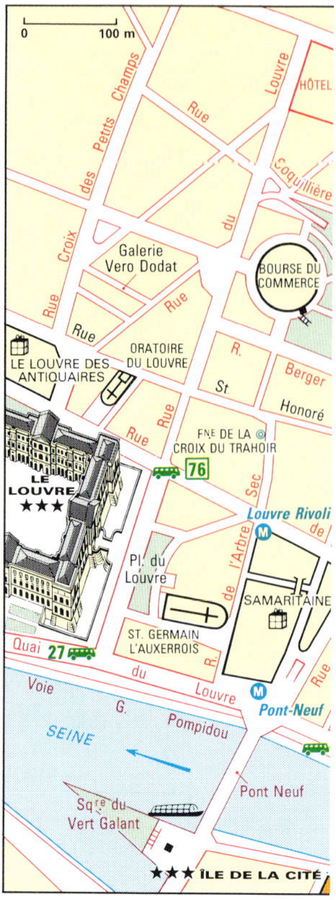

Espace Nord. – Les grands mouvements depuis l'après-guerre 1914-1918 jusqu'aux années 1960 : les abstractions, les voies surréalistes et les courants figuratifs des années 50-60, le Nouveau Réalisme et le Pop'Art.

Refusant tout élément figuratif, les **peintres abstraits** veulent s'exprimer par le simple jeu des lignes et des couleurs. Cette forme d'art, que l'on voit naître dès 1910 chez Kandinsky avec ses Improvisations, s'affirme avec Kupka et Mondrian, tandis que l'œuvre poétique de Klee ne se coupe jamais tout à fait du réel. Robert et Sonia Delaunay sont à mi-chemin de la géométrie cubiste et des recherches coloristes. Le constructivisme apparaît dans les sculptures de Pevsner aux formes hélicoïdales.

De 1910 à 1930, Montparnasse fut le foyer d'artistes étrangers formant l'École de Paris. Ils veulent traduire leur état d'âme : c'est l'expressionnisme tourmenté de Soutine, l'univers envoûtant de Chagall, l'arabesque décorative de Modigliani.

Le **surréalisme**, représenté ici par des œuvres de Salvador Dali, Magritte et surtout de Miró et de Masson, considère la peinture comme un moyen d'expression de l'inconscient.

Dans les années 50, l'**abstraction** tente un certain nombre d'artistes tant en France qu'à l'étranger. Les uns mettent l'accent sur le trait (Hartung) ; les autres divisent les surfaces en de grands aplats de couleurs (Poliakoff, De Staël) ou tentent de faire entrer la troisième dimension dans la peinture : goudron et sable chez Dubuffet, sculptures soudées de Kemeny.

Reflet de la civilisation urbaine, dans les années 60, le **Nouveau Réalisme** emploie des matériaux empruntés à la réalité quotidienne : chez Arman les objets sont accumulés, chez César ils sont compressés, chez Christo, ils sont empaquetés. Aux États-Unis, c'est le **Pop'Art** avec Rauschenberg et Andy Warhol.

G. Thouvenin/EXPLORER, Paris

Église St-Eustache

3e étage. – De 1965 à nos jours.

Accès : revenir vers l'entrée du Musée et prendre l'escalier pour la descente. A cet étage les œuvres exposées sont constamment renouvelées. Elles montrent les orientations de la création la plus contemporaine.

LE QUARTIER

Le quartier de Beaubourg est un quartier populaire, animé, où aime à se retrouver une jeunesse parfois un peu marginale. Mais ce quartier voué à la modernité conserve aussi d'importants témoignages de son passé.

Forum des Halles. – Le forum s'étend sur 7 ha en sous-sol à l'emplacement de l'ancien marché des Halles, transféré à Rungis en 1969. Ce vaste espace est avant tout occupé par des boutiques. Le forum est aussi un lieu culturel (Maison de la Poésie, Pavillon des Arts) décoré de sculptures et fresques d'artistes contemporains comme Moretti.

★★**Église St-Eustache.** – Entreprise sous la Renaissance en 1532, consacrée en 1637, elle prolonge la tradition de l'architecture gothique tandis que la façade, rajoutée en 1754, est de style classique. Le décor intérieur est d'une très haute qualité.

★**Fontaine des Innocents.** – C'est une des plus belles fontaines de Paris, due à Pierre Lescot et Jean Goujon. Construite en 1550, elle a été placée en ce lieu et complétée d'une quatrième façade au 18e s.

★**Hôtel de Ville.** – *Métro Hôtel de Ville, à 5 mn à pied du Centre Pompidou.* Incendié sous la Commune, il a été entièrement reconstruit de 1874 à 1882, en style néo-Renaissance par Ballu et Deperthes. C'est le siège de l'administration de la Ville de Paris.

Du quartier de Beaubourg pour se rendre à Notre-Dame : métro ligne 4, direction Porte d'Orléans (station Cité).

Une carte Musées et Monuments,
en vente dans le métro, les musées et monuments et à l'office de tourisme
valable 1 jour (55 F), 3 jours (110 F) ou 5 jours consécutifs (160 F)
permet un accès libre et direct aux collections permanentes
de 65 musées et monuments de Paris et de la région parisienne.

Les INVALIDES***

Accès : métro Invalides.

Situés au cœur du 7e arrondissement, les Invalides composent l'un des plus beaux ensembles monumentaux de Paris.

Un grand projet de Louis XIV. – En 1670 Louis XIV confie à Libéral Bruant la construction d'un vaste hôtel où seront soignés les invalides de guerre du Grand Règne. Jules-Hardouin Mansart, architecte de la chapelle royale de Versailles, complète l'ensemble en érigeant l'église Saint-Louis (église des Soldats) puis, en 1715, l'**église du Dôme.** Pour cette dernière, il s'inspire de l'architecture baroque italienne mais conçoit l'édifice dans un style tempéré de classicisme, plus proche de la tradition et du goût français. La façade comporte un avant-corps central et les deux corps latéraux habituels au style jésuite ; mais ils sont ici de même hauteur que la nef, ce qui supprime les lourds ailerons de raccordement. Le rez-de-chaussée, d'ordre dorique, porte entre ses colonnes les statues de Saint Louis (par Nicolas Coustou) et Charlemagne (par Coysevox). Au-dessus d'un entablement à ressauts, l'étage corinthien, qu'ornent quatre Vertus, est coiffé d'un fronton sculpté par Coysevox. A l'intérieur, la coupole a reçu un décor de Charles de la Fosse et de Jouvenet, sur des thèmes bibliques et historiques.

M. Guillot/MICHELIN

Le Dôme des Invalides

Des abords prestigieux. – Entre le jardin et la Seine, Robert de Cotte a aménagé, de 1704 à 1720, une large **esplanade.** Sur 500 m de long, six grands parterres de gazon longés par des tilleuls forment une magnifique perspective.

***Tombeau de Napoléon.** – *Crypte du Dôme. Mêmes conditions de visite que pour le musée de l'Armée, mais ouverture jusqu'à 19 h en juin, juillet et août* Afin d'intégrer le tombeau de Napoléon 1er à l'architecture du Dôme, l'architecte Visconti a dû restructurer le volume intérieur de la crypte. L'ensemble, achevé en 1861, comporte des bas-reliefs de Simart et 12 statues allégoriques dues à Pradier, représentant les campagnes militaires de Napoléon. Au centre, le sarcophage de porphyre rouge abrite les six cercueils successifs qui contiennent le corps de l'Empereur.

*****Musée de l'Armée** 🎫. – *Visite de 10 h à 18 h (17 h du 1er octobre au 31 mars) ; fermé les 1er janvier, 1er mai, 1er novembre et 25 décembre. Entrée : 30 F. Le billet est valable deux jours consécutifs. ☎ 45 55 37 70.*
Art, technique et histoire militaire du Paléolithique à la Seconde Guerre mondiale. Au rez-de-chaussée, films documentaires sur les deux guerres mondiales.

LE QUARTIER

C'est un quartier essentiellement résidentiel. Non loin des Invalides (à 10 mn de marche environ), au 57 rue de Varenne, se trouve l'**hôtel Matignon**, résidence du Premier ministre depuis 1958. Au n° 77, l'hôtel de Biron (18e s.) abrite le musée Rodin.

****Musée Rodin** 🎫. – *Visite du 1er avril au 30 septembre, de 10 h à 18 h (caisse fermée à 17 h 30) ; le reste de l'année de 10 h à 17 h (caisse fermée à 16 h 30). Fermé les lundis, 1er janvier, 1er mai et 25 décembre. Entrée : 20 F, le dimanche : 10 F ; 2 F jardin seul. ☎ 47 05 01 34.*
Le musée est essentiellement consacré à l'œuvre sculptée de Rodin (legs de l'artiste à l'État).

Des Invalides pour se rendre à la Tour Eiffel : RER ligne C, direction Versailles-Saint-Quentin (station Champ-de-Mars Tour Eiffel).

Le LOUVRE***

Accès : métro Louvre-Rivoli ou Palais Royal-Musée du Louvre.

C'est le plus vaste des palais royaux parisiens et l'un des plus prestigieux musées des Beaux-Arts du monde.

Du donjon au musée. – Peu après 1190 Philippe Auguste fait construire le château fort du Louvre, à vocation militaire et défensive. Charles V le transforme en un palais habitable et y installe sa fameuse « librairie » d'érudit. Longtemps délaissé, le palais va cependant profiter de l'essor architectural, sous la Renaissance, grâce à François Ier puis Henri IV. C'est à Marie de Médicis que l'on doit le palais des Tuileries (aujourd'hui détruit). Louis XIV préfère résider à Versailles : sous son règne Le Vau fera néanmoins édifier une partie de la cour carrée.
La chute de la royauté donne au Louvre un nouveau destin : les révolutionnaires décident, en 1793, l'ouverture d'un musée qui servira à l'édification des artistes et du peuple. Napoléon conserve cette vocation au Louvre tout en lui restituant son ancienne fonction résidentielle : il s'installe aux Tuileries, où demeureront à sa suite Louis XVIII, Charles X et Louis-Philippe. C'est sous Napoléon III qu'est entreprise la dernière des très ambitieuses campagnes de construction du Louvre sous la direction des architectes Visconti et Lefuel.

Visite extérieure du palais

★★**Colonnade.** – Due aux plans de Le Brun, Le Vau et Perrault en 1667, c'est un exemple du classicisme français : respect de l'antique et souci de symétrie. Le fronton central date du 19e s.

★★**Arc de Triomphe du Carrousel.** – C'est un pastiche de l'arc romain de Septime-Sévère, exécuté de 1806 à 1808 sur les plans de Percier et Fontaine, pour célébrer les victoires de Napoléon lors des campagnes de 1805. Les huit colonnes de marbre rose proviennent du Château Vieux de Meudon. Six bas-reliefs illustrent les grandes victoires de l'Empereur : Austerlitz, Ulm... Le quadrige de la plate-forme est dû au sculpteur Bosio.

Cour Napoléon. – Les façades majestueuses du Louvre servent de cadre à la **pyramide** aux strictes lignes géométriques. Haute de 21 m et large de 33 m à sa base, la pyramide, due à Ieoh Ming Pei, est faite d'une résille très fine de tubes d'acier inoxydable, de câbles et d'un voile de verre qui mettent en œuvre des matériaux et des techniques nouvelles. Elle est entourée de bassins, de jets d'eau et de trois petites pyramides du même modèle et sert d'entrée principale au musée.

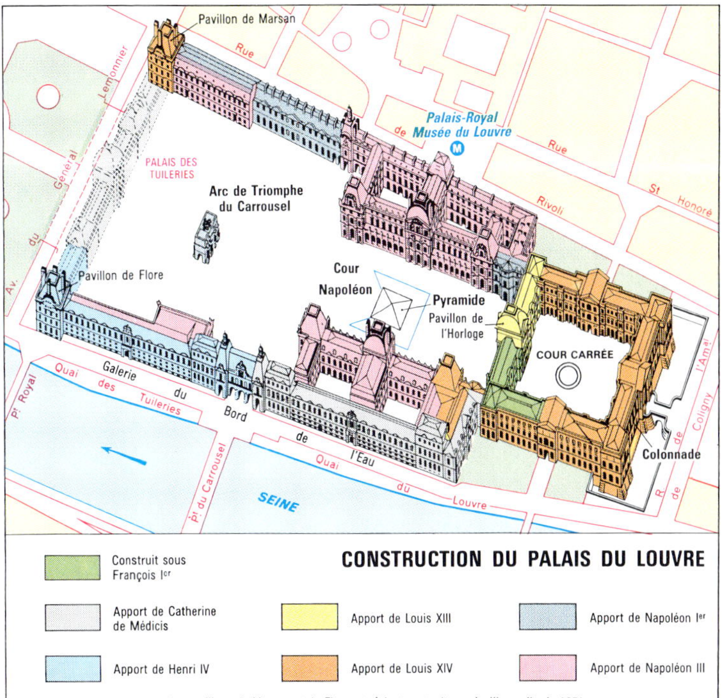

CONSTRUCTION DU PALAIS DU LOUVRE

Les pavillons de Marsan et de Flore ont été reconstruits après l'incendie de 1871

★★★LE MUSÉE DU LOUVRE

Ouvert de 9 h à 18 h (fermeture des caisses à 17 h 15), nocturne les lundis et mercredis jusqu'à 21 h 45 (fermeture des caisses à 21 h 30). Le hall Napoléon et la librairie sont ouverts de 9 h à 22 h. Fermé le mardi et les 1er janvier, lundi de Pâques, 1er mai, lundi de Pentecôte, 1er et 11 novembre et 25 décembre. Entrée : 30 F, le dimanche : 15 F. ☎ 40 20 51 51.
Information des visiteurs : écrans vidéo, niveau accueil du hall Napoléon. Sont indiqués chaque jour les programmes de l'Auditorium et des visites-conférences (durée : 1 h 30), les expositions en cours, les salles fermées au public le jour même.

A. Wolf/EXPLORER, Paris

Musée du Louvre. - La pyramide

Hall Napoléon. – *Sous la pyramide. Accueil, cafétéria, restaurant, librairie, carterie, boutique cadeaux, bureau de poste.*

Pour faciliter la visite : *il est conseillé de prendre un plan du musée (disponible au bureau d'accueil). Des acoustiguides peuvent être loués (25 F).*
Le musée est divisé en secteurs : Sully, Denon, Richelieu, accessibles à partir du hall Napoléon. La présentation des collections étant sujette à modification, les indications qui suivent sont données sous réserve.

Louvre médiéval et histoire du Louvre. – *Accès Sully.*
Les fouilles de 1983 ont permis de dégager les bases du vieux donjon de Philippe Auguste dont on peut voir l'appareil de pierre. Deux salles sont réservées aux tableaux et documents relatifs aux divers états historiques du Louvre.

Archéologie Orientale

Accès : Sully

Des fouilles archéologiques françaises redécouvrirent, au 19e s., les témoignages des civilisations orientales oubliées, connues alors essentiellement par la Bible. Les 3 sections, Mésopotamie, Iran, région du Levant présentent des objets de la vie quotidienne, des stèles (**stèle des Vautours,** salle II, **Code d'Hammurabi,** salle IV) et de très nombreuses statues. Parmi les œuvres les plus intéressantes sont exposés les décors monumentaux provenant de palais : **frise des Archers** du Palais de Darius (salle VIII), bas-reliefs de Ninive et Khorsabad (salle XXI).

Antiquités Égyptiennes

Accès : Sully (Rez-de-Chaussée et 1er étage)

Le noyau des collections a été assemblé par Champollion en 1826 alors qu'il venait de déchiffrer les hiéroglyphes. Les objets ici présentés proviennent de sépultures car l'art égyptien est un art funéraire. Au rez-de-chaussée, la préhistoire, les premières dynasties pharaoniques et l'ancien Empire. Salle 2, on peut voir reconstitué un **Mastaba** (sépulture civile) de la Ve dynastie. Exécuté en calcaire, le **Scribe accroupi** (salle 5) a gardé sa magnifique polychromie.
Au 1er étage, art du Moyen Empire jusqu'à l'époque gréco-romaine. Dans la salle A, le mobilier de la tombe du chancelier Nakhti permet de reconstituer certains aspects de la vie quotidienne en Égypte. Salle F, la statuette de **Karomama** en bronze incrusté d'or et d'argent servait pour le culte du puissant clergé d'Amon.

Antiquités Grecques, Étrusques et Romaines

Accès : Sully et Denon

Les sculptures sont présentées dans les salles du rez-de-chaussée. Au 1er étage, bronzes, vases et statuettes.

Antiquités grecques. – Outre la collection de vases grecs, deux œuvres font la renommée du Louvre : la **Vénus de Milo** (salle 24) original du 2e s. avant J.-C. et les **reliefs du Parthénon** (salles 19 et 20).

Antiquités étrusques. – Apparus en Italie centrale dès le 7e s. av. J.-C., les Étrusques essaimèrent ensuite en Campanie et en Italie du Nord. Leur civilisation connut son apogée au 6e s. Leurs tombes monumentales nous ont restitué leurs objets familiers. Au centre de la salle 12, est exposé le **sarcophage** dit « des Époux » (6e s.), en terre cuite, provenant de la nécropole de Cerveteri.

Antiquités romaines. – Le département possède de très nombreux portraits sculptés, regroupés dans les anciens appartements d'été d'Anne d'Autriche (salles 1 à 5). Les mosaïques et fresques (salles 8 et 9) qui décoraient les palais romains étonnent par leur perfection technique.

Sculptures

Pavillon de Flore, accès Denon ou porte Jaujard (attention, cette dernière est parfois fermée).

Les œuvres ici exposées proviennent essentiellement du décor sculpté des demeures royales ou seigneuriales ainsi que de monuments religieux (saisies révolutionnaires).

Parcours chronologique à partir de l'accès Denon.

Après une salle consacrée à l'art roman (salle 1) une section illustre l'évolution de l'art médiéval gothique en France et dans les pays germaniques (**gisants de Charles Le Bel et Jeanne d'Evreux,** salle 3). Les **Esclaves** de Michel-Ange (déplacés salles 27-28, vers la sortie) sont les pièces maîtresses de la sculpture italienne Renaissance au Louvre. Les œuvres réalisées pour le décor de jardins et de parcs sont regroupées salles 17 et 18. Depuis la construction du musée d'Orsay, seules sont présentées ici, pour le 19e, les œuvres du début du siècle, comme le célèbre **Baiser de l'Amour et Psyché** par Canova (salle 24).

Peinture

Accès : Sully et Denon

École française

Du 14e au 17e s. – *Sully, 2e étage.*

Évolution de la peinture française depuis ses origines (**portrait de Jean le Bon,** 1350, salle 1) jusqu'aux grandes commandes décoratives de Louis XIV destinées à éblouir les cours européennes (**Batailles d'Alexandre** par Lebrun, 1661-65, salle 11). L'humanisme de la Renaissance est illustré par des portraits de Jean Clouet (**François Ier**), du fils François (Pierre Quthe) et François Quesnel (Henri III). Parmi les peintres du 17e s. : Poussin, Le Sueur, Vouet, Le Nain.

18e s. – *Grande Galerie, Denon 1er étage.*

Paysages, tableaux d'histoire et portraits de Watteau, Chardin, Boucher, Fragonard.

19e s. (avant 1848). – *Denon 1er étage.*

Œuvres néo-classiques (Guérin, David) et débuts du Romantisme (Delacroix, Chassériau). Quelques tableaux d'Ingres dont le célèbre Monsieur Bertin.

RMN

Pierrot, dit autrefois Gilles par Jean-Antoine Watteau

Écoles hollandaise et flamande *Denon 1er étage*

Nombreuses toiles de Rembrandt, Ruysdaël. Parmi les flamands Rubens, Jordaens, Van Dyck. Les Petits Cabinets (côté Seine) conservent les œuvres d'un format moins important.

École italienne *Denon 1er étage*

Les primitifs italiens du 13e au 15e s. (Cimabue, Giotto) sont présentés dans la Grande Galerie, à la suite du 18e s. français. Dans la salle des États, œuvres de la Renaissance dont la **Joconde** de Léonard de Vinci.

École espagnole *Denon 1er étage*

Tableaux religieux de Zurbaran, Murillo ; quelques toiles de Goya.

École anglaise *Denon 2e étage*

Œuvres de maîtres du portrait et du paysage : Reynolds et Gainsborough.

Objets d'art

Accès : Sully 1er étage

Outre l'orfèvrerie et ivoirerie médiévale, le département des objets d'arts conserve un abondant mobilier de très haute qualité, souvent estampillé. La **Galerie d'Apollon** expose les joyaux de la couronne, les Régalia (instruments du sacre des Rois de France) et le trésor de Saint-Denis.

LE QUARTIER

Il doit sa renommée à sa richesse architecturale.
En face du Louvre, sur la rive gauche de la Seine, s'alignent les façades de prestigieux monuments.

★**Institut de France.** – *Accès : métro Louvre-Rivoli ou Odéon. Visite réservée aux associations culturelles, sur rendez-vous.*
Il doit son origine au Collège des Quatre Nations fondé par Mazarin. Le palais qui l'abrite, élevé à l'emplacement de l'ancienne tour de Nesle, est l'œuvre de Le Vau (1662). Sa coupole, ses ailes en hémicycle, en font le monument le plus baroque du siècle de Louis XIV. Cinq académies le composent dont l'Académie Française (fondée en 1635 par Richelieu).

Ph. Gaiic, Paris

L'Institut de France

★**Hôtel des Monnaies** ▣. – *Visite de 13 h à 18 h, nocturne le mercredi jusqu'à 21 h. Fermé les lundis et jours fériés (sauf les 8 mai, 1er et 11 novembre). Entrée 15 F. ☎ 40 46 55 35.*
D'abord hôtel de Nevers puis hôtel de Conti, Louis XV choisit d'y transférer la Monnaie. De 1768 à 1775, l'architecte Antoine construit les nouveaux ateliers dans le style néo-classique qui s'impose alors.

Côté rue de Rivoli

★★**Palais-Royal.** – *Accès : métro Palais Royal-Musée du Louvre. L'intérieur ne se visite pas.*
Il abrite le Conseil d'État. Construit en 1632 par Jacques Le Mercier pour Richelieu, le Palais-Cardinal devient Palais-Royal en 1642, puis propriété de la maison des Orléans. Les jardins sont encadrés par les façades de Victor Louis, également architecte du théâtre de la Comédie Française.

★★**Musée des Arts Décoratifs** ▣. – *Accès : métro Palais-Royal 107, rue de Rivoli. Visite de 12 h 30 (11 h le dimanche) à 18 h. Fermé les lundis, mardis et certains jours fériés. Entrée : 23 F. ☎ 42 60 32 14.*
Mobilier, tapisserie, orfèvrerie, vaisselle, ainsi que peinture et sculpture. Grâce à la donation Dubuffet, ensemble exceptionnel d'œuvres de cet artiste.

Du Louvre pour se rendre dans le quartier de Beaubourg et du Marais bus 76, métro ligne 1, direction Château de Vincennes (stations Châtelet, Hôtel-de-Ville ou Saint-Paul.

Le MARAIS★★★

Le quartier du Marais donne une image sans pareille de la capitale. Bien différent du Paris aux larges perspectives, ses rues étroites bordées d'hôtels particuliers laissent une impression plus intimiste et très appréciable.

★★PLACE DES VOSGES

Accès : métro Saint-Paul ou Chemin Vert.

C'est la plus ancienne place monumentale de Paris.

L'hôtel des Tournelles. – En 1407, après l'assassinat du duc d'Orléans, la Couronne acquiert ici l'hôtel des Tournelles. Charles VII s'y fixe. Louis XII y termine ses jours. Après la mort de Henri II en tournoi, Catherine de Médicis le prend en horreur et le fait détruire.

La place Royale. – Après avoir envisagé d'y établir une manufacture de soie, Henri IV projette en 1605 de transformer cet endroit abandonné en un beau quartier. Reprenant une idée de Catherine de Médicis, il conçoit une vaste place carrée dont tous les pavillons « seront bastiz d'une même cimettrie ». Quand les travaux – probablement confiés à Métezeau – sont terminés, en 1612, la « Place Royale » devient le centre de la vie élégante, des carrousels et des plaisirs, le rendez-vous des duellistes qui bravent l'interdiction de Richelieu. En 1627, Montmorency-Bouteville et des Chapelles qui se sont battus sous les fenêtres du Cardinal sont décapités en place de Grève.

A la Révolution, le lieu est baptisé place de l'Indivisibilité et la statue de Louis XIII envoyée à la fonte (elle sera remplacée en 1818). Le nom de place des Vosges apparaît en 1800, pour honorer le département qui a, le premier, acquitté les impôts.

Place des Vosges

Ph. Gajic, Paris

La place actuelle. – Les 36 pavillons, en dépit des réfections, ont conservé leur ordonnance originale : alternance de pierre et de revêtement de fausse brique, rez-de-chaussée à arcades, deux étages surmontés d'un toit d'ardoise, en pente très raide, percé de lucarnes, arrière-cours et jardins cachés.

La construction la plus importante est le **pavillon du Roi**, au centre de la face Sud, auquel répond, au Nord, le **pavillon de la Reine**. La décoration en est très sobre. La place est aujourd'hui un lieu de promenade très aimé des Parisiens.

★HOTEL CARNAVALET

De la place des Vosges, prendre la rue des Francs-Bourgeois. Entrée au n° 23 rue de Sévigné.

Elevé à partir de 1548 pour Jacques des Ligneris, président au Parlement, l'hôtel passe à la veuve du sire de Kernevenoy, membre du fameux « escadron volant » de la reine Margot. Le nom, déformé, devient Carnavalet. En 1660, François Mansart donne à la construction Renaissance son aspect actuel. Marie de Rabutin, marquise de Sévigné, loue l'hôtel de 1677 à 1696. Puis Carnavalet voit passer des financiers et des magistrats avant d'abriter, sous la Restauration, l'École des Ponts et Chaussées. Les bâtiments qui bordent les trois jardins sont du 19e s. Au centre de la cour trône une **statue**★ de Louis XIV par Coysevox (17e s.).

En 1989, l'hôtel Carnavalet a été relié à l'hôtel contigu Le Peletier de Saint-Fargeau, construit en 1690 sur plans de Pierre Bullet. C'est dans ces deux hôtels que sont installées les collections du musée Carnavalet.

★★**Musée Carnavalet** ▣. – *23 rue de Sévigné. Visite tous les jours de 10 h à 17 h 40, sauf les lundis et jours fériés. Entrée : 15 F, gratuit le dimanche. ☎ 42 72 21 13. Une librairie (à droite après le porche d'entrée) est spécialisée dans les ouvrages sur Paris.* Le musée est consacré à l'histoire de Paris. Le parcours chronologique conduit les visiteurs des salles archéologiques jusqu'aux vues de Paris par les peintres contemporains.

★**Hôtel Salé.** – L'édifice fut construit entre 1656 et 1659 pour Pierre Aubert, seigneur de Fontenay, fermier de la gabelle, d'où le nom d'hôtel Salé que lui a donné la malice parisienne. Habité au 18e s. par la famille de Juigné, l'hôtel abrita l'Ecole Centrale (1829 à 1884) puis l'Ecole des Métiers d'Art de 1944 jusqu'en 1969. Il a été restauré par l'architecte Simounet pour recevoir la dation Picasso. A l'intérieur a été conservé un bel escalier à rampe de fer forgé et à plafond sculpté.

★★**Musée Picasso.** – *5 rue de Thorigny. En venant de l'hôtel Carnavalet, prendre la rue Payenne. Ouvert tous les jours sauf le mardi, de 9 h 15 à 17 h 15. Nocturne le mercredi jusqu'à 22 h. Entrée : 23 F, 12 F le dimanche. 42 71 25 21. Au rez-de-chaussée, librairie du musée et cafétéria.*

La richesse du musée est due à une première dation complétée en 1990 par celle de Jacqueline Picasso.

Né à Malaga le 25 octobre 1881, Pablo Ruiz Picasso étudie à l'école des Beaux-Arts de Barcelone, puis à Madrid. En 1904, il vient s'installer en France qu'il ne quittera plus sauf pour de brefs séjours à l'étranger. Il meurt à Mougins le 8 avril 1973.

La visite commence par le 1er étage avec l'« Autoportrait bleu » et suit chronologiquement sa vie étroitement liée à son travail *(panneaux explicatifs)*. Toutes les étapes de son évolution et toutes les techniques sont représentées, parmi lesquelles les études pour les Demoiselles d'Avignon, la Nature morte à la chaise cannée, la Flûte de Pan. Il faut y ajouter la collection personnelle de Picasso composée d'une cinquantaine d'œuvres d'artistes qu'il admirait : Braque, Cézanne, Rousseau, etc. et qui forme la donation Picasso.

Si vous avez le temps

★★**Hôtel de Soubise.** – *60 rue des Francs-Bourgeois*
Décoration intérieure du 18e s. caractéristique du rococo français.

★★**Hôtel de Rohan.** – *87 rue Vieille-du-Temple.*
Hôtel du 18e s. (architecture et décor intérieur).

★**Église St-Paul - St-Louis.** – *99 bis rue Saint-Antoine.*
Architecture baroque du 17e s. inspirée de l'Eglise de Gesù à Rome.

Du Marais pour rejoindre les quartiers de la rive gauche : bus 96 (il traverse la Seine).

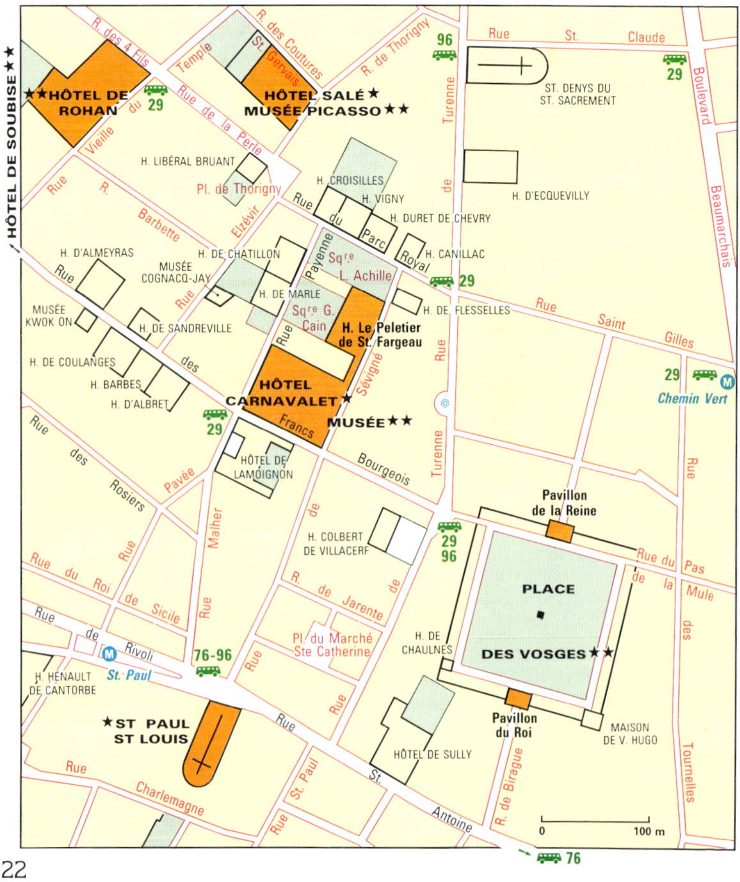

NOTRE-DAME***

Accès : métro Cité, RER Saint-Michel.

Du square Viviani sur la rive gauche de la Seine, ce chef-d'œuvre d'art gothique offre au regard le résumé fascinant de tout le savoir des artistes et artisans du Moyen Age.

L'histoire de Notre-Dame. – La cathédrale a été fondée par l'évêque de Paris, Maurice de Sully. Avec Saint-Denis, c'est une des premières architectures à contreforts en Europe. Cependant, à l'intérieur, les tribunes témoignent du lien de ce premier art gothique avec l'architecture romane. La construction débute en 1163 par le chœur ; une trentaine d'années seront nécessaires pour atteindre, vers 1210, la façade occidentale, objet d'un ambitieux programme sculpté. La cathédrale est modifiée au 13e s. puis au 14e s. : construction de chapelles rayonnantes, allongement du transept, création des portails de la Vierge (au Nord) et de saint Étienne (au Sud). Les travaux prennent fin vers 1345. Très endommagée par les révolutionnaires pour qui elle symbolisait l'ordre royal et religieux, Notre-Dame a été restaurée au 19e s. par Viollet-le-Duc.

Un lieu de cérémonies. – De l'époque de sa construction à nos jours Notre-Dame est restée le théâtre de grandes cérémonies politiques et religieuses comme le sacre de Napoléon Ier par Pie VII le 2 décembre 1804 ou, plus récemment, le Te Deum du 26 août 1944 et la messe de Jean-Paul II en mai 1990.

Ph. Gajic, Paris

Façade de Notre-Dame

Donnant sur la place du parvis où se jouaient les mystères au Moyen Age, la façade se compose de 3 étages que séparent la Galerie des Rois au-dessus des portails et la Grande Galerie à la base des Tours.

Les portails. – Les trois portails doivent leur nom à la scène biblique illustrée à chacun des tympans : à gauche le Couronnement de la Vierge, au centre le Jugement dernier, à droite sainte Anne.

Étage de la Rose. – La rose mesure 10 m de diamètre. La verrière date du 19e s.

Les tours. – Elles surplombent Paris à 69 m du sol. La tour Sud abrite « Emmanuel » le fameux bourdon de 13 tonnes.

Ascension ▣. – *Accès au pied de la tour Nord. 386 marches (compter 5 à 10 mn). Ouvert de 10 h à 18 h (17 h du 1er octobre au 31 mars). Caisses fermées 1/2 h avant. Fermeture les 1er janvier, 1er mai, 1er et 11 novembre et 25 décembre. Entrée : 30 F.*
La **vue***** permet de découvrir la flèche, l'architecture extérieure de Notre-Dame mais aussi tout Paris. Musée-vidéo dans la tour Sud.

Intérieur de Notre-Dame

Notre-Dame mesure 130 m de long, 48 m de large et 35 m de haut. Son plan est celui d'une nef à doubles bas-côtés avec transept et double déambulatoire. Les piliers intérieurs (1) qui soutiennent les tours atteignent 5 m de diamètre. Les vitraux, posés en 1965, reprennent les procédés et les coloris médiévaux.

Chapelles. – Elles sont décorées par les « Mays », don traditionnel de la corporation des orfèvres au mois de mai. Certains étaient commandés à de très grands peintres comme Le Brun (**2-3**) ou Lesueur (**4**).
A gauche, pierres tombales d'un chanoine du 15e s. (**5**) et du cardinal Amette (**6**).

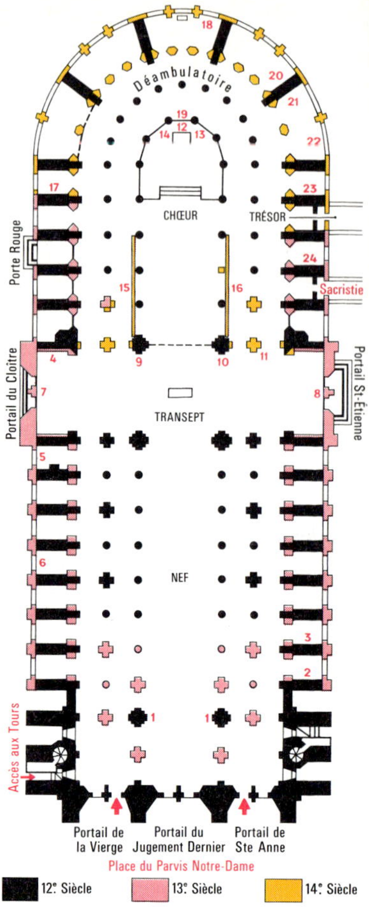

Transept. – Grâce aux contreforts qui soutiennent la construction, les murs ont pu être ajourés de verrières exceptionnellement larges (13 m de diamètre). La rose Nord (**7**) presque intacte depuis le 13e s., montre des personnages de l'Ancien Testament entourant la Vierge. A la Rose Sud (**8**), restaurée, le Christ trône parmi les anges et les saints.
A l'entrée du chœur, saint Denis (**9**) par N. Coustou, répond à la belle **Vierge à l'enfant** (**10**), dite « Notre Dame de Paris » (14e s.), qui provient de la chapelle St-Aignan. Près de là, une inscription sur le sol rappelle la conversion de Paul Claudel (**11**).

Chœur. – Après vingt-trois ans de mariage, Louis XIII, n'ayant pas d'enfant, consacre la France à la Vierge (1638), vœu symbolisé par une nouvelle décoration du chœur que réalise Robert de Cotte. Il en subsiste les stalles et une Pietà (**12**) de Coysevox flanquée de Louis XIII (**13**) par Guillaume Coustou et de Louis XIV (**14**) par Coysevox.
La clôture de pierre du chœur fut tronquée à cette occasion : les **bas-reliefs** du 14e s., restaurés par Viollet-Le-Duc, ne comportent plus que des scènes de la vie du Christ (**15**) et de ses apparitions (**16**).
Evêques et archevêques de Paris sont enterrés dans la crypte, sous le chœur.
Monuments funéraires du déambulatoire :
17) Mgr de Juigné, archevêque de Paris sous la Révolution. Dans cette chapelle fut enterré Pierre Lescot.
18) Mgr Pierre de Gondi, ancêtre du cardinal de Retz. En un siècle, la famille de Gondi donna quatre archevêques à l'église.
19) Le gisant d'un évêque du 14e s.
20) Mgr Darboy, fusillé comme otage par la Commune de 1871.
21) Le mausolée du duc d'Harcourt, par Pigalle.
22) L'orant de Jean Juvénal des Ursins et de sa femme.
23) Mgr Sibour, assassiné en 1857.
24) Mgr Affre, tué pendant les émeutes de 1848.

Trésor. – *Visite de 9 h 30 à 18 h. Fermé les dimanches, jeudi de l'Ascension, 15 août, 1er novembre et 25 décembre. Entrée : 15 F.*

★LE QUARTIER

L'île de la Cité ainsi que tout le quartier de Notre-Dame ont joué, dans l'histoire, un rôle important dont témoignent de nombreux monuments.

★★★**Palais de Justice.** – *Accès métro Cité. Visite de 9 h à 18 h sauf les samedis, dimanches et jours fériés.*
Le « Palais », siège séculaire de l'autorité civile et judiciaire, fut la résidence des gouverneurs romains, des rois mérovingiens, des enfants de Clovis, l'atelier monétaire de Dagobert, la forteresse du comte Eudes. Il devint ensuite le palais royal du Moyen Age, résidence des premiers Capétiens. Saint Louis y avait son appartement. Philippe le Bel chargea Enguerrand de Marigny de construire la Conciergerie, d'agrandir et d'embellir le palais dont les salles gothiques inaugurées en 1313 firent la réputation. Plus tard, Charles V y éleva la tour de l'Horloge qui porta la première horloge publique de Paris ;

il y installa le Parlement, cour suprême de Justice du royaume auquel Charles VII abandonna les locaux. De cette période subsistent la salle des gens d'armes et ses beaux chapiteaux, la salle des gardes aux magnifiques piliers et les cuisines aux monumentales cheminées d'angles.
La grande salle du premier étage restaurée par Salomon de Brosse, après l'incendie de 1618, le fut à nouveau en 1840 et après l'incendie de 1871. La première chambre du tribunal civil est l'ancienne Grand'chambre du parlement ; celle des lits de Justice, celle en particulier où Louis XIV, âgé de 16 ans, vint dicter ses ordres au parlement et où en 1788 le parlement demanda la convocation des Etats Généraux. Le tribunal révolutionnaire y siégea.

★★★**Sainte-Chapelle** 🎫. – *Accès : métro Cité. Visite de 9 h 30 à 18 h 30 du 1er avril au 30 septembre ; le reste de l'année de 10 h à 16 h 30. Fermée les 1er janvier, 1er mai, 1er et 11 novembre et 25 décembre. Entrée : 24 F. Billet jumelé entrée Sainte-Chapelle et Conciergerie : 40 F. ☎ 43 54 30 09.*
Par sa légèreté et sa clarté, la Sainte-Chapelle est le chef-d'œuvre, à la fois technique et esthétique, du gothique rayonnant. L'architecte a poussé là, jusque dans ses applications les plus hardies, la logique du style gothique et, servi par les dimensions restreintes de l'édifice, il a réussi à en assurer l'équilibre par de simples contreforts lestés de pinacles.
La chapelle fut élevée par Pierre de Montreuil, en moins de trois ans, à la demande de Saint Louis et dans son palais même, pour abriter les insignes reliques de la Passion qu'il venait d'acquérir ; elle fut consacrée le 25 avril 1248. Comme d'autres chapelles palatines antérieures (Laon, Meaux), elle comprend deux étages : celui du souverain et, au rez-de-chaussée, celui du personnel du palais.

Vitraux. – La chapelle haute se présente comme une châsse dont les parois ont fait place à un ensemble éblouissant de vitraux garnissant tout l'intervalle entre les contreforts. Ils couvrent 618 m^2, comptent 1134 scènes dont 720 sont encore d'origine et s'élèvent sur 15 m de hauteur. En 1240, les vitraux de Chartres sont achevés ; le roi fait donc appel aux maîtres verriers devenus disponibles pour garnir le fenestrage de sa chapelle. Ainsi s'explique la parenté des deux réalisations : scènes qui garnissent les médaillons, lumineuse coloration qui éclipse la simplicité du dessin et de la composition.
Les sujets ont pour thème l'exaltation de la Passion, son annonce par les grands prophètes et Jean-Baptiste et les scènes bibliques qui la préfigurent. Nous ne connaissons la rose rayonnante d'origine que par une miniature des Très Riches Heures du duc de Berry. La rose actuelle, commandée par Charles VII à l'époque flamboyante, illustre l'Apocalypse de saint Jean ; elle marque son époque par le dessin de ses lancettes et par la peinture nuancée du verre qui a remplacé le procédé ancien de juxtaposition de petits carreaux colorés dans leur masse.

★★**Conciergerie** 🎫. – *Accès, horaires, tarifs : mêmes conditions que pour la Sainte-Chapelle.* La Conciergerie devint, sous la Terreur, l'antichambre de la guillotine, et abrita jusqu'à 1 200 détenus à la fois. Les pièces les plus émouvantes en sont la galerie des Prisonniers, le cachot de Marie-Antoinette et la chapelle des Girondins.

De l'autre côté de la Seine

Quartier latin. – C'est le quartier « intellectuel » de la capitale. La Sorbonne, le Collège de France comptent parmi ses plus illustres bâtiments.

Quartier St-Séverin. – Ce vieux quartier de la rive gauche est réputé par sa belle **église**★, ses rues étroites où se sont multipliés cabarets, « caves », galeries d'art et cinémas d'essai, ainsi que par son animation nocturne.

Boulevard Saint-Germain. – Près de la place St-Germain-des-Prés, à droite, le café des Deux-Magots et le café de Flore doivent leur renommée aux hommes de lettres et artistes de la rive gauche. En face, la brasserie Lipp (**n° 151**) est fréquentée par les écrivains, les hommes politiques et les célébrités du jour. Du même côté du boulevard, de vieux hôtels du 18e s. subsistent, notamment aux nos **159** et **173**.

★★**Église Saint-Germain-des-Prés.** – Cette église abbatiale romane du 11e s. a été modifiée jusqu'au 18e s., sans rien perdre de sa splendeur.

★**Place de Furstemberg.** – Elle fut créée par le cardinal de ce nom en 1699. Cette harmonieuse petite place au charme suranné, ombragée de paulownias, est avec son réverbère à boules blanches l'un des endroits les mieux préservés de Paris.
En s'avançant jusqu'au bout de la petite rue de Furstemberg, de l'angle de la rue Jacob, on découvre une ravissante **perspective** sur la place avec en toile de fond la masse imposante de l'ancien **palais abbatial** (16e-17e s.).

L'OPÉRA***

**OPÉRA GARNIER

Accès : métro Opéra, RER Auber.

Au cœur du Paris d'Haussmann l'Opéra reste un symbole du désir de faste et d'apparat du Second Empire. Avec l'Opéra-Bastille consacré à l'art lyrique, c'est de nos jours la première scène française par le prestige de sa troupe et de son corps de ballet.

Construction et décor. – En 1860 le jeune architecte Charles Garnier, prix de Rome encore inconnu, remporte le concours pour la construction d'un nouvel Opéra : il évince ainsi le favori de l'Impératrice Viollet-le-Duc. Maître du projet architectural, Garnier supervise également toute la décoration, intérieure et extérieure, où règnent le luxe, la profusion et la polychromie. Les plus grands peintres, sculpteurs et ornemanistes y participent. Sur la façade, le groupe sculpté de Carpeaux « La Danse » (copie, l'original est au musée d'Orsay), aujourd'hui l'un des plus admirés, fit scandale lors de sa mise en place. Longs et coûteux, interrompus par la guerre de 1870, les travaux prennent fin en 1875. Garnier a rêvé de créer un « style Napoléon III » s'opposant aux pastiches d'œuvres anciennes pratiqués à l'époque. Mais son monument n'a pas fait école. L'édifice n'en constitue pas moins la plus belle réussite monumentale du Second Empire.
La superficie de cet immense théâtre est de 11 000 m². La scène peut contenir 450 figurants.

L'Opéra Garnier

Ph. Gajic, Paris

Intérieur. – *Accès par la façade principale, place de l'Opéra. Visite de 11 h à 16 h 30. Fermé les jours fériés, les jours de représentation en matinée et en août. Entrée : 25 F. ☎ 40 17 33 33.*
Au sein du fastueux décor peint et sculpté, le **Grand Escalier** frappe l'imagination par sa monumentalité. En dehors des répétitions on peut voir la **salle** dont le plafond, peint par Chagall, a été mis en place en 1964.

***LE QUARTIER DE L'OPÉRA

Place de l'Opéra. – Haussmann n'a pas voulu que la place de l'Opéra soit un simple décor, mettant en valeur l'« Académie Nationale de Musique ». Il a créé et fait aboutir à cet endroit une série de voies qui l'ont transformée en plaque tournante.
L'opinion accusa le Préfet d'avoir vu trop grand. Le carrefour semblait immense. Il n'est plus à l'échelle de la circulation actuelle qui, en ce point, atteint la frénésie.
Proche de la place, rue Scribe, le **Café de la Paix** est le lieu idéal où faire une pause.

****Place Vendôme.** – *A 1/4 h de marche environ de l'Opéra.*
Vaste place royale conçue par Louvois vers 1680, la place Vendôme conserve toute la majesté de ses origines. Le plan en est dû à Jules-Hardouin Mansart, architecte qui travailla également à Versailles. Une statue équestre de Louis XIV par Girardon occupait le centre de la place. Elle a été détruite sous la Révolution. Les bâtiments entourant la place datent du 18e s.
En 1810, Napoléon fit ériger la **colonne Vendôme** qui imite la colonne Trajane à Rome ; son enveloppe de bronze a été fondue avec les 1 250 canons pris à Austerlitz.

Le cœur commercial de Paris. – C'est essentiellement le commerce qui fait aujourd'hui la renommée et l'intérêt du quartier.

De l'Opéra pour se rendre au Louvre : bus 27, métro ligne 7, direction Mairie d'Ivry (station Palais Royal-Musée du Louvre).

Musée D'ORSAY***

Accès : métro Solférino, RER Musée d'Orsay (ligne C).

De la gare au musée

Construite en 1900 par l'architecte Victor Laloux, la gare d'Orsay désaffectée a été choisie en 1977 pour accueillir un nouveau musée consacré au 19e siècle (1848-1914). Tout en l'adaptant à ses nouvelles fonctions les architectes P. Colboc, R. Bardou, et M.P. Philippon ont respecté l'architecture originale. Les aménagements et la décoration intérieure sont l'œuvre de Gae Aulenti. Le musée a été inauguré le 1er décembre 1986.

VISITE

Entrée principale : *1 rue de Bellechasse. Entrée de Grandes Expositions sur le quai. Entrée du restaurant après la fermeture du musée : 62 bis rue de Lille. Ouvert de 9 h (10 h en semaine du 20 septembre au 20 juin) à 17 h 15 ; le jeudi jusqu'à 21 h. Fermé le lundi et les 1er janvier, 1er mai et 25 décembre ; 31 F, le dimanche 15 F ; répondeur informations générales ☎ 45 49 11 11. Des visites guidées du musée ont lieu tous les jours à 11 h et 13 h et en outre le jeudi à 19 h. « Une œuvre à voir », présentation d'une œuvre tous les jours à 12 h 30, rendez-vous au comptoir d'accueil des groupes 15 mn avant le départ. Des carnets-parcours permettent une visite rapide axée sur un thème.*

Pour faciliter la visite : *il est conseillé de se munir d'un plan du musée, disponible au comptoir d'accueil avant les caisses. Acoustiguides : 25 F.*

Rez-de-chaussée

Sculpture 1850-1870 *Nef centrale*

L'influence du Beau Idéal, inspiré de l'antique, marque alors fortement l'art des sculpteurs. Les œuvres exposées dans la nef montrent la suprématie du goût académique (Sapho, de Pradier). Peu à peu, le romantisme puis le réalisme vont faire évoluer les sujets et le style : l'art de Carpeaux *(regroupé au fond de la nef et salle à droite)* témoigne de cette évolution vers plus de naturalisme et d'expressivité (Ugolin).

La peinture 1830-1870

De part et d'autre de la nef des salles sont consacrées soit à un peintre, soit à un thème (réalisme, orientalisme).
A droite. Ingres et ses élèves représentent le courant classique, par opposition au romantisme des peintres tels que Delacroix ou Chasseriau. Plus avant, toiles de Puvis de Chavannes et Gustave Moreau, précurseurs du Symbolisme.
A gauche. La collection Chauchard (legs indivisible) possède de nombreux paysages de l'Ecole de Barbizon par Corot, Millet, Daubigny. Les autres salles sont consacrées au réalisme de Courbet à l'œuvre de jeunesse des impressionnistes, Fantin-Latour, Whistler, Manet ainsi qu'à la collection Personnaz (Guillaumin, Monet, Pissarro, Sisley).

Les arts décoratifs 1850-1880

Milieu de la nef, partie droite, derrière les salles de peinture pré-symboliste. Meubles, objets d'art et orfèvrerie qui se réfèrent et parfois pastichent la Renaissance ou le Classicisme. C'est le triomphe de l'éclectisme. De nouveaux procédés techniques, comme la galvanoplastie, et l'essor de l'industrie sont à la base de cette production.

D'après photo PIX, Paris

Gare d'Orsay

Architecture 1852-1870

Au fond de la nef centrale, maquettes d'édifices (Opéra Garnier).

La visite se poursuit au niveau supérieur (suite chronologique). Accès par l'escalator au fond de la nef.

Niveau supérieur

L'impressionnisme après 1870

Dans les années 70 l'impressionnisme est un mouvement d'avant-garde, méprisé par le pouvoir officiel. Les peintres organisent eux-mêmes des expositions de 1874 à 1886 afin de se faire connaître et tenter de vendre leurs œuvres, souvent sans succès. La nouveauté de leur art tient aux sujets représentés mais aussi à la technique picturale : touche « impressionniste » qui rend les palpitations de la lumière sur la matière. Les œuvres sont regroupées par artiste, sauf quand elles proviennent d'une collection léguée, indivisible (collection Moreau-Nélaton, collection Gachet). Toiles de Monet, Pissarro, Sisley, Degas, Manet, Renoir, Cézanne et Van Gogh.

Le néo-impressionnisme

L'École de Pont-Aven. – Inspirés par les arts primitifs les artistes de Pont-Aven procèdent par larges aplats de couleur souvent pure. Gauguin a commencé son œuvre parmi ces peintres.

Le divisionnisme. – Poussant à leur paroxysme les recherches impressionnistes sur la couleur, ces peintres, comme Seurat (le Cirque) ou Signac (Femmes au Puits), couvrent la toile de petites touches juxtaposées de couleur pure.

Les Nabis. – Ce mouvement naît en 1880 à Pont-Aven avec le « Talisman » peint par Sérusier qui communique son enthousiasme à ses camarades, créant le cercle des nabis (mot hébreu signifiant prophète).

Redescendre au niveau médian, dernière partie de la visite.

Niveau médian

Il est partiellement aménagé dans l'ancien hôtel de la gare qui conserve son fastueux décor 1900.

Décors et commandes officielles de la IIIe République. – *Prendre à gauche en venant de l'escalator.*

L'Académisme en peinture. – Souvent de très grand format, les toiles ici exposées répondaient à des commandes de l'administration pour des édifices publics. C'est, par contraste avec l'impressionnisme contemporain, le triomphe des grands sujets d'histoire ou de mythologie comme la Naissance de Vénus par Bouguereau (salle des Fêtes) ou d'histoire (Caïn par Cormon).

Sculpture monumentale. – Sous la IIIe République, un mouvement de « statuomanie » couvre les places publiques de monuments commémoratifs souvent allégoriques. Projets, maquettes, et sculptures de Barrias et Dalou en témoignent.

L'Art Nouveau en France et en Belgique. – Le désir de s'affranchir des références au passé et de s'exprimer dans un style neuf est à l'origine du principal mouvement qui se développa en Europe, vers 1890, surtout dans l'architecture et les arts appliqués : l'Art Nouveau ou Modern Style. Ce courant lié aux progrès industriels est caractérisé par une profusion de formes sinueuses au décor végétal.
« L'Art dans le tout », ce concept fondamental de l'Art Nouveau, conduit les artistes à s'associer. Mouvement d'artistes et d'artisans constitué sous l'impulsion d'Emile Gallé, l'Ecole de Nancy est le point de départ de l'Art Nouveau français. Les œuvres en verre de Lalique et Gallé, le mobilier de Carabin, Guimard, ou Van de Velde sont les plus représentatives de ce courant.

Vers le 20e s. – L'aile droite permet l'évocation des dernières tendances artistiques du 19e s., prélude à l'art du 20e s. En sculpture, le « retour au style » opéré par Bourdelle et Maillol se lit dans les volumes simples aux formes épurées. A l'aube du 20e s la peinture des nabis change : les couleurs sont plus douces et le dessin plus élaboré (Maurice Denis, Valloton, Vuillard, Bonnard).

Naissance du cinématographe. – Au fond de l'aile à gauche. Evocation de l'œuvre des frères Lumière.

Du Musée d'Orsay pour se rendre aux Invalides : bus 63, RER ligne C direction Versailles - Saint-Quentin (station Invalides). Pour se rendre à Notre-Dame : bus 24, RER ligne C direction Massy-Palaiseau (station St-Michel).

La TOUR EIFFEL★★★

Accès : métro Bir-Hakeim, RER Champ-de-Mars.

Sa charpente métallique à l'aspect futuriste est devenue l'emblème de la capitale dans le monde entier.

Un chef-d'œuvre de technologie. – Construite de 1887 à 1889 sur les plans de l'ingénieur Gustave Eiffel, cette tour était alors le plus haut édifice du monde (300 m). Trois cents monteurs acrobates assemblèrent les 2 millions 1/2 de rivets, et plus de 5 000 dessins préparatoires furent nécessaires. Hostiles à une telle nouveauté dans le paysage parisien, nombre d'artistes et d'écrivains rédigèrent la protestation dite des « 300 ». Parmi eux Charles Garnier, Maupassant. Mais la tour fascina aussi peintres et poètes tels Apollinaire, Cocteau, Dufy. Aujourd'hui les aménagements de la cabine de télévision ont porté la hauteur de la tour Eiffel à 320,75 m. Elle pèse 7 000 tonnes.

A. Eli, Paris

La Tour Eiffel

Ascension : *de 10 h à 23 h (9 h 30 à 24 h du 1er juillet au 9 septembre). Prix par l'ascenseur : 1er étage 17 F, 2e étage 34 F, 3e étage 51 F ; par les escaliers (pilier sud) : 1er et 2e étages 8 F. ☏ 45 55 91 11.*

A la **vue**★★★ panoramique du sommet (276 m) on pourra préférer celle du 2e étage (115 m). Les monuments restent visibles avec précision ; des cartels explicatifs permettent d'identifier les architectures de la capitale. Au même étage, café, restaurant, boutique et bureau de poste *(ouvert de 10 h à 19 h 30 ; le courrier porte la flamme spécifique de la Tour Eiffel).*

Au 1er étage (57 m) un petit musée avec audio-visuel (durée : 20 mn environ) retrace l'histoire de la tour *(entrée gratuite).*

LE QUARTIER

La renommée de la Tour Eiffel ne doit pas éclipser les autres monuments voisins.

★★**Palais de Chaillot.** – *Accès : métro Trocadéro.*
Ce vaste ensemble monumental a été construit en 1937, sur le site du Trocadéro, par les architectes Carlu, Boileau et Azéma. Depuis la terrasse, la **vue**★★★ s'étend jusqu'au Champ-de-Mars.
Le Palais de Chaillot regroupe une cinémathèque et plusieurs **musées** : musée de la Marine, musée des Monuments Français, musée de l'Homme et musée du Cinéma Henri-Langlois.

★**Champ-de-Mars.** – Entre la Tour Eiffel et l'Ecole Militaire cet ancien champ de manœuvres a été transformé en jardin par J.C. Formigé au tout début du 20e s.

★★**École Militaire.** – Elle ferme la perspective du Champ-de-Mars. Construite au milieu du 18e s. par J.A. Gabriel, l'école donnait une formation d'officier aux gentilshommes issus de milieu pauvre, protégés par Mme de Pompadour. Bonaparte y sera admis en 1784. La Révolution supprime l'institution, mais les bâtiments, agrandis au 18e s. ont conservé leur destination militaire, à la fois comme caserne et comme centre de formation.

De la Tour Eiffel pour se rendre au Trocadéro : bus 82, métro ligne 6, direction Charles-de-Gaulle-Etoile (station Trocadéro).

Château de CHAMPS★

Carte Michelin n° 101 sud du pli 19

Construit à la fin du règne de Louis XIV, le château de Champs constitue un modèle d'architecture et de décoration du 18e s.

★★**Le parc** ⊠. – *Ouvert toute l'année de 9 h 30 à 18 h 30. Fermé les mardis, 1er janvier, 1er mai, 1er et 11 novembre et 25 décembre.*
Chef-d'œuvre du jardin français dont on admirera les perspectives, les parterres de « broderies », les bassins et les bosquets.

★**Le château** ⊠. – *Visite accompagnée (3/4 h) toute l'année de 10 h à 12 h et de 13 h 30 à 17 h 30 (dernière visite à 16 h 45). Fermé les mardis, 1er janvier, 1er mai, 1er et 11 novembre et 25 décembre. 23 F. ☎ 60 05 24 43.*
Terminé en 1716, le château est remarquable par le souci du confort qui apparaît dans son aménagement. Les pièces cessent de se commander, les dégagements sont bien étudiés, chaque chambre possède un cabinet et une garde-robe. Au 1er étage, on remarque les magnifiques **boiseries**★ rocaille d'un salon d'angle et au rez-de-chaussée le **salon chinois**★★ orné de « chinoiseries » par Huet.

Château de FERRIERES★

Carte Michelin n° 106 sud du pli 21, 22

Domaine de la famille de Rothschild, le château de Ferrières fut célèbre sous le Second Empire tant pour sa splendeur que pour l'éclat des réceptions qui y étaient données.

Un lieu dédié à la chasse et aux arts. – L'architecte anglais Joseph Paxton, alors déjà célèbre pour le Crystal Palace de Londres, construit le château de 1855 à 1859 pour James de Rothschild, soucieux d'élever une demeure digne de ses collections d'art – aujourd'hui dispersées – et répondant à son goût du faste. La décoration intérieure est confiée au Français Eugène Lami.
Le château a reçu des hôtes illustres, comme Napoléon III le 16 décembre 1862. Charmé, l'empereur planta dans le parc un séquoia commémoratif que l'on peut toujours admirer. Le 19 septembre 1870, après le désastre de Sedan, Jules Favre tenta en vain de négocier un armistice avec Bismarck au cours de « l'entrevue de Ferrières ».
En 1977, le baron Guy et la baronne Marie-Hélène de Rothschild ont légué le château – après l'avoir remis en état – ainsi qu'une partie du domaine, à la chancellerie des Universités de Paris.

Visite accompagnée (1/2 h) du 1er mai au 30 septembre de 14 h à 19 h. Fermé les lundis et mardis. 15 F (accès au parc compris). Parc seul : 11 F (mêmes horaires). ☎ 64 66 31 25.
C'est un quadrilatère élevé sur un soubassement et flanqué, aux angles, de tours carrées. Il reprend librement le vocabulaire architectural de la Renaissance, mêlant balustres, colonnades et galeries, conformément au goût éclectique du Second Empire. La façade d'apparat, la plus « anglaise » donne sur le lac.

Intérieur. – Le porche d'entrée, timbré du chiffre (J.R.) du baron James et du blason de la famille (les cinq flèches des Rothschild) précède un pavillon d'horloge. Par l'escalier d'honneur, on gagne le hall central baigné de lumière grâce à un éclairage zénithal, à 12 m de haut. Au-dessus de la porte d'accès, la tribune des musiciens repose sur des atlantes et cariatides en marbre noir et bronze, motif favori des décors Second Empire.
Dans le salon Bleu, ouvrant sur le parc, remarquer les bustes de l'impératrice Eugénie et de Betty (Bettina) Rothschild, première maîtresse des lieux. Dans le salon Louis XVI, E. Lami a su recréer le charme du 18e s. par des lambris blanc-rosé et un plafond d'après Boucher. L'étage est réservé aux chambres.

★**Parc.** – C'est un parc à l'anglaise, dessiné par Paxton. Les essences privilégiées sont des conifères ornementaux, cèdres du Liban, cèdres de l'Atlas, et séquoias (essence introduite en France vers 1850). Autour du lac, remarquer les cyprès chauves.

FONTAINEBLEAU***

Carte Michelin n° 106 plis 45, 46

Le nom de Fontainebleau garde une origine mystérieuse : il serait dérivé de Bliaut, chien de meute royale ayant découvert une source en ce lieu, ou de Fontaine-belle-eau, pour la pureté de cette source...
Témoin d'un long passé monarchique du 12e au 19e s., Fontainebleau est aussi une ville moderne qui accueille diverses institutions militaires et équestres, conformément à une tradition jamais interrompue.

***LE PALAIS

Comme maintes résidences royales, le château est à l'origine, au 12e s., un simple pavillon de chasse au sein d'une forêt giboyeuse. En 1169 Thomas Becket, alors en exil en France, consacre la chapelle pour Louis XII. Philippe le Bel naît à Fontainebleau en 1268 et y meurt en 1314. Peu à peu transformé en somptueuse résidence, le palais gardera la faveur des souverains jusqu'à Napoléon III.

Le souffle de la Renaissance. – Au retour de la captivité de Madrid, en 1525, François Ier délaisse le Val de Loire et privilégie ses résidences d'Ile-de-France. En 1528 les bâtiments médiévaux du château sont détruits – hormis le vieux donjon – pour faire place aux constructions de Gilles Le Breton : cour ovale à l'Est, basse-cour à l'Ouest, reliées par une galerie.
Influencé par ses voyages en Italie, François Ier introduit les innovations de la Renaissance italienne à la cour.
Dès 1532, il confie le décor intérieur au Florentin Le Rosso, élève de Michel-Ange. A sa mort, en 1540, le Primatice, un Bolognais, assure à son tour la direction du chantier. Le décor de fresques et de stucs de cette **première École de Fontainebleau** est caractéristique du maniérisme international. Inspiré par la pensée humaniste, le programme des décors, dont beaucoup ont été détruits, multipliait les allégories érudites, les références à la mythologie et à l'histoire antique ou contemporaine, ainsi que les louanges à la gloire du Roi. En 1539, François Ier fait les honneurs des lieux à son rival Charles-Quint, ébloui par ce palais rapidement célèbre dans les cours européennes. Grand collectionneur, François Ier conserve à Fontainebleau de nombreux chefs-d'œuvre aujourd'hui au Louvre, comme la Joconde de Léonard de Vinci. Henri II poursuit l'œuvre de son père en faisant achever la salle de bal. Les monogrammes formés par le H royal et les deux C de Catherine de Médicis, l'un étant retourné, sont nombreux. Les C accolés à l'H forment un double D, chiffre de Diane de Poitiers, la maîtresse du roi.
Des artistes comme Nicolo Dell'Abate, qui utilisent des coloris plus clairs et gais, apparaissent sur les chantiers.

Henri IV et la seconde École de Fontainebleau. – Les guerres de Religion font cesser tout projet à Fontainebleau. La stabilité du royaume rétablie, Henri IV fait construire la cour des Offices, le Jeu de Paume, et modifier la cour Ovale. Les décors intérieurs sont essentiellement l'œuvre de trois peintres qui définissent la seconde École de Fontainebleau : Toussaint Dubreuil, Ambroise Dubois et Martin Fréminet. Influencés par leurs prédécesseurs italiens et par l'art flamand, ils poursuivent la tradition bellifontaine et préludent au classicisme.

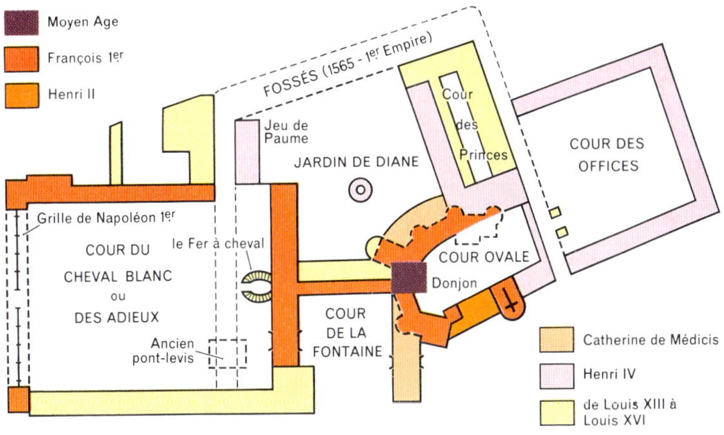

La maison des Siècles. – Louis XIV, Louis XV puis Louis XVI, font effectuer de nombreuses transformations, surtout dans la décoration des appartements. La Révolution épargne le château et se borne à le vider de ses meubles. Devenu consul, puis empereur, Napoléon aime à s'y rendre. C'est la « maison des Siècles », dit-il, et il y laisse son empreinte en faisant effectuer de nouveaux aménagements. Les derniers souverains de France viennent aussi dans le vénérable palais et la République le transforme en musée.

Tour extérieur

Il permet d'apprécier les différentes étapes de la construction du château, parfaitement lisibles dans l'évolution des styles. L'irrégularité du plan constitue l'originalité et le charme du château.

★★**Cour du Cheval-Blanc ou des Adieux.** – Aujourd'hui entrée principale du château, c'est une ancienne cour de service, au cadre architectural très harmonieux quoique sans cesse remanié au cours des siècles. Des constructions à chaînage de pierre que François Ier fit ériger, seule demeure l'aile des Ministres, à gauche. L'aile droite a été construite par Gabriel pour Louis XV. La façade principale a été plusieurs fois transformée jusqu'au 18e s., ce qui en explique l'asymétrie. L'escalier du Fer-à-Cheval ①, dû à l'architecte Jean Androuet du Cerceau fut ajouté entre 1632 et 1634.
C'est dans cette cour qu'il avait transformée en cour d'honneur qu'a eu lieu la cérémonie des Adieux de Napoléon Ier lors de son départ pour l'île d'Elbe le 20 avril 1814. Officiers et grognards écoutent émus sa harangue, « Continuez à servir la France, son bonheur était mon unique pensée... ».

Traverser la **cour de la Fontaine**★, dont l'eau très pure était jadis réservée au roi. De l'autre côté de **l'aile de la Belle cheminée** ④ (1570), attribuée au Primatice, se trouvent la cour Ovale et la Porte Dorée.

★**Porte Dorée.** – Construite par Gilles Le Breton dès 1528, c'était l'entrée principale du château jusqu'à l'ouverture de la porte du Baptistère sous Henri IV. C'est encore, dans son principe, une entrée de château fort mais le décor de pilastres et les loggias qui s'ouvraient aux deux étages montrent l'influence de l'art italien. Au premier étage, la loggia vitrée correspond à l'appartement de Mme de Maintenon. Les fresques sont dues au Primatice.

★**Cour Ovale.** – Due à Gilles Le Breton c'est la plus ancienne cour du palais. Elle occupe l'emplacement de la cour du château fort primitif dont François 1er a souhaité conserver le donjon. Henri IV en fait régulariser la forme et décide la construction d'une porte monumentale à dôme, nommée **porte du Baptistère**★ en souvenir de la cérémonie de baptême du futur Louis XIII et de ses sœurs, dans la cour, le 14 septembre 1606.

Traverser la **cour des Offices.** A l'entrée, têtes d'Hermès en grès par le sculpteur Gilles Guérin (1640).

Jardins. – Ils comprennent le **jardin de Diane**★, créé par Catherine de Médicis et transformé en jardin anglais au 19e s., le **Jardin anglais**★ proprement dit créé en 1812, le Parterre, redessiné par Le Nôtre au 17e s., et enfin le Parc.

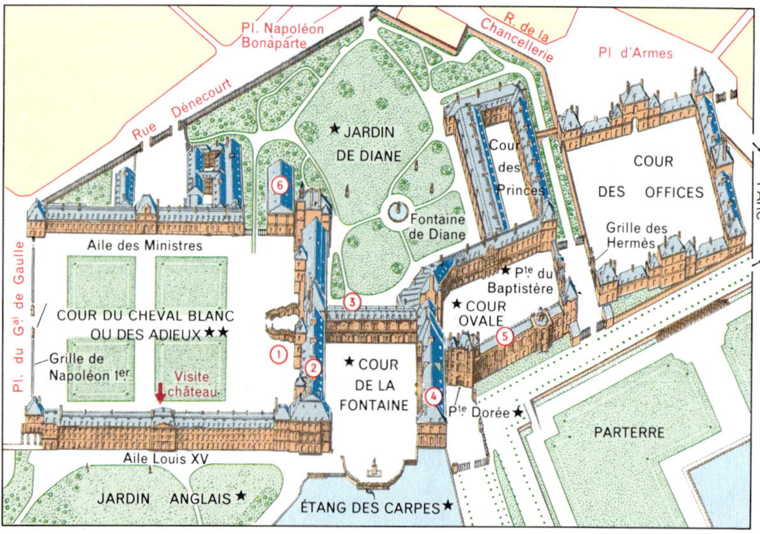

① - Escalier du Fer-à-Cheval. ② - Aile des Reines-Mères ③ - Galerie François Ier ④ - Aile de la Belle Cheminée ⑤ - Salle de Bal ⑥ - Jeu de Paume

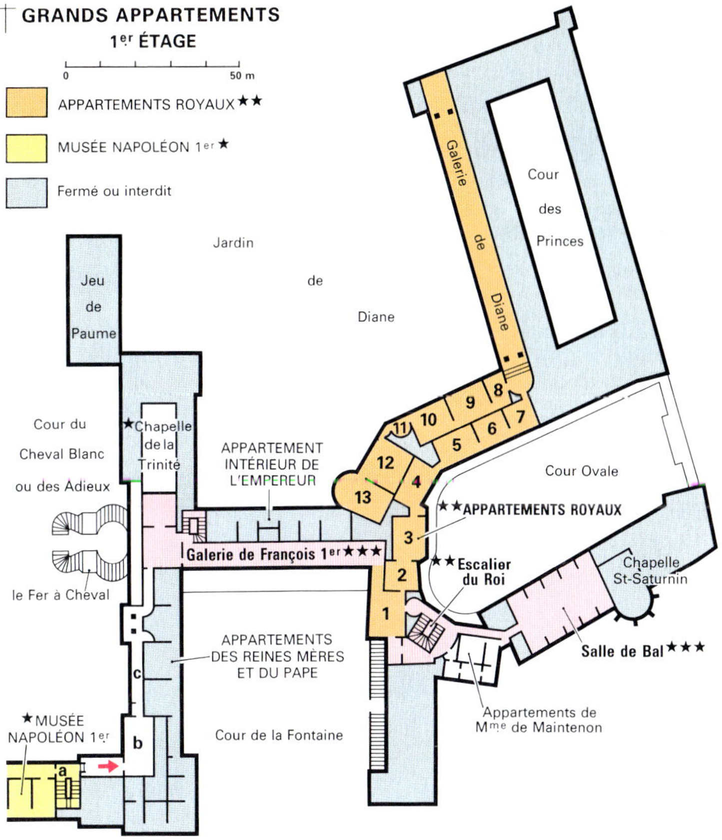

★★★Grands appartements

Visite toute l'année de 9 h 30 à 12 h 30 et de 14 h à 17 h. Fermés le mardi, le 1er janvier, le 25 décembre et certains autres jours fériés (annoncés par voie de presse, consulter également l'Officiel des Spectacles ou Pariscope). Entrée : 26 F, le dimanche 14 F (accès au Musée Napoléon Ier compris).

On gagnera les grands appartements par l'escalier de stuc (**a**), la galerie des Fastes (**b**), et la galerie des Assiettes (**c**) (créée sous Louis-Philippe).

★**Chapelle de la Trinité.** – Elle doit son nom à l'ancienne église des religieux trinitaires installés par Saint-Louis à cet emplacement. Henri IV fit voûter et décorer le sanctuaire. Le peintre Martin Fréminet (1567-1619), émule de Michel-Ange, a brossé sur cette voûte les scènes de la Rédemption et des personnages de l'Ancienne Loi, dans un style encore maniériste marqué par des raccourcis hardis.
Louis XV épousa Marie Leszczińska dans cette chapelle en 1725. Louis-Napoléon, futur Napoléon III, y fut baptisé en 1810.

★★★**Galerie de François Ier.** – Bâtie entre 1528 et 1530, elle prenait, à l'origine, jour des deux côtés et formait une sorte de pont couvert. Louis XVI, en le doublant (1786), a bouché la vue sur le jardin de Diane. De fausses portes-fenêtres furent alors ménagées, pour la symétrie. La décoration, mêlant de façon indissociable les fresques et les stucs, en revint en premier lieu aux équipes de Rosso, les travaux de boiserie ayant été exécutés par un menuisier italien, Scibec de Carpi. Partout apparaissent le F de François Ier et l'emblème de la salamandre.
Les scènes représentées ont souvent plusieurs niveaux de lecture faisant référence à l'histoire antique, à la vie du roi et à la mythologie. Les thèmes principaux sont la religion, la piété filiale et la guerre.

★★**Escalier du Roi.** – C'était sous François Ier la chambre de la duchesse d'Etampes, favorite du Roi. Pour faciliter l'accès à son grand appartement Louis XV la fit transformer en escalier par J. A. Gabriel en 1749. Les fresques du 16e s., illustrant l'histoire d'Alexandre, sont dues au Primatice et à Nicolo Dell'Abate.

★★★**Salle de Bal.** – Longue de 30 m, large de 10 m, c'était la salle des festins et des fêtes. Construite sous François Ier, elle fut achevée sous Henri II, par Philibert Delorme. Une récente restauration met en valeur les fresques peintes par Nicolo Dell'Abate sur des dessins du Primatice. La marqueterie du parquet, exécutée sous Louis-Philippe reproduit les caissons du plafond richement décorés d'or et d'argent.

★★**Appartements royaux.** – Le château de François Ier ne disposait, autour de la Cour ovale, que d'une enfilade d'appartements, dont les pièces se commandaient. Vers 1565, Catherine de Médicis, régente, fait doubler le corps de bâtiment tournant, entre la cour Ovale et le jardin de Diane. Les souverains installent peu à peu leur chambre, leurs cabinets et leurs salons privés du côté du jardin de Diane.

Salle des Gardes (1). – Première pièce de l'appartement du Roi. Plafond et frise Louis XIII.

Salle du Donjon. – De la salle du Buffet (**2**), une large arcade conduit à la chambre de la « grosse vieille tour » la plus vénérable du palais. Jusqu'à Henri IV cette pièce sombre, dite aussi chambre St-Louis, servit de chambre à coucher aux rois (**3**). Le bas-relief équestre de la cheminée représentant Henri IV, par Mathieu Jacquet (vers 1600), faisait l'ornement de la « Belle Cheminée ».

Salon Louis XIII (4). – Il doit son nom à la naissance de Louis XIII, le 27 septembre 1601, rappelée par le caisson du plafond (amour chevauchant un dauphin). Au-dessus d'un décor de lambris peints, sont disposés onze tableaux d'Ambroise Dubois : les Amours de Théagène et de Chariclée, exécutés peu après l'heureux événement.

Salon François Ier (5). – Du décor exécuté par Le Primatice ne reste que la cheminée.

Salon des Tapisseries (6). – Successivement salle de la Reine, salle des Gardes de la Reine, et première antichambre de la Reine, cette pièce devint le premier salon de l'Impératrice en 1804, à nouveau salle des Gardes en 1814 et enfin salon des Tapisseries en 1837. Mobilier Second Empire. Les tapisseries de l'histoire de Psyché proviennent des ateliers de Paris (première moitié du 17e s.).

Antichambre de l'Impératrice (7). – Précédemment salle des Gardes de la Reine, elle possède un plafond et des boiseries de 1835. Les tapisseries des Gobelins, d'après Le Brun, évoquent les saisons. Mobilier Second Empire.

Galerie de Diane. – Galerie dorée, longue de 80 m, décorée sous la Restauration et transformée en bibliothèque sous le Second Empire.

Salon Blanc. Petit salon de la Reine (8). – Décoré en 1835 à partir d'éléments anciens (boiseries Louis XV, cheminée Louis XVI, ornée de bronze). Il possède un mobilier Empire.

Grand salon de l'Impératrice (ancien salon des Jeux de la Reine) (9). – Le plafond réalisé par Berthélémy montre Minerve couronnant les Muses. Mobilier Premier Empire dont une table en porcelaine de Sèvres peinte par Georget en 1806-1807, et mobilier Louis XVI.

Chambre de l'Impératrice (Ancienne chambre de la Reine) (10). – La partie principale du plafond a été créée en 1644 pour Anne d'Autriche, les boiseries, le plafond de l'alcôve et la cheminée pour Marie Leszczyńska en 1747 et les portes en style arabesque pour Marie-Antoinette en 1787. Mobilier Louis XVI.

Boudoir de la Reine (11). – Créé pour Marie-Antoinette par l'architecte Rousseau.

Salle du Trône (12). – C'était la chambre à coucher des Rois, de Henri IV à Louis XVI. Napoléon Ier l'a transformée en salle du trône.

Salle du Conseil (13). – Magnifique ensemble Louis XV. Au plafond, cinq tableaux de Boucher illustrent les saisons.

L'appartement intérieur de l'Empereur, les appartements des Reines Mères et du Pape sont fermés pour restauration. Pour la visite des appartements de l'impératrice Joséphine et de la galerie des Cerfs, se renseigner dans le hall d'accueil du château.

★Musée Napoléon Ier

Visite : mêmes conditions que pour les Grands Appartements.

Consacré à l'Empereur et à sa famille, le musée occupe quinze salles au premier étage et au rez-de-chaussée de l'aile Louis XV du château. Il expose des portraits (peintures et sculptures), de l'orfèvrerie, des armes, des décorations, de la céramique (services de l'Empereur), des habits (habits du Sacre, uniformes) et des souvenirs personnels. Ces anciens appartements de Princes ont conservé leur aspect palatial grâce aux nombreux meubles et objets d'art dont ils sont garnis.

★★★LA FORÊT

Cette splendide forêt s'étend sur 25 000 ha dont 20 000 ha, forêt des Trois-Pignons comprise, sont domaniaux. L'antique forêt de Bière – le nom subsiste dans Chailly ou Fleury-en-Bière – fut de tout temps un magnifique terrain de chasse, à courre notamment. De nombreux sentiers permettent promenades et randonnées.

Aux alentours, on pourra également visiter **Milly-la-Forêt** où se cultivent des plantes médicinales et dont la **chapelle St-Blaise-des-Simples** a été décorée par Cocteau en 1959 *(ouverte de Pâques à la Toussaint de 10 h à 12 h et de 14 h 30 à 18 h ; le reste de l'année les samedis, dimanches et jours fériés de 10 h 15 à 12 h et de 14 h 30 à 17 h. Fermée le mardi. 6,50 F. ☎ 64 98 84 94).*

A 5 km au nord de Milly se trouve le **château de Courances**★★, caractéristique du style Louis XIII, panneaux de briques pris dans un appareil de grès. Magnifique parc, tracé par Le Nôtre *(visite accompagnée de 20 mn du 30 mars à la Toussaint les samedis, dimanches et jours fériés de 14 h 30 à 18 h - 17 h 30 du 20 octobre à la Toussaint ; 27 F, parc seul : 12 F. ☎ 45 50 34 24).*

Non loin des Gorges d'Apremont, **Barbizon**★ est un site célèbre où s'installèrent de nombreux paysagistes, précurseurs de l'impressionnisme, dans les années 1830. Rompant avec les conventions d'atelier et l'art officiel, les peintres de Barbizon sont des paysagistes travaillant « sur le motif » suivant l'exemple de deux grands aînés : Théodore Rousseau (1812-1867) et Jean-François Millet (1814-1875).

MEAUX★

Carte Michelin n° 106 plis 22, 23

A l'époque féodale la ville était un marché agricole sur les terres des comtes de Champagne. En 1682, **Jacques Bénigne Bossuet**, précepteur du dauphin, ayant accompli sa tâche auprès de ce dernier, reçoit la ville en Evêché. Très actif dans son diocèse, luttant contre les hérésies, l' « Aigle de Meaux » s'adonne également à l'écriture et conçoit ici cinq de ses plus grandes oraisons funèbres. Mort à Paris en 1704, il est enterré dans la cathédrale de Meaux, selon sa propre volonté.
La ville de Meaux est surtout remarquable pour son architecture religieuse.

MEAUX

Berge (R. du Cdt)
Gaulle (Pl. Ch. de) 16
Grand-Cerf (R. du) 17
Leclerc-et-de la 2e-D.B. (R. Gén) 19
St-Nicolas (R. du Fg)
St. Rémy (R.)

Cordeliers (R. des) 7
Cornillon (R.) 8
Henry IV (Pl.) 20
Martimprey (R. de) 23
Notre-Dame (R.) 24
Ursulines (R. des) 31
Vieux-Moulins (R. des) 32

Les principales rues commerçantes sont imprimées en rouge dans la légende de ce plan.

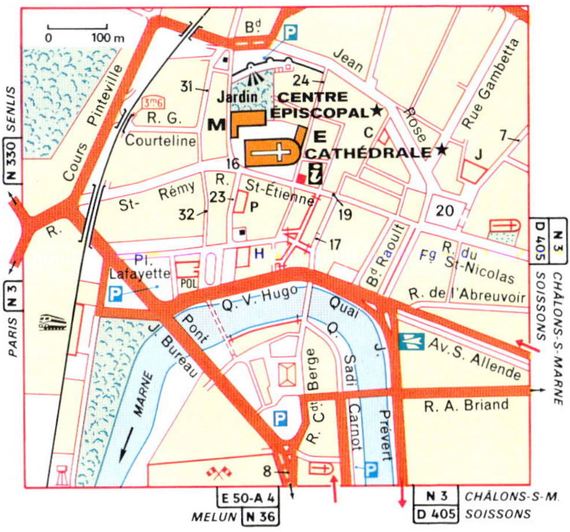

LE CENTRE ÉPISCOPAL

Cathédrale St-Etienne. – 12e - 16e s. Toutes les grandes étapes qui ont marqué l'évolution du gothique y apparaissent. Extérieurement, les sculptures (14e s.) décapitées du croisillon Sud et la vaste composition du Jugement dernier, au portail central de la façade ouest, flamboyante (15e s.) sont intéressantes. L'intérieur frappe par la clarté de son vaisseau qui paraît d'autant plus élevé que les anciennes tribunes furent supprimées au 13e s. ; les arcades de celles-ci subsistent cependant dans les trois travées droites du chœur.
Jouxtant la cathédrale, le **Vieux Chapitre (E)** serait, à l'origine, l'ancienne grange aux dîmes du chapitre (13e s.).

Ancien Evêché (M). – *Visite toute l'année de 10 h 30 à 12 h et de 14 h à 18 h. Fermé le mardi, le 1er janvier et le 31 décembre.* ☎ *64 34 84 45.*
Le palais épiscopal a été bâti au 12e s. ; de l'époque gothique subsistent deux magnifiques salles au rez-de-chaussée, et la chapelle au premier étage. Le reste du bâtiment, considérablement remanié au 17e s., abrite aujourd'hui un **musée des Beaux-Arts**. La salle capitulaire accueille une partie des collections archéologiques. Dans les appartements et les salons de l'Ouest on peut admirer une collection de tableaux du 14e au 19e s. (Boullogne, de Troy, Millet, Courbet), riche en œuvres de l'école italienne depuis la donation Annie et Jean-Pierre Changeux.

MORET-SUR-LOING★

Carte Michelin n° 106 Sud du pli 46

Moret tire tout son charme de sa situation au bord du Loing. De la route de St-Hammès, gagner le pré de Pin, bordant la rive droite du Loing. La **vue★** sur le plan d'eau, ses îles ombragées, les pêcheurs, l'église et le donjon est charmante.
Chaque été, les samedis soir de fin juin à mi-septembre, Moret s'anime et toute la population concourt au succès de l'animation son et lumière « Spectacle de l'Été ».

Moret-sur-Loing

CURIOSITÉS

Pont sur le Loing. – L'un des plus vénérables de l'Ile-de-France. Contemporain sans doute des défenses de la ville mais souvent détruit et élargi, le pont enjambe la rivière et ses îles. Du côté de la porte de Bourgogne apparaissent les remparts et des maisons – l'une au milieu des eaux – aux étages surplombants.

Église Notre-Dame. – Elle s'apparente aux grandes églises de l'Ile-de-France. Le chœur aurait été consacré en 1166. Son élévation primitive n'apparaît que dans l'abside et le côté droit : on remarque ici l'étagement des grandes arcades supportées par des colonnes rondes, de la tribune s'ouvrant par une triple arcature, des fenêtres hautes enfin. Les arcades et les baies du côté gauche furent murées pour consolider les assises du clocher inconsidérément élevé au 15e s.
L'élévation du transept, aux parois très ajourées, celle de la nef aux arcades en tiers-point témoignent de campagnes de construction ultérieures (13e et 14e s.).

Ancien hospice. – Le poteau cornier, à l'angle de la rue de Grez, montre une effigie de saint Jacques. S'avancer dans la rue de Grez pour voir un cartouche moderne portant la date de fondation de l'hospice (1638) naguère réputé pour les « sucres d'orge de Moret » fabriqués par les sœurs. Les confiseurs de la ville ont repris la fabrication de cette friandise.

Maison de Sisley. – Alfred Sisley (1839-1899), peintre impressionniste de nationalité britannique, termina discrètement à Moret son existence besogneuse. On découvre son atelier 19 rue Montmartre. On ne visite pas.

Maison de François Ier. – *Passer sous le porche de l'hôtel de ville et gagner la cour.* Galerie à l'exubérant décor Renaissance. Remarquer la porte surmontée de la salamandre.

Porte de Samois (ou de Paris). – Sur la façade intérieure est posée une statuette de la Vierge. Une vieille borne royale du grand chemin de Paris à Lyon (actuelle N 5) susbiste.

PROVINS★

Carte Michelin n° 237 pli 33

Le dôme de l'église St-Quiriace et la haute tour de César dominent le paysage de la ville dont le charme a inspiré certaines pages de Balzac et les aquarelles de l'Anglais Turner.

UN PEU D'HISTOIRE

Dès le 11e s. la ville basse s'est développée autour d'un prieuré bénédictin. Sous Henri le Libéral (1152-1181), Provins s'affirme comme l'une des capitales commerciales du comté de Champagne.

Les foires de Provins. – Au Moyen Age, les deux foires, en mai-juin puis septembre-octobre, rythment la vie de la cité, attirant les marchands de toutes contrées, sous l'œil vigilant des gardes de foire qui en assurent la police. Très actives jusqu'au 14e s. elles sont progressivement éclipsées par les foires de Lyon et de Paris.

Les roses. – La tradition veut que se soit Thibaud IV, comte de Champagne, qui ait rapporté de la Septième Croisade, et fait prospérer à Provins, des plants de rose en provenance de Syrie. Edmond de Lancastre (1245-1296), frère du roi d'Angleterre, ayant épousé Blanche d'Artois, la veuve d'Henri le Gros, comte de Champagne, devint pendant quelques années suzerain de Provins. Il introduit alors dans ses armes cette fleur très rare : la rose rouge. De nos jours, les roses sont remises à l'honneur. C'est au cours du mois de juin qu'il faut venir à Provins pour admirer ses massifs de roses.

★★LA VILLE HAUTE *visite : 1 h*

Accès. – *En voiture, prendre la voie s'embranchant sur l'avenue du Général-de-Gaulle, qui était jusqu'au 18e s. la route normale d'accès à la ville.*
La ville haute donne un témoignage très intéressant de l'architecture civile et militaire de l'époque médiévale.

★★**Remparts.** – L'enceinte de la ville haute est la plus ancienne de Provins. Construite aux 12e et 13e s. sur une ligne de défense préexistante, elle a été remaniée à maintes reprises. La partie la plus intéressante s'étend entre la porte St-Jean et la porte de Jouy. La muraille, dominant les fossés à sec, est renforcée par des tours arborant des formes diverses : carrées, rectangulaires, semi-cylindriques ou en éperon.
L'importante tour d'angle, dite « tour aux Engins », qui relie les deux courtines, tire son nom d'une grange à proximité, où étaient remisées les machines de guerre. Ses murs atteignent près de 3 m d'épaisseur.

Suivre la rue de Jouy. Elle est bordée de pittoresques maisons basses à longs toits de tuile ou à étage en avancée.

Laisser la voiture sur la place du Châtel.

La **place du Châtel** est bordée de maisons médiévales datant du 12e au 15e s. Rue St-Jean, la **Grange aux Dîmes**★ était louée aux marchands, les jours de foire, par les chanoines de St-Quiriace.

★★**Tour de César.** – *Visite de 10 h à 17 h (18 h 30 les samedis et dimanches en été). Entrée : 10 F. ☎ 64 00 05 31.*
Ce superbe donjon du 12e s., flanqué de quatre tourelles et haut de 44 m, est l'emblème de la ville. Il était rattaché autrefois au reste de l'enceinte de la ville haute. Le toit pyramidal a été construit au 16e s.

Pénétrer sous la voûte et prendre l'escalier à droite jusqu'à l'accueil puis contourner la tour par la gauche.

La « chemise » qui enserre la base du donjon fut ajoutée par les Anglais pendant la guerre de Cent Ans pour y installer de l'artillerie, d'où son surnom de « Pâté aux Anglais ». Au 1er étage, la salle des Gardes, de plan octogonal, haute de 11 m, est voûtée en ogive. De la galerie autrefois couverte, qui ceinture le donjon à hauteur des tourelles, la **vue**★ s'étend sur la cité et la campagne briarde : à l'Ouest, la ville haute enserrée derrière la ligne des remparts, au Nord, l'ancien couvent des Cordelières (fondé au 13e s.). Par des escaliers très étroits, on atteint l'étage supérieur. Sous la belle charpente du 16e s., sont installées les cloches de St-Quiriace.

Église St-Quiriace. – La construction de l'église commença au 12e s., à l'initiative d'Henri le Libéral, sur l'emplacement d'une ancienne collégiale du 11e s. Chœur et déambulatoire sont caractéristiques du gothique naissant. Le dôme date du 17e s.

REIMS***
et les caves de Champagne

Carte Michelin 241 pli 17

Ville d'art, cité des Sacres, Reims est connue pour son admirable cathédrale et sa basilique St-Remi. C'est aussi, avec Epernay, la métropole du champagne dont la plupart des caves s'ouvrent aux visiteurs.

UN PEU D'HISTOIRE

Le baptême de Clovis. – Le jour de Noël 498, **Remi** (440-553), évêque depuis l'âge de 22 ans, baptise Clovis, scellant ainsi l'union des Francs et du Christianisme. Grégoire de Tours a narré l'événement dans son « Histoire des Francs ». La ville pavoise, une procession se déroule de l'ancien palais impérial jusqu'au baptistère situé près de la cathédrale. Lorsqu'il fut entré pour le baptême, le saint de Dieu l'interpella d'une voix éloquente en ces termes : « Courbe doucement la tête, fier Sicambre ; adore ce que tu as brûlé, brûle ce que tu as adoré ». D'après la légende, une colombe, symbole de l'Esprit Saint, aurait apporté la Sainte Ampoule contenant le Chrême (huile sainte destinée à la consécration du roi) à Remi incapable de se mouvoir au milieu d'une foule immense.
Tel est le récit que la tradition a conservé et qui place les premiers jours de la monarchie française sous le signe de la volonté divine. En souvenir de cette onction, et plus tard du sacre de Louis le Pieux, les rois de France vinrent régulièrement se faire sacrer à Reims, à partir du 11e s.

***CATHÉDRALE NOTRE-DAME *visite : environ 1 h*

En été, des visites-conférences par les guides des Monuments historiques ont lieu le matin (sauf le dimanche) et l'après-midi. De juillet à mi-septembre le matin (sauf le dimanche) et l'après-midi, on peut aussi visiter les parties hautes : 18 F.
C'est une des grandes cathédrales du monde chrétien par son unité de style, sa statuaire et les souvenirs qu'elle évoque – liés à l'histoire des rois de France.

Édification. – Une première cathédrale avait été élevée en 401 par saint Nicaise. Elle fut remplacée au 9e s. par un édifice plus vaste, détruit lors d'un incendie en 1210.
L'archevêque Aubry de Humbert décida alors d'entreprendre la construction d'une cathédrale gothique à l'image de celles qui étaient déjà en chantier (Paris : 1163, Soissons 1180, et Chartres 1194).
L'élaboration des plans fut confiée au Maître Jean d'Orbais et en 1211 la première pierre était posée. Cinq architectes se succédèrent qui suivirent assez fidèlement les plans d'origine ce qui donne son extraordinaire unité à Notre-Dame de Reims. Leurs noms sont connus grâce au labyrinthe, dallage en méandres du pavement que les fidèles suivaient à genoux et où les maîtres d'œuvre inscrivaient leur nom. Celui-ci fut malheureusement détruit au 18e s. Jean d'Orbais travailla à la construction du chœur jusqu'en 1228 puis Jean le Loup éleva la nef et la façade, où son successeur Gaucher de Reims plaça les statues et réalisa le revers des portails. Bernard de Soissons dessina la grande rose, les gâbles et acheva de voûter la nef. En 1285 l'intérieur de la cathédrale était achevé.
Les tours s'élevèrent au cours du 15e s. La construction de quatre autres tours et sept clochers allait être entreprise, lorsqu'en 1481 un incendie ravageant les combles arrêta ce projet.
Au 18e s. la cathédrale souffrit de quelques modifications (suppression du jubé, de certains vitraux, du labyrinthe) mais passa la Révolution sans grands dommages.
Au 19e s. fut menée une longue campagne de consolidation et de restauration. Elle s'achevait à peine, lorsque la guerre de 1914-1918 frappa la cathédrale de plein fouet.
Le 19 septembre 1914, un bombardement mit le feu à la charpente et l'énorme brasier fit fondre les cloches, les plombs des verrières et éclater la pierre. Des obus l'atteignirent tout au long des affrontements, cependant les murs tinrent bon et à la fin de la guerre, une nouvelle restauration, financée en grande partie par la donation Rockefeller, fut entreprise.
L'architecte Henri Deneux conçut alors une charpente en béton ininflammable. En 1937 la cathédrale fut enfin reconsacrée.

Extérieur

L'extérieur de la cathédrale est habité par un peuple de statues nichant dans le moindre recoin. Plus de 2 300 ont été denombrées mais certaines trop abîmées par la guerre et les intempéries ont dû être déposées et sont exposées au Palais du Tau. La plupart furent remplacées par des copies taillées par Georges Saupique et Louis Leygue.

Façade. – C'est l'une des plus belles qui soient en France. Elle doit être vue si possible en fin d'après-midi, caressée par le soleil. Elle présente un système d'élévation semblable à celui de Notre-Dame de Paris, mais ses lignes sont magnifiées par le mouvement vertical que créent les tympans, les gâbles et les pinacles aigus, les colonnettes élancées et les gigantesques effigies de la galerie des rois.

Les **trois portails** correspondent aux trois nefs. Ils sont surmontés d'un gâble important servant de support au groupe de sculptures qui habituellement se trouve sur le tympan, ici ajouré.

Bien que toutes exécutées au 13e s., les statues qui ornent les portails proviennent de quatre ateliers successifs.

Le dernier héritier de toutes les recherches précédentes crée un style champenois original auquel on doit, entre autres, le fameux **Ange au sourire.** Les productions de cet atelier charment par la liberté des attitudes, la souplesse des draperies et la vivacité des visages malicieux et souriants.

H. Champollion, Paris

L'Ange au sourire

Au-dessus de la rosace et de la scène décrivant le combat de David et Goliath, la galerie des rois compte 56 statues mesurant chacune 4,50 m de haut et pesant 6 à 7 tonnes ; au centre, le baptême de Clovis.

Longer la cathédrale par la gauche.

Les contreforts. – L'aspect latéral de la nef avec ses contreforts et arcs-boutants a conservé son aspect d'origine, aucune chapelle n'ayant été construite ultérieurement. Les contreforts sont surmontés de niches abritant chacun un grand ange aux ailes déployées ce qui a valu à Notre-Dame de Reims le surnom de « Cathédrale des Anges ».

Façade du transept Nord. – Elle est dotée de trois portails dont la statuaire est plus ancienne que celle de la façade occidentale. Celui de droite provient de l'ancienne cathédrale romane : le tympan orné d'une Vierge en majesté sous une arcade en plein cintre est encadré de beaux entrelacs de feuillages. Le portail du milieu figure, au trumeau, Saint Calixte pape. Celui de gauche montre dans les ébrasements six belles statues d'apôtres encadrant le « Beau Dieu » malheureusement décapité. Le tympan présente des scènes du Jugement dernier aux détails pittoresques. Parmi les damnés du premier registre on reconnaît un roi, un évêque, un moine, un juge. Au-dessus les morts se contorsionnent pour sortir de leurs tombes.

Intérieur

L'intérieur frappe par son unité, sa sobriété, sa clarté, ses remarquables dimensions avec une longueur totale de 138 m et une hauteur sous voûte de 38 m. L'impression de hauteur, d'élancement est accentuée par les dimensions de la nef, étroite par rapport à sa longueur, par le tracé des doubleaux formant des arcs très aigus.

La **nef** s'élève sur trois étages : au-dessus des arcades étayées de piliers cylindriques, un triforium aveugle (qui correspond à l'appui des toitures des bas-côtés) court sous les hautes baies divisées en lancettes par un meneau. Les chapiteaux, englobant dans leur pourtour les quatre demi-colonnes engagées dans le pilier, sont ornés d'une décoration florale plus ou moins élaborée selon l'étape de la construction. Les plus anciens (en partant du chœur) dessinent des feuilles d'acanthe traitées en crochet, des monstres et même deux vignerons portant un panier de raisin (6e pilier de la nef à droite). Les plus récents illustrent avec fidélité et délicatesse la flore locale.

Le **chœur** ne compte que deux travées mais la partie réservée au culte déborde très largement sur la nef (de 3 travées) : le déroulement des sacres exigeait un vaste espace. Autrefois un jubé le clôturait qui servait d'élévation pour le trône royal. Les piliers du chœur diminuent de section et se resserrent à chaque travée accentuant l'effet d'élévation. Les chapelles rayonnantes qui s'ouvrent sur le déambulatoire sont reliées entre elles par un passage, à la base des ouvertures, très typique de l'architecture champenoise.
Le **revers de la façade**, œuvre de Gaucher de Reims, est unique dans l'histoire de l'architecture gothique. La grande rose (12 m de diamètre) surmonte le triforium qui découpe ses arcades sur des verrières de même forme. Au-dessous, dans le revers du portail dont le tympan est ajouré, s'inscrit une rose plus petite.
De part et d'autre, le mur est creusé de niches dans lesquelles ont été sculptées des statues. Les différents registres sont séparés par une luxuriante décoration florale, évoquant celle des chapiteaux de la nef. Le revers du portail central est le mieux conservé.

★★**Les vitraux.** – Les vitraux du 13e s. ont malheureusement beaucoup souffert : certains furent remplacés par du verre blanc au 18e s., d'autres furent détruits pendant la guerre de 1914-1918. Il subsiste ceux de l'abside représentant au centre Henri de Braine le donateur (partie inférieure de la lancette de droite) et de part et d'autre les évêques suffragants dépendant de l'archevêque de Reims avec leur église : Soissons, Beauvais, Noyon, Laon, Tournai, Châlon, Senlis, Amiens et Thérouanne.
La grande rosace de la façade, chef-d'œuvre du 13e s., est dédiée à la Vierge : au centre la Dormition et dans les corolles qui l'entourent les apôtres, puis des anges musiciens. Il faut l'admirer en fin d'après-midi quand les rayons du soleil la traversent.
On ne peut parler des vitraux de Reims, sans évoquer la famille des maîtres-verriers Simon qui y travaillent depuis plusieurs générations. Leur relevé des vitraux du 13e s., avant la Grande Guerre, a permis à Jacques Simon de restaurer certaines parties de ceux qui avaient été endommagés ou de refaire dans le même esprit ceux qui avaient disparu comme la petite rose de la façade et certains vitraux du transept, entre autres les vitraux des Vignerons.
Depuis 1974, la chapelle absidale est ornée de vitraux de Chagall qui frappent par leur dominante bleue et par leur luminosité. Dessinés par l'artiste, ils furent réalisés par les ateliers Simon. Au vitrail central, le sacrifice d'Abraham (à gauche) fait pendant au sacrifice de la croix (à droite). La fenêtre de gauche représente l'arbre de Jessé et celle de droite évoque les grands moments de la cathédrale de Reims : baptême de Clovis, sacre de Saint Louis.

★★PALAIS DU TAU *visite : 1 h*

Visite du 16 mars au 30 juin et du 1er septembre au 14 novembre, de 9 h 30 à 12 h 30 et de 14 h à 18 h ; en juillet et août de 9 h 30 à 18 h 30 ; du 15 novembre au 15 mars de 10 h à 12 h et de 14 à 17 h (18 h les samedis et dimanches). Fermé les 1er janvier, 1er mai, 1er et 11 novembre et 25 décembre. 24 F.
Il abrite le trésor de la cathédrale, une partie de la statuaire originale et quinze très belles **tapisseries**★★ illustrant la vie de la Vierge, offertes en 1530 par le cardinal Robert de Lenoncourt.
Le palais épiscopal existe à cet emplacement depuis 1138 et reçut ce curieux nom de Tau en raison de son plan en forme de T, évoquant les premières crosses épiscopales. Plus tard son nom passa à la grande salle édifiée à la fin du 15e s. Le bâtiment actuel fut construit en 1690 par Robert de Cotte et Mansart et conserve une chapelle du 13e s. et la salle du Tau.

★★BASILIQUE ET MUSÉE ST-REMI *visite : 1 h 1/2*

★★**Basilique St-Remi.** – La construction de la basilique actuelle débuta vers 1007. Les 1er et 2 octobre 1049, l'église fut consacrée solennellement par le pape Léon IX.

Extérieur. – La façade est dominée par deux tours carrées hautes de 56 m : celle de droite remonte au 11e s. ; celle de gauche a été reconstruite au 19e s. de même que le pignon qui les sépare ; les parties basses sont du 12e s. Encadrant le portail central, les colonnes gallo-romaines supportent les statues de saint Rémi et de saint Pierre. Le transept date du 11e s.
Epaulé par des contreforts d'aspect archaïque, le chœur représente le style gothique primitif du 12e s. : admirer l'étagement des chapelles rayonnantes, du déambulatoire et des fenêtres hautes groupées par trois.

Intérieur. – Les dimensions de la basilique, longue de 122 m pour une largeur de 26 m seulement, font que le visiteur ressent une impression d'infini, renforcée par la pénombre régnant dans la nef.
D'une architecture sobre (11e s.), la nef comporte onze travées à arcades plein cintre que supportent des colonnes à chapiteaux sculptés d'animaux ou de feuillages. Deux travées gothiques ont remplacé l'ancien porche roman et font le lien avec la façade.
Au-dessus règnent d'immenses tribunes ; les voûtes d'ogives ont été lancées à la fin du 12e s. Remarquer la « couronne de lumière » percée de 96 jours symbolisant les 96 années de la vie de saint Rémi, copie de celle détruite à la Révolution.
Entouré d'une clôture du 17e s., d'esprit encore Renaissance, le chœur gothique à quatre étages, d'une structure harmonieuse et légère, est éclairé par des baies qui gardent leurs vitraux du 12e s., représentant la Crucifixion, des apôtres, des prophètes et les archevêques de Reims.
Derrière l'autel, le **tombeau de saint Remi** a été réédifié en 1847.

★★**Musée St-Remi.** – Il est installé dans l'ancienne abbaye St-Remi, très bel ensemble de bâtiments des 17e et 18e s. conservant quelques vestiges de l'abbaye initiale du 12e s. et de la salle capitulaire gothique.
Il permet d'admirer les collections d'art rémois des origines à la fin du Moyen Age. Deux exceptions cependant : la collection d'armes et les **tapisseries de St-Remi★★**.

★★CAVES DE CHAMPAGNE

Le vignoble champenois couvre 27 000 ha, soit 2% de la superficie du vignoble français. Reims et Epernay en sont les deux principaux centres ; la visite des caves permet de bien comprendre les étapes de la fabrication de ce vin prestigieux.

Reims

Les grands établissements se groupent dans le quartier du Champ de Mars et sur les pentes crayeuses de la butte St-Nicaise trouée de galeries dites « crayères », souvent gallo-romaines, dont l'intérêt documentaire se double d'un attrait historique. La profondeur et l'étendue des galeries se prêtent aux vastes installations des caves de champagne.

Pommery. – *Visite accompagnée (45 mn) le matin et l'après-midi ; de la Toussaint à Pâques, à 10 h, 11 h, 14 h 30, 15 h 30 et 16 h 30. Fermé entre le 25 décembre et le 1er janvier. ☎ 26 05 05 01. Escalier de 113 marches.*
Fondée en 1836, la maison prend un remarquable essor sous la direction de la veuve de Louis Alexandre Pommery. C'est aujourd'hui l'un des plus beaux domaines de la Champagne viticole (300 ha). La visite s'effectue à travers les crayères ornées de sculptures réalisées au 19e s., et dans lesquelles est exposé un foudre de 75 000 litres, œuvre du sculpteur Gallé. Cette pièce fut exécutée pour l'exposition de St-Louis du Missouri en 1904.

Taittinger. – *Visite accompagnée (1 h) du lundi au vendredi de 9 h 30 à 11 h 45 et de 14 h à 16 h 15 ; les samedis, dimanches et jours fériés de 9 h à 11 h et de 14 h à 17 h, téléphoner au préalable, ☎ 26 85 45 35 poste 155. 15 F.*
En 1932 Pierre Taittinger arrive à la tête de la maison tenue par les Fourneaux, qui commercialisaient des vins mousseux depuis 1734. Propriétaires de 250 ha de vignobles, de 6 vendangeoirs sur la montagne de Reims, de l'hôtel des Comtes de Champagne à Reims, la maison Taittinger possède en outre de superbes caves. Leur visite permet de voir 15 millions de bouteilles dont le contenu vieillit tranquillement dans la fraîcheur des crayères gallo-romaines creusées en pyramide dans les cryptes de l'ancienne abbaye St-Nicaise (13e s.), détruite à la Révolution.

Veuve Clicquot-Ponsardin. – *Visite accompagnée (1 h) d'avril à fin octobre de 9 h à 11 h et de 14 h à 17 h, uniquement sur rendez-vous, ☎ 26 40 25 42.*
La maison fut fondée en 1772 par Philippe Clicquot, mais c'est son fils qui la développa et surtout la veuve de ce dernier, née Ponsardin qui créa la société sous son nom actuel. « La Grande Dame du Champagne » – son surnom a été donné à la cuvée spéciale – eut de remarquables initiatives dont celle du remuage dès 1816.
Aujourd'hui, avec 265 ha de vignobles, cette maison qui exporte les 3/4 de sa production est l'une des plus connues à l'étranger. Ses caves sont aménagées dans des crayères gallo-romaines.

Ruinart. – *Visite accompagnée (1/2 h) en semaine de 9 h 30 à 11 h 30 et de 14 h à 16 h 30, uniquement sur rendez-vous, ☎ 26 85 40 29. Service Relations Publiques, 4 rue des Crayères, 51053 Reims.*

Créée en 1729 par le neveu du maire dom Thierry Ruinart, grand ami de dom Pérignon, cette maison prit un grand essor pendant le Restauration. Très affectée par les guerres mondiales, elle prit un nouvel élan à partir de 1949. Aujourd'hui dans le cadre du groupe Moët-Hennessy Louis Vuitton, le champagne Ruinart représente le haut de gamme. Ses caves occupent trois niveaux d'un ensemble exceptionnel de crayères gallo-romaines.

Epernay *Carte Michelin n° 241 pli 21*

Moët et Chandon. – *Visite accompagnée (50 mn) toute l'année du lundi au vendredi de 9 h 30 à 11 h 45 et de 14 h à 16 h 45 ; du 1er avril au 31 octobre, les samedis, dimanches et jours fériés de 9 h 30 à 11 h 15 et de 14 h à 15 h 45 (16 h 45 le samedi). Fermé les dimanches et jours fériés de novembre à fin mars. ☎ 26 54 71 11.*

Claude Moët a fondé la maison en 1743. Son petit-fils, Jean Rémy, reçoit à plusieurs reprises la visite de Napoléon Ier. Pierre-Gabriel Chandon, gendre de J. Rémy, ajoute son nom à la raison sociale de la maison. En 1962, l'entreprise familiale devient société anonyme. Depuis, le groupe Moët-Hennessy Louis Vuitton contrôle les champagnes Moët et Chandon, Mercier et Ruinart. D'une superficie de 18 ha, les caves contiennent l'équivalent de 75 millions de bouteilles. La visite, très complète, dévoile au visiteur les différentes étapes de l'élaboration du champagne, dont le remuage et le dégorgement.

Mercier. – *Visite accompagnée (1 h) d'avril à mars, en semaine de 9 h 30 à 11 h 30 et de 14 h à 16 h 45 (les dimanches et jours fériés de 9 h à 18 h d'avril à octobre, de 9 h à 11 h 30 et de 14 h à 16 h de novembre à février) ; de décembre à février, fermé les mardis et mercredis, se renseigner par téléphone, ☎ 26 54 75 26.*

En 1858, Eugène Mercier regroupe plusieurs maisons de champagne et crée la maison Mercier, aujourd'hui deuxième productrice de champagne après Moët et Chandon. A l'entrée, le **foudre géant** sculpté par le Châlonnais Navlet à l'occasion de l'Exposition universelle de 1889 retient l'attention. Après une descente spectaculaire en ascenseur panoramique, un petit train guidé au laser permet de découvrir les 18 km de galeries décorées de sculptures taillées dans la craie par le même artiste.

D'autres caves peuvent également se visiter. Pour une information plus complète, consulter le guide Vert Michelin Champagne Ardennes.

P. Guérin

Foudre géant de Mercier

Les bouteilles de Champagne

Magnum : *2 bouteilles*
Jéroboam : *4 bouteilles*
Réhoboam : *6 bouteilles*
Mathusalem : *8 bouteilles*
Salmanazar : *12 bouteilles*
Balthazar : *16 bouteilles*
Nabuchodonosor : *20 bouteilles*

Château de VAUX-LE-VICOMTE***

Carte Michelin n° 106, nord des plis 45, 46

Édifié par Fouquet, le château de Vaux demeure l'un des chefs-d'œuvre du 17e s.

L'ascension de Fouquet. – D'une famille de robe, Fouquet, entré au Parlement de Paris à 20 ans, est devenu procureur général de cette haute juridiction, puis surintendant des Finances sous Mazarin. Les habitudes de ce temps et l'exemple du cardinal lui font user, sans retenue, pour son propre compte, des ressources de l'Etat. Il a des hommes à lui partout et s'attache, par des services d'argent, les plus hauts personnages. Enivré de sa puissance, il a pris comme devise : « Quo non ascendam » (jusqu'où ne monterai-je pas ?) et, pour armes, un écureuil.
En 1656, Fouquet décide de faire bâtir, dans sa seigneurie de Vaux, un château qui atteste sa réussite. Faisant preuve d'un goût excellent, il appelle auprès de lui trois grands artistes : Louis Le Vau, architecte, Charles Le Brun, décorateur, André Le Nôtre, jardiniste. Son choix n'est pas moins sûr dans les autres domaines : Vatel est son majordome et il s'est attaché La Fontaine.
Les constructeurs ont reçu carte blanche. 18 000 ouvriers travaillent aux chantiers. Trois villages sont rasés.
Le Brun crée un atelier de tapisserie à Maincy – transporté à Paris après la chute de Fouquet, il deviendra la Manufacture royale des Gobelins. En cinq ans, tout est terminé : un chef-d'œuvre est né que Louis XIV voudra surpasser à Versailles.

La fête imprudente. – Le 17 août 1661, Fouquet offre une fête à Louis XIV qui séjourne à Fontainebleau. La réception est d'une splendeur inouïe. La table du roi est garnie d'un service d'or massif. Ce détail l'irrite, car il a dû envoyer sa propre vaisselle à la fonte pour faire face aux dépenses de la guerre de Trente Ans.
Après un repas où Vatel s'est surpassé, les divertissements commencent dans les jardins animés par 1 200 jets d'eau et des cascades. Ce sont des ballets champêtres, des concerts, des joutes sur l'eau, des loteries dont tous les numéros sont gagnants. Dans un théâtre de verdure, Molière et sa troupe jouent, pour la première fois, une comédie-ballet, « les Fâcheux ».
Le roi, blessé dans son orgueil par ce faste et ce raffinement qui dépassent ceux de la Cour, est sur le point de faire arrêter Fouquet sur-le-champ. Mais Anne d'Autriche l'en dissuade.

La chute. – Dix-neuf jours plus tard, le surintendant est sous les verrous. Ses biens sont séquestrés. Louis XIV prend à son service les artistes qui ont édifié Vaux et bâtiront Versailles. Après trois ans de procès, Fouquet est condamné au bannissement. Le Roi change cette peine en prison perpétuelle. Quelques rares amis sont restés fidèles à l'homme tombé : Mme de Sévigné, La Fontaine qui écrit l'« Élégie aux Nymphes de Vaux ».
Mme Fouquet, créancière de son mari pour sa dot, recouvre le château. A la mort de son fils, le domaine est acheté par le maréchal de Villars en 1705 et érigé en duché-pairie. Vendu en 1764 au duc de Choiseul-Praslin, ministre de Louis XV, le domaine franchira la Révolution sans trop de dommage.
En 1875, un grand industriel, M. Sommier, acquiert Vaux, le restaure, le remeuble et remet le parc en état. Ses héritiers continuent son œuvre.

H. Champollion, Paris

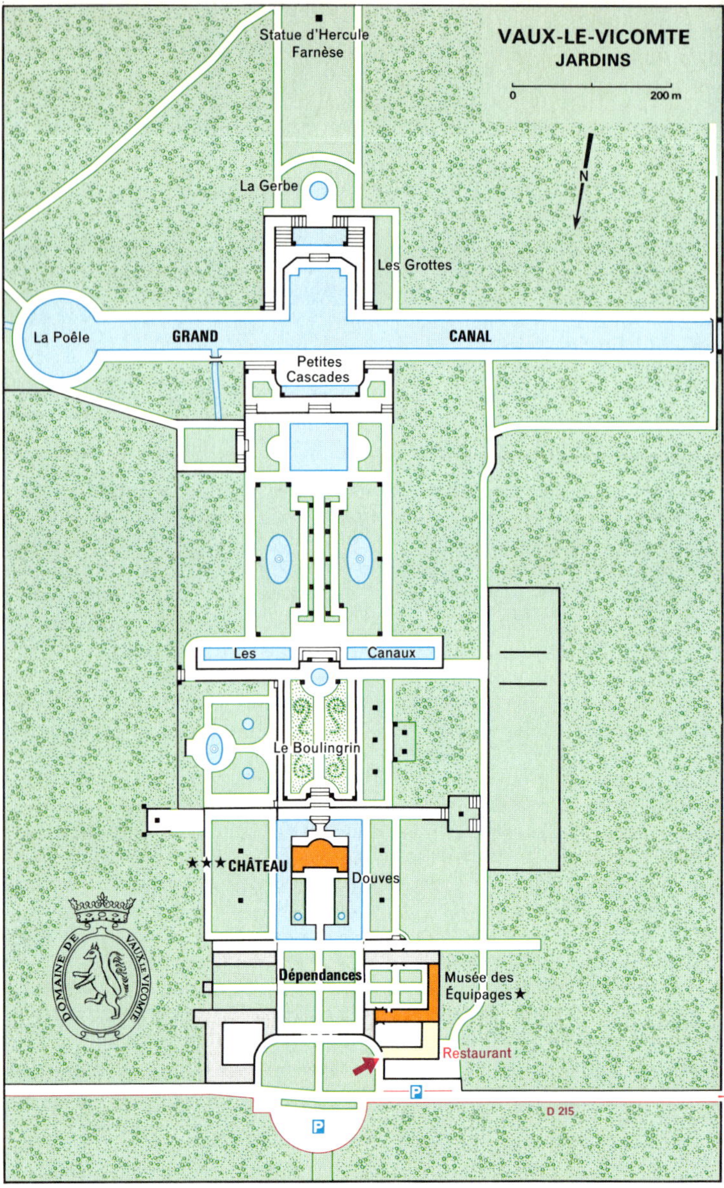
VAUX-LE-VICOMTE
JARDINS
0
200 m
N
Statue d'Hercule Farnèse
La Gerbe
Les Grottes
La Poêle
GRAND
CANAL
Petites Cascades
Les
Canaux
Le Boulingrin
★★★ CHÂTEAU
Douves
Dépendances
Musée des Équipages ★
Restaurant
MELUN
D 215
P
P
DOMAINE DE VAUX LE VICOMTE

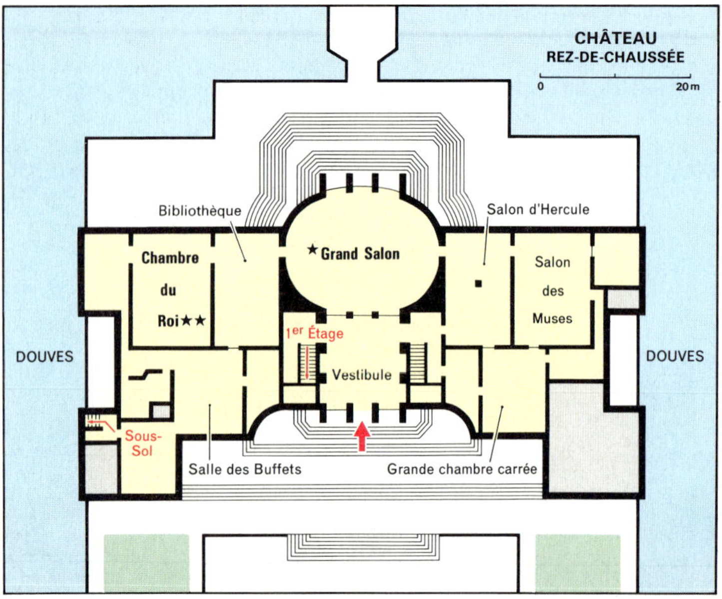
CHÂTEAU
REZ-DE-CHAUSSÉE
0
20 m
Bibliothèque
★ Grand Salon
Salon d'Hercule
Chambre du Roi ★★
Salon des Muses
1er Étage
Vestibule
DOUVES
DOUVES
Sous-Sol
Salle des Buffets
Grande chambre carrée

VISITE

Château. – *Visite du 1er avril au 31 octobre de 10 h à 18 h (le reste de l'année de 11 h à 17 h). Fermé le 25 décembre. 42 F (accès aux jardins et au Musée des Équipages compris) ☎ 60 66 97 09.*
Visites aux chandelles de mai à septembre tous les samedis soir.
Le château est érigé sur une terrasse entourée de douves, formant socle au-dessus des jardins. La façade Nord – côté de l'arrivée – est imposante sans monotonie : remarquer la surélévation du rez-de-chaussée et la hauteur de ses fenêtres désignant l'« étage noble ». L'ensemble est caractéristique de la première période de l'architecture Louis XIV.
Du vestibule d'entrée, ouvrant jadis, par des portes vitrées (masquées maintenant par des tapisseries), sur le Grand Salon et la perspective des jardins, monter au 1er étage pour visiter les petits appartements de M. et Mme Fouquet. On visite successivement l'antichambre du surintendant (grand bureau en ébène incrusté de filets de cuivre doré), son cabinet et sa chambre (beau plafond peint par Le Brun) ; puis le cabinet de Mme Fouquet (portrait de Fouquet par Le Brun), le cabinet et la chambre Louis XV au mobilier d'époque (grand lit à baldaquin signé F. Leroy), et la chambre Louis XVI.
De retour au rez-de-chaussée, passer dans la Grande chambre carrée, seul aménagement Louis XIII du château avec son plafond à la française.
On parcourt ensuite, du côté des jardins, six pièces de grand apparat, de part et d'autre du Grand salon ; elles doivent leur unité décorative aux peintures de plafond de Le Brun : les Neuf Muses (salon des Muses), puis l'Entrée d'Hercule à l'Olympe (salon d'Hercule, admirer la statue équestre de Louis XIV par Girardon, maquette en bronze du monument de la place Vendôme, disparu à la Révolution).

★**Grand salon.** – Ce salon, correspondant à la rotonde centrale du château, est resté inachevé à l'arrestation de Fouquet. Il pâtit de n'avoir jamais reçu son décor peint (les études de Le Brun sont présentées). Les seize cariatides supportant la coupole symbolisent les douze mois et les quatre saisons.

★★**Chambre du Roi.** – Elle fait suite à l'ancienne antichambre, transformée en bibliothèque (beau mobilier Régence). Son décor en fait un modèle de style Louis XIV, annonçant les Grands appartements de Versailles. Au centre du plafond, Le Brun a figuré « le Temps enlevant au Ciel la Vérité » ; les stucs sont de Girardon et Legendre. Sous la corniche du plafond court une frise de palmettes alternant avec de minuscules écureuils.
L'ancienne salle à manger de Fouquet était sans doute l'actuelle salle à manger des Buffets, communiquant avec un passage lambrissé et décoré de peintures, où des dressoirs recevaient les corbeilles de fruits, les plats apportés des lointaines cuisines.
On voit enfin, au sous-sol, diverses salles (salle des Plans, salle des Archives) ainsi que les cuisines (utilisées jusqu'en 1956).

★★★**Jardins.** – *Mêmes conditions de visite que pour le château. 20 F.*
Les jardins de Le Nôtre, reconstitués par M. Sommier, valent surtout pour leurs perspectives. Ils ménagent plusieurs « effets », en particulier la surprise de miroirs d'eau invisibles du château.
Prendre d'abord du recul sur la terrasse supérieure pour embrasser la façade Sud du château : la rotonde centrale et sa coupole à lanterne, les pavillons d'angle, plus développés que sur la façade Nord, la décoration de l'avant-corps surmonté de statues composent un ensemble majestueux.
Au cours de la promenade, on longe d'abord les deux parterres de broderie dit « le Boulingrin ». Les trois principales lignes d'eau – douves du château, bassins allongés des « Canaux », Grand canal – apparaissent, au dernier moment, de façon assez théâtrale. Mystification accordée au goût de l'époque, l'architecture des Grottes *(voir ci-après)* semble reposer sur la bordure du dernier bassin carré, au centre de la perspective, le vallon du Grand canal échappant au regard.
On atteint la rive du Grand canal, dit encore « la Poêle » à cause de son extrémité arrondie, par une rapide descente, à hauteur des Petites cascades et face à l'architecture des Grottes : les niches extrêmes abritent deux dieux-fleuves, l'un des vestiges les plus importants de la statuaire du 17e s. à Vaux, en qui Mlle de Scudéry voulait reconnaître le Tibre et l'Anqueuil (nom local du ruisseau de l'Almont).
Contournant la Poêle, monter au pied de la statue de l'Hercule Farnèse qui termine la perspective. Du dernier bassin (la Gerbe), vue d'ensemble du château et du parc.

Dépendances. – Un **musée des Equipages**★ (voitures, harnachements, sellerie, forge, représentation d'équipages) se visite dans les communs Ouest côté de l'accès des visiteurs.

VERSAILLES***

Carte Michelin n° 106 plis 17, 18

Symbole de la monarchie absolue et de l'apogée des arts en France sous le règne du Roi Soleil, Versailles devient résidence de la Cour et siège du gouvernement le 6 mai 1682, et le restera sans interruption jusqu'à la Révolution française.

UN PEU D'HISTOIRE

Sous **Louis XIII** Versailles n'est qu'un petit pavillon de chasse bâti, en 1624, autour de l'actuelle cour de Marbre et que Philibert Le Roy reconstruit en brique et pierre en 1631. **Louis XIV** conserve le château de son père ; dès 1661, il fait embellir les jardins, cadre de fêtes somptueuses. En 1668 **Louis Le Vau**, architecte du Roi, double le château-Vieux par « l'enveloppe de pierre » qui dissimule les anciennes façades côté jardin. **Le Nôtre** trace parterres et parc, en accord avec Le Brun qui donne les dessins des sculptures qui les ornent, notamment pour l'importante commande de 1674. **Jules Hardouin-Mansart** succède à Le Vau et modifie l'architecture du château en construisant la Galerie des Glaces et les deux ailes du Midi (achevée en 1682) et du Nord (achevée en 1689). Sous l'autorité de Colbert et Le Brun, les Gobelins, la Savonnerie, et les artistes de l'Académie Royale fournissent l'essentiel du mobilier et du décor, avec une remarquable unité de style qui définit le classicisme versaillais. Une étiquette complexe et des fêtes magnifiques règlent la vie de la Cour et permettent à Louis XIV de contrôler la noblesse en détournant ses ambitions politiques.
Sous **Louis XV** les modifications concernent essentiellement l'intérieur du château, que J. A. Gabriel restructure pour créer les Petits Cabinets.
La **Révolution**, en chassant Louis XVI de Versailles, met fin à un siècle d'occupation royale. Au 19e s., **Louis-Philippe** transforme une partie du château en musée dédié à l'Histoire de France. Depuis 1914, l'Etat, soutenu par le mécénat privé, mène d'importants travaux de restauration et une habile politique de remeublement du château.

***LE CHÂTEAU

La visite complète du château, du parc, du Grand Trianon et du Petit Trianon demande deux jours. Lorsque l'on ne dispose que d'une journée, il est préférable de se limiter, à l'intérieur, au premier étage, où se trouvent les appartements les plus prestigieux.
On pourra ensuite librement profiter du parc et des jardins.

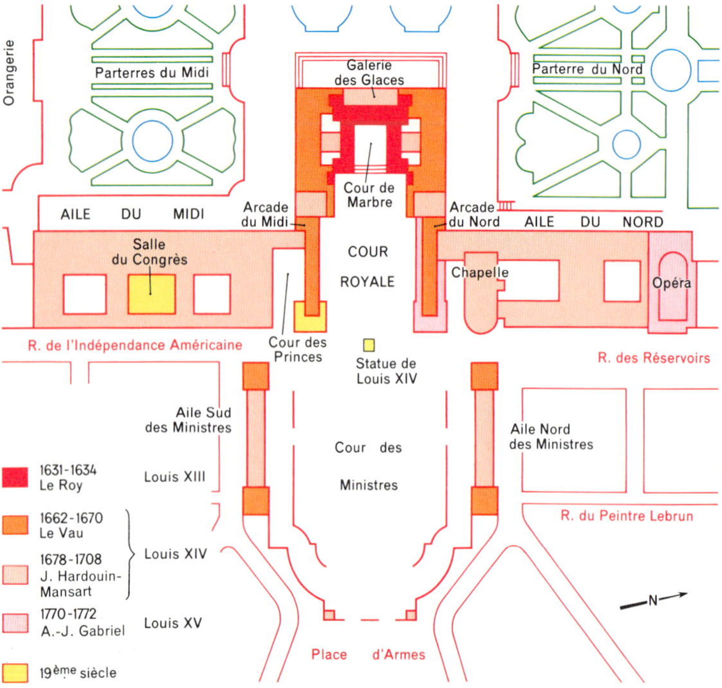

L'EXTÉRIEUR *visite : 1 h environ*

En retrait du château, sur la place d'Armes, se trouvent les **écuries royales★**, œuvre de Jules Hardouin-Mansart.

Les cours. – Au-delà de la grille du château, mise en place sous Louis XVIII, trois cours se succèdent. L'avant-cour, ou **cour des Ministres**, au centre de laquelle se trouve la statue de Louis XIV commandée par Louis-Philippe, puis la **cour Royale**, que seuls pouvaient franchir en carrosse les princes de sang, ducs et pairs ; les deux ailes qui la bordent ont été rhabillées d'une colonnade sous Louis XV. Enfin, la **cour de Marbre★★** au pavage noir et blanc, cœur du château de Louis XIII.

D. Hée/MICHELIN

★★★**Façade sur le parc.** – *Franchir l'arcade Nord, contourner le corps central du château et prendre du champ.*
Dessinée par Le Vau en 1669, la façade comporte un soubassement à bossage, un étage scandé de pilastres et de colonnes ioniques, et un attique sommé d'une balustrade à trophées et vases, dissimulant le toit plat à l'italienne. Le Vau avait ménagé un retrait dans le corps central, créant une terrasse. En 1678, Jules Hardouin-Mansart couvre cet espace qui devient la Galerie des Glaces, et le prolonge de deux ailes. Le long de la façade, sur des socles, s'alignent quatre fontes d'après des statues antiques, les premières réalisées par les frères Keller. Les deux grands **vases★** Médicis de la Guerre (au Nord) par Coysevox et la Paix (au Sud) par Tuby, sont placés respectivement sous les baies du salon de la Guerre et du salon de la Paix, qui constituent les extrémités de la Galerie des Glaces. Les statues d'Apollon et de Diane, entourées par les Mois, surmontent les avant-corps de la partie centrale, où résidait la famille royale.

L'INTÉRIEUR

Visite des Grands Appartements de 9 h à 19 h (17 h 30 du 1er octobre au 30 avril). 30 F. La Chapelle est visible seulement des portes d'entrée (vestibule bas et salon de la Chapelle). Visites commentées de l'appartement du Roi et de l'Opéra Royal, de 9 h 15 à 15 h 30, supplément : 24 F.
De l'entrée des visiteurs, en passant par le vestibule où se trouvent les caisses, gagner au 1er étage le salon de la Chapelle (**a**) par les escaliers en colimaçon.

★★★Chapelle royale

L'intérieur ne se visite pas.
Dédiée à St-Louis, c'est une chapelle palatine à deux étages, avec tribune royale. Construite par J. Hardouin-Mansart, elle fut terminée en 1710 par son beau-frère, Robert de Cotte.
Le plafond est l'œuvre des peintres Jouvenet, Coypel et La Fosse. L'autel de marbre sculpté par Van Clève est orné, sur le devant, d'un bas-relief de bronze doré représentant une Pietà, par Vassé.

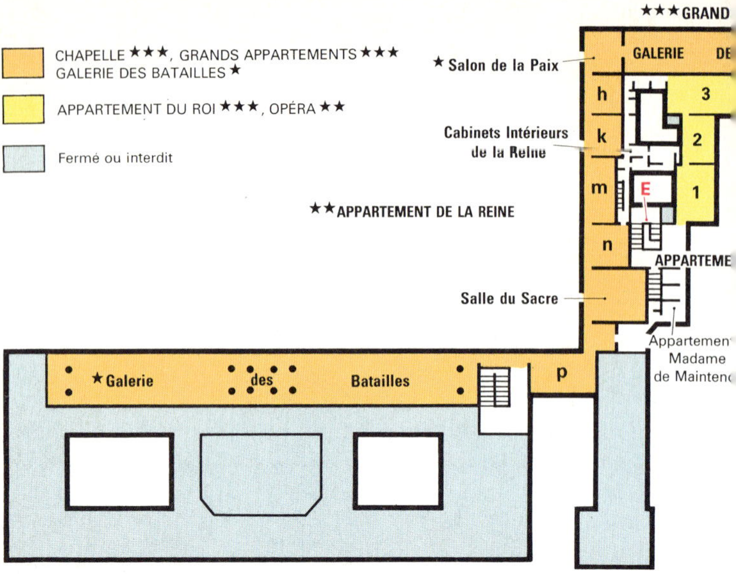

★★★Grands appartements

Ils se composent des pièces de réception que sont le salon d'Hercule, le Grand Appartement et la Galerie des Glaces, et des pièces d'habitation dont les plus remarquables sont les chambres royales.

★★Salon d'Hercule

Commencé en 1712, achevé en 1736, il doit son nom au plafond peint par Lemoyne. Trois années de travail furent nécessaires pour couvrir les 315 m² représentant l'Apothéose d'Hercule. Epreuve épuisante pour l'artiste qui se suicida peu après l'avoir achevé en 1737. Deux toiles de Véronèse occupent leur emplacement primitif : Le Repas chez Simon le Pharisien, Eliezer et Rebecca.

★★★Le « Grand appartement »

Cette suite de six salons, dont Le Brun a dirigé la décoration, fut l'appartement du Roi de 1673 à 1682. A cette date, Louis XIV s'installe définitivement à Versailles et fait aménager un nouvel appartement autour de la cour de Marbre. Ces salons sont alors réservés aux cérémonies et aux soirées dites « d'appartement » le lundi, mercredi et jeudi de 18 h à 22 h. L'accès aux Salles se faisait de la Cour Royale par l'escalier des Ambassadeurs, somptueuse réalisation destinée à impressionner les visiteurs, et que Louis XV fit détruire en 1752.

Salon de l'Abondance (b). – Les soirs d' « Appartement », du temps de Louis XIV, il contenait trois buffets, l'un pour les boissons chaudes et les deux autres pour les froides. Le plafond, peint par Houasse, représente la Magnificence royale et, en trompe-l'œil, les collections d'orfèvrerie de Louis XIV.

Salon de Vénus (c). – Son plafond, peint par Houasse, comme celui des salons suivants, est divisé en compartiments peints qu'encadrent des bordures de stuc doré.

Salon de Diane (d). – Salle de Billard au temps de Louis XIV. Admirer le **buste de Louis XIV** par Le Bernin (1665), étourdissant de virtuosité baroque.
Tableaux de de Lafosse et Blanchard.

Salon de Mars (e). – Ancienne Salle des Gardes avant 1682, Louis XIV l'affecta au bal, au jeu, à la musique les soirs « d'Appartement ». Deux tableaux ont retrouvé leur place du 18ᵉ s. : la Tente de Darius, par Le Brun, et les Pèlerins d'Emmaüs, d'après Véronèse. Aux murs latéraux, Louis XV, de Rigaud, et Marie Leszczyńska, de Van Loo, occupent toujours leur emplacement d'origine. Plafond, aux motifs guerriers, par Audran, Jouvenet, Houasse. Sur la cheminée, David jouant de la harpe par le Dominiquin, l'un des tableaux préférés de Louis XIV (primitivement dans la chambre royale).

Salon de Mercure (f). – Ancienne antichambre, il servit ensuite épisodiquement de chambre de parade. En 1715 le cercueil de Louis XIV y fut exposé une semaine entière, veillé par 72 ecclésiastiques se relayant pour que quatre messes à la fois soient célébrées sans interruption de 5 h à midi. Le plafond est l'œuvre de J. B. de Champaigne.

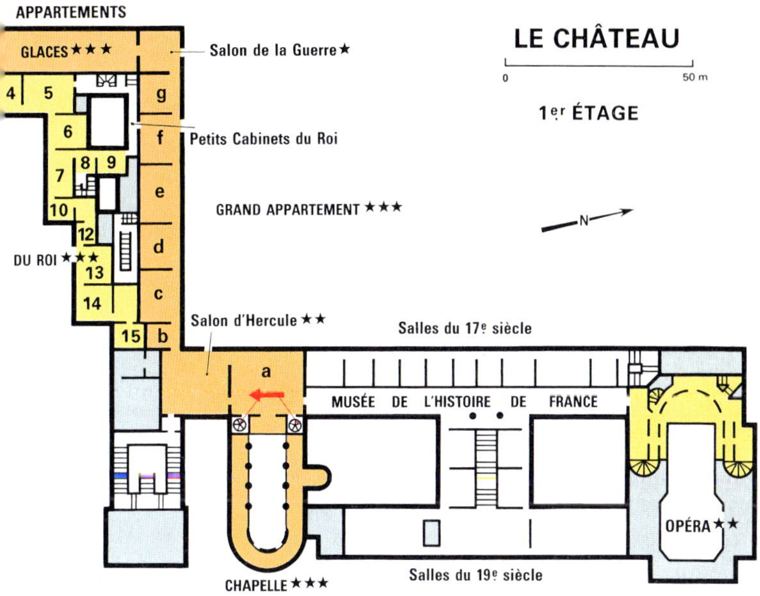

Salon d'Apollon (Salle du Trône) (g). – Le trône était placé sur une estrade disposée sous un dais au milieu du grand mur. On y distingue les trois crochets qui soutenaient le dais.

C'est ici qu'étaient reçus les ambassadeurs. Les jours d'« Appartement », cette salle était dévolue à la danse et à la musique. Au plafond, La Fosse a peint le Char du Soleil. Ici s'achève le « Grand Appartement » du Roi dans son premier état, tout le front du château, du côté des jardins, ayant été repris pour l'aménagement de la galerie des Glaces et de ses deux annexes, le salon de la Guerre et le salon de la Paix.

En traversant le **salon de la Guerre★**, remarquer le grand bas-relief ovale de Coysevox, représentant Louis XIV triomphant de ses ennemis.

★★★ Galerie des glaces

Achevée par Jules Hardouin-Mansart en 1687, la Galerie des Glaces était sous Louis XIV la salle d'apparat par excellence, où se déroulaient les fêtes de Cour, les réceptions extraordinaires des potentats étrangers. Longue de 75 m, large de 10 et haute de 12, elle est éclairée par dix-sept grandes fenêtres auxquelles correspondent dix-sept panneaux de glace sur le mur opposé. Les 578 « miroirs de glace » qui composent ces panneaux sont les plus grands que l'on sut couler à l'époque. La galerie reçoit les derniers feux du soleil couchant.

Au plafond, Le Brun a exécuté le cycle décoratif le plus important de sa carrière de premier peintre du Roi, illustrant la vie de Louis XIV et ses victoires militaires, jusqu'à la paix de Nimègue en 1678. La galerie des Glaces était décorée par un abondant mobilier d'argent, fondu sous Louis XIV.

C'est ici que fut proclamé l'Empire allemand, le 18 janvier 1871 et que fut signé le traité de Versailles le 28 juin 1919.

Des fenêtres centrales, on apprécie pleinement la **perspective★★★** sur le parc, dans « l'axe du soleil ».

Le **salon de la Paix★**, décoré d'une toile de Lemoyne, Louis XV donnant la Paix à l'Europe, permet d'accéder à l'appartement de la Reine.

★★ Appartement de la Reine

L'appartement fut créé pour la Reine Marie-Thérèse, femme de Louis XIV, qui y mourut en 1683.

Chambre de la Reine (h). – Le décor original, créé par Le Brun pour Marie-Thérèse, a été refait pour la reine Marie Leszczyńska de 1729 à 1735 : boiseries blanc et or, grisailles de Boucher au plafond, et dessus-de-portes par Natoire et de Troy montrent l'inflexion vers le style rocaille sous Louis XV. D'autres modifications ont été apportées pour Marie-Antoinette en 1770 : l'aigle à deux têtes et les portraits de la maison d'Autriche rappellent les origines de la Reine. La tenture fleurie est une restitution, tissée à Lyon à l'identique, du « meuble d'été » de la Reine en 1786.

Dans la tradition française, les accouchements royaux étaient publics : dans cette chambre sont ainsi nés dix-neuf enfants de France, dont Louis XV et Philippe V d'Espagne.

Salon des Nobles de la Reine (k). – Dans cette ancienne antichambre avaient lieu les présentations à la Reine, et ses audiences. C'est aussi la chambre de parade mortuaire des reines et dauphines de France. La restauration du salon a reconstitué son état de 1789.
Dans **l'antichambre du Grand Couvert (m)**, remarquer le tableau de Mme Vigée-Lebrun : Marie-Antoinette et ses enfants (1787).
La **salle des Gardes de la Reine (n)** la protégeait des intrusions, comme au matin du 6 octobre 1789.

Salle du Sacre

D'abord chapelle, de 1676 à 1682, cette grande salle des Gardes recevait le Parlement convoqué en lit de Justice. Louis-Philippe la fit modifier pour y placer trois vastes compositions : la Bataille d'Aboukir par Gros, la Distribution des Aigles et le Sacre par David.
Lorsqu'elle est ouverte on peut visiter la **galerie des Batailles★** qui occupe l'aile du Midi. Aménagée en 1836 pour Louis-Philippe par les architectes Fontaine et Nepveu, elle fit sensation. Trente-trois compositions picturales, ainsi que des bustes, évoquent les principales victoires militaires de la France.

★★★Appartement du Roi **ou Appartement de Louis XIV**

L'Appartement du Roi se distribue autour de la cour de Marbre. Aménagé de 1682 à 1701 par Mansart dans le château de Louis XIII, sa décoration marque une nette évolution du style Louis XIV. Les plafonds ne sont plus compartimentés mais peints en blanc ; des lambris blanc et or remplacent les revêtements de marbre ; de grandes glaces surmontent les cheminées. **L'escalier de la Reine (E)** était, à la fin de l'Ancien Régime, l'entrée normale à cet appartement.
Après la Salle des Gardes (**1**), une antichambre (**2**) conduit à une deuxième antichambre ou **salon de l'OEil de Bœuf (3)**. Les gentilshommes y attendaient le lever et le coucher du Roi. La décoration marque les prémices du style Louis XV.

Chambre du Roi (4). – Ce fut la chambre de Louis XIV à partir de 1701, et c'est là qu'il s'éteignit. Au-dessus du lit, le décor d'alcôve représentant « la France veillant sur le sommeil du Roi » a été sculpté par Coustou. Les tentures sont une restitution scrupuleuse du meuble d'été de 1705. Les tableaux appartenaient à la collection personnelle du Roi.
De 1701 à 1789, c'est là que se déroulaient les cérémonies du lever et du coucher du roi. Durant la journée, quiconque passait dans la chambre s'inclinait légèrement devant le lit, symbole de la Monarchie de droit divin.

Grand Cabinet du Roi (ou du Conseil) (5). – Caractéristique du décor rocaille il a été constitué sous Louis XV par la réunion de deux salons. Les boiseries de Rousseau comptent parmi les chefs-d'œuvre du rocaille français, marqué de légèreté, d'équilibre et de richesse. Dans cette pièce furent prises un siècle durant des décisions qui engagèrent le destin de la France, dont, en 1775, la participation à la guerre de l'Indépendance Américaine.

Appartements intérieurs du Roi

Ce sont les appartements privés de Louis XV, réservés aux intimes. Le Roi pouvait s'y abstraire des contraintes de la vie de Cour. Aménagés par Gabriel ils sont décorés de boiseries de Verberckt : coquilles, rinceaux et motifs floraux rocailles s'imposent partout.

Chambre à coucher (6). – Louis XV, puis Louis XVI, s'y retiraient après la cérémonie du Grand Coucher qui avait lieu dans le Grand Appartement. C'est là que Louis XV est mort le 10 mai 1774.

Cabinet de la Pendule (7). – Salon des jeux les soirs de souper, jusqu'en 1769, il doit son nom à la pendule astronomique dont le mécanisme est de Passemant et Dauthiau, les bronzes de Caffiéri.
Traverser l'**antichambre des Chiens (8)** (boiseries Louis XIV). Dans la salle à manger dite des **Retours de chasse (9)** Louis XV donnait des soupers intimes les jours de chasse.

Cabinet intérieur du Roi (10). – Il devient cabinet de travail en 1753. Dans le cadre rocaille de Verberckt, le mobilier est remarquable : médailler de Gaudreaux (1739), encoignures de Joubert (1755), **bureau à cylindre★** d'Oeben et Riesener (1769).

Salles neuves. – Elles ont été aménagées sous Louis XV à l'emplacement de l'escalier des Ambassadeurs. Dans le **cabinet de Mme Adélaïde (12)**, Mozart enfant aurait joué du clavecin. Le médailler de Benneman est un chef-d'œuvre de virtuosité. Les salles suivantes, **bibliothèque de Louis XVI (13)** et **salon de Porcelaine (14)** montrent l'évolution du style versaillais vers plus de sobriété sous l'empire du néo-classicisme. La plus remarquable est le **salon des Jeux de Louis XVI (15)**, présenté dans son état de 1775 : encoignures de Riesener (1774), chaises de Boulard, paysages à la gouache de Van Blarenberghe.

★★ Opéra Royal

L'Opéra, commencé par Gabriel en 1768, fut inauguré en 1770 pour les fêtes du mariage du dauphin, le futur Louis XVI, avec Marie-Antoinette.
Première salle de forme ovale en France, il fut, d'autre part, doté de moyens techniques exceptionnels étudiés par le machiniste Arnoult : pour les fêtes et les festins, les planchers de la corbeille et du parterre pouvaient être mis au niveau de la scène.
Les bas-reliefs des balcons, exécutés par Pajou, représentent, aux premières loges, les dieux de l'Olympe, aux secondes loges, des enfants et les signes du Zodiaque.
Cette salle initialement réservée à la Cour connût des réceptions somptueuses à l'occasion de la visite du roi de Suède en 1784, de l'Empereur Joseph II en 1777 et 1781, de la reine Victoria en 1855. L'Assemblée Nationale y tint ses séances de 1871 à 1875. Le 30 janvier 1875, l'adoption de l'amendement Wallon y jetait les fondements de la IIIe République. La réception de S. M. la reine Elizabeth d'Angleterre en 1957 a coïncidé avec l'achèvement de la dernière restauration.

★★★ PARCS ET JARDINS

Grandes eaux musicales tous les dimanches en été jusqu'au 6 octobre à 15 h 30. ☎ 30 84 74 00.

Essentiellement tracés par Le Nôtre dans les années 1660-1670, parc et jardins sont le chef-d'œuvre de l'art du jardin « à la française », où la nature est ordonnée avec géométrie, selon les principes du classicisme.
Les bassins, jeux d'eau, statues, sont parfaitement intégrés à la nature. L'axe Est-Ouest, retrace symboliquement le trajet du soleil, du bassin de Latone au bassin d'Apollon, puis se prolonge par le Grand Canal.
De part et d'autre de cet axe, parterres et bosquets quadrillent le parc de sculptures et d'aménagements végétaux.

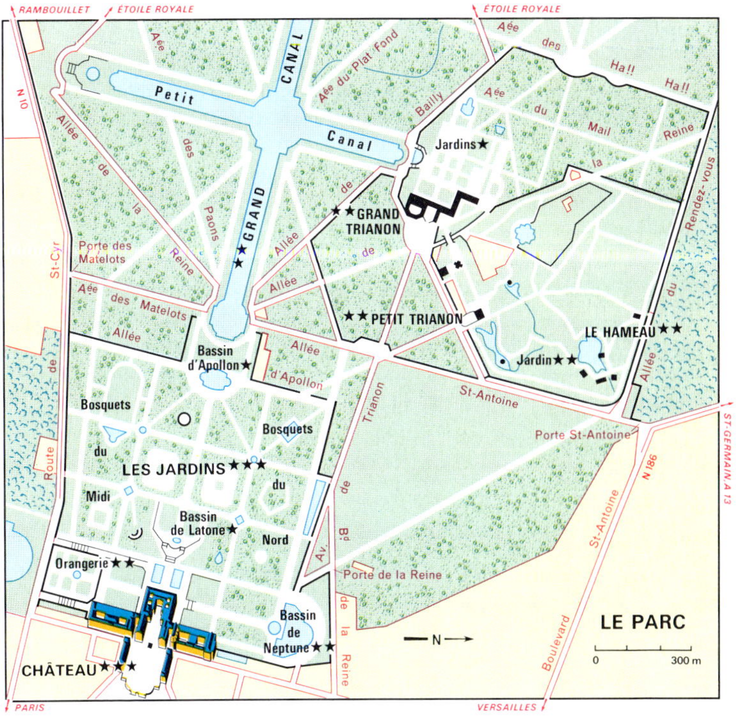

Index

A

B

C

D

E

F

G

H

I

J

K - L

Q

R

S

T

V

W

Notes

MANUFACTURE FRANÇAISE DES PNEUMATIQUES MICHELIN
Société en commandite par actions au capital de 2 000 000 000 de Francs
Place des Carmes-Déchaux – 63 Clermont-Ferrand (France)
R.C.S. Clermont-Fd B 855 200 507

Dépôt légal 2e trim. 1992 – ISBN 2-06-700480-8 – ISSN 0293-9436

Printed in France 03-92-30 - Photocomposition : NORD COMPO, Villeneuve-d'Ascq -
Impression : MAME Imprimeurs, Tours

CARTES DÉTAILLÉES

La France en 40 cartes

1/200 000

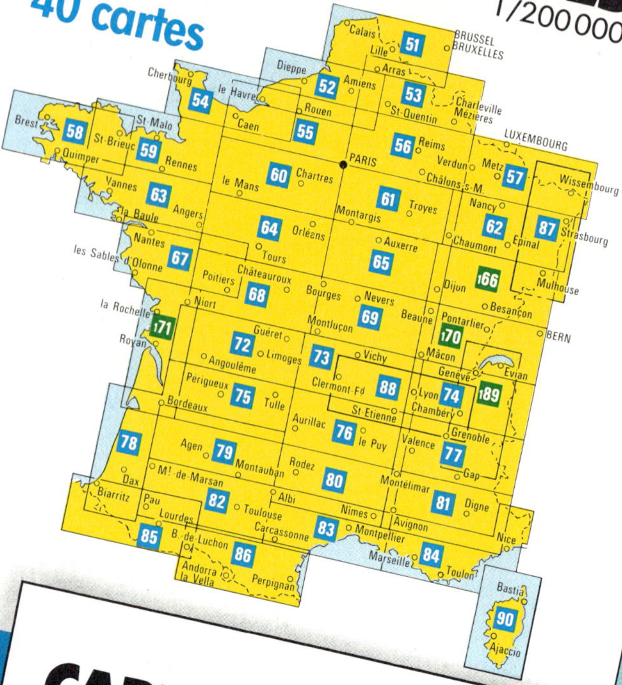

CARTES RÉGIONALES

La France en 17 cartes

1/200 000

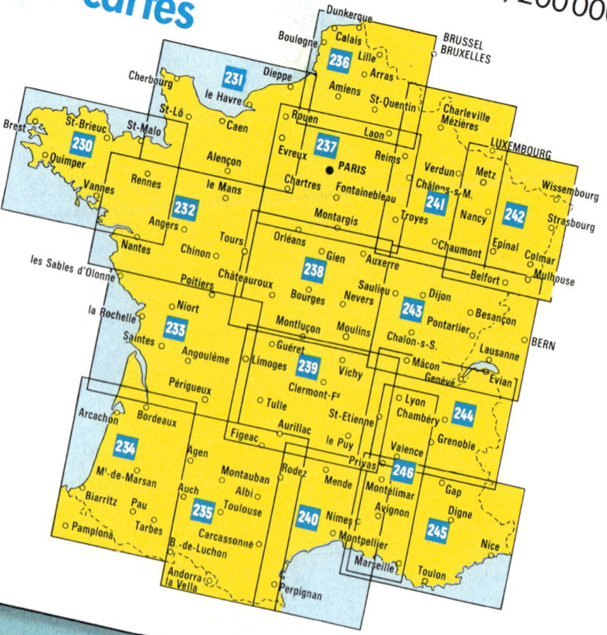

989
France
Francia
1/1000000 - 1cm : 10km
Southampton
Calais
Cherbourg
le Havre
Amiens
Rouen
Brest
Caen
Chartres
Quimper
Rennes
Le Mans
Nantes
Tours
La Rochelle
Poitiers
Limoges
Bordeaux
Brive
Santander
Biarritz
Toulouse
S. Sebastian
Pau
Burgos
Pamplona
CARTE ROUTIÈRE ET
911
France
Grands itinéraires
Itinéraires Bis
Temps de parcours
1/1000000 - 1 cm : 10 km
Aix-les-Bains
Chambéry
Montmélian
MICHELIN